Das Buch

Die Hunde zerren an den Leinen, stellen sich auf ihre Hinterbeine, schreien, jaulen – sind kaum noch zu halten. Silvia Furtwängler steht mit ihrem Gespann am Start zum Yukon Quest. »Noch dreißig Sekunden«, fast bedrohlich dringen diese Worte in ihr Ohr. Dann die Erlösung: »Go!« Mit einem kräftigen Ruck setzt sich der 200 Kilogramm schwere Schlitten in Bewegung. Die Hunde werfen sich mit einer ungestümen Lauflust nach vorne, rennen los, immer weiter, unermüdlich, bergauf, bergab bei klirrender Kälte ...

Für Silvia Furtwängler erfüllt sich in diesem Augenblick ein Traum: Monatelang hat sie täglich mit ihren Hunden trainiert, um einmal am Yukon Quest, dem härtesten Schlittenhunderennen der Welt, teilzunehmen. Eine Hölle aus Eis, Schnee und Stürmen liegt vor ihr, über 1600 Kilometer wird sie durch die einsame Wildnis Alaskas und Kanadas entlang der historischen Route der Postkuriere und Goldgräber jagen – bei bis zu minus fünfzig Grad Kälte, heulenden Wölfen und schneidendem Wind. Schwere Erfrierungen, Schneestürme, offenes Wasser und meterhohes Raffeis werden sie in Lebensgefahr bringen. Doch Silvia Furtwängler stellt sich dem Abenteuer ihres Lebens.

Die Autorin

Silvia Furtwängler wuchs in Bielefeld auf und spielte viele Jahre lang Handball – bis ihr der Arzt riet, einen Sport auszuüben, der die Bandscheiben schont. So ist sie auf den Hund gekommen und begann Chan, ihren ersten sibirischen Husky, mit dem Fahrrad zu trainieren. Aus dem einen Husky wurden zwei, dann vier ... Heute lebt Silvia zusammen mit ihren drei Kindern, ihrem Mann und ihren zwanzig Huskys auf einem Einödbauernhof im Allgäu.

Wenn Sie mehr über die Autorin und ihre Leidenschaft erfahren möchten, besuchen Sie sie im Internet: www.furtwaengler-mushing.de

Silvia Furtwängler

Tausend Meilen Eis

Eine Frau fährt das härteste
Schlittenhunderennen der Welt

Ullstein

Tausend Meilen Eis schildert Ereignisse, die sich wirklich zugetragen haben. Alle im Buch vorkommenden Personen sind Personen des wirklichen Lebens. Um ihre Privatsphäre zu schützen, werden manche von ihnen unter einem veränderten Namen vorgestellt.

Umwelthinweis:
Dieses Buch wurde auf chlor- und säurefreiem Papier gedruckt.

Besuchen Sie uns im Internet:
www.ullstein-taschenbuch.de

Ullstein Taschenbuchverlag
Der Ullstein Taschenbuchverlag ist ein Unternehmen der
Econ Ullstein List Verlag GmbH & Co. KG, München
Originalausgabe
1. Auflage Oktober 2002
© 2002 by Econ Ullstein List Verlag GmbH & Co. KG, München
Redaktion: Regina Carstensen
Umschlaggestaltung: Thomas Jarzina, Köln
Titelabbildung: Silvia Furtwängler
Landkarte: © Yukon Quest International
(http://www.yukonquest.org; yukonquest@mosquitonet.com)
Alle Fotos stammen aus dem Privatarchiv der Autorin
(Ausnahme: S. 8 oben – Foto: Hartman Jenal).
Gesetzt aus der Bembo
Satz: hanseatenSatz-bremen, Bremen
Druck und Bindearbeiten: Clausen & Bosse, Leck
Printed in Germany
ISBN 3-548-36347-4

Inhalt

Königin der Hunde mit Biss 7

Vielleicht bin ich ein Eskimo 24

Zwei Kufen und vierundvierzig Hundepfoten 37

Das Essen mit Bären 61

Manchmal ist der Sohn ein kleiner Schneemann 76

Tanz auf dem Eis 105

Viele Tränen und ein Mord 130

Auch die Liebe gehört dazu 161

Indianer, Goldgräber und Hundeflüsterer 189

Carusos neue Aufgabe 249

Glossar 265

Danksagung 269

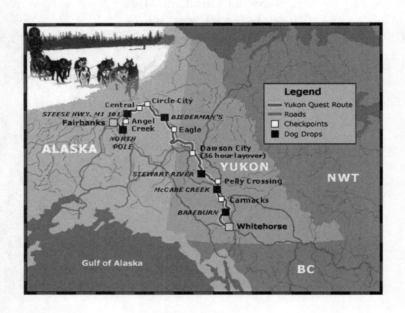

Königin der Hunde mit Biss

Mein erster Hund war aus dem Tierheim. Irgend so eine Mischung aus Collie und Dackel. Langhaarig jedenfalls und kurzbeinig. Ich war ungefähr zehn Jahre alt, als ich Struppi bekam. Eines Tages war er einfach verschwunden. Fassungslos blickte ich in sein leeres Körbchen. Hatte ich mich doch mit all meiner kindlichen Liebe um ihn gekümmert. Ständig stromerten wir zusammen durch die Straßen von Bielefeld und jagten ominösen Gespenstern und Gangstern hinterher. Nach und nach begriff ich, dass mein Vater ihn ausgesetzt hatte, von irgendjemanden schnappte ich das Wort »Autobahnraststätte« auf. Ich kann ihm das bis heute nicht verzeihen – obwohl er inzwischen schon ein paar Jahre tot ist. Was auch immer seine Motivation für diese Tat war, Eifersucht wird dabei eine Rolle gespielt haben. Hatte er Angst, dass seine Tochter ihn nicht so lieben würde wie diesen Hund?

Ein Jahr später – ich muss wohl zu traurig über den Verlust meines Mischlings gewesen sein –, sollte ich mit einem neuen Hund aufgemuntert werden. Was meine Wünsche waren, danach wurde ich nicht gefragt. Mein Vater wollte ausdrücklich einen Pudel, den ein Arbeitskollege von ihm großgezogen hatte. Weitere Vorschläge von meiner Mutter, meinen beiden Brüdern und meiner älteren Schwester, die alle gern einen Cockerspaniel gehabt hätten, ließ er nicht gelten. Also wurde es dieser pechschwarze Englische Pudel mit seinem seltsam langen Schweif. Das Problem war jedoch das gleiche wie bei seinem Vorgänger: Blacky war auf mich fixiert und interessierte sich nur mäßig für den Rest der Familie. Ein bisschen war er wie der Fernsehhund Lassie: Wenn er frei herumlaufen durfte, wartete er jeden Tag vor der Schule, um mich abzuholen. Wo immer ich mit meinen Freundinnen herumtobte, Blacky passte auf mich auf. Der Weggefährte und Beschützer war schon ein toller Kerl. Aber irgendwann war auch er weg. Ich konnte das nicht begreifen; tagelang bekam ich kaum einen Bissen runter. Sollte mein Vater da wieder mitgemischt haben? Ich jedenfalls beschloss: Solange ich zu Hause bei meinen Eltern wohne, will ich nie wieder ein Hund haben. Statt »Lassie« sah ich mir nur noch »Fury« oder »Flipper« im Fernsehen an. Bei einem Pferd oder einem Delfin kam keiner auf die Idee, diese Tiere in der Etagenwohnung zu halten.

Erst viele Jahre später sehnte ich mich wieder nach so einem wuscheligen und treuen Vierbeiner. Inzwischen war ich verheiratet und hatte selbst zwei Kinder. Ich musste nun keine Angst haben, dass man mir meinen Hund wieder wegnehmen könnte. Dass sich dadurch unser Familienleben ändern würde, war mir klar. Aber das Bedürfnis nach einem Hund bestimmte meine Gedanken, es war fast so mächtig wie der Wunsch nach einem Kind. Ich wollte mich auf dieses mir noch unbekannte Tier ganz stark einstellen, ihm einen angemessenen Platz in meinem Leben einräumen. Mein dreijähriger Sohn Maurice war begeistert, als er hörte, dass wir Familienzuwachs bekommen würden. Raffaella war noch ein Baby und an ganz anderen Dingen interessiert. Und mein damaliger Mann schien sich über die Auswirkungen meiner Entscheidung keine Gedanken gemacht zu haben. »Ich bin damit einverstanden«, erklärte er, »aber sieh zu, dass er nicht in unserem Bett schläft.« Jedenfalls sah er in einem Vierbeiner keine weitere Gefahr für eine mögliche Einbuße von Aufmerksamkeit und Zuneigung.

Den Hund, den ich mir vorstellte, sollte natürlich nicht irgendein Hund sein. Ein Mops oder ein Pinscher kamen keinesfalls in Frage – Wärmedecken, Pralinen und ein warmer Schoß waren nicht mein Ding. Die Anforderung an meinen Wunschkandidaten war da ganz anderer Natur: Er musste unbändige Lust am Laufen haben.

Eines Tages las ich in einer Zeitung einen Bericht über Huskys. Sofort wusste ich: Das ist mein Hund. Der wird mit mir stundenlang Fahrrad fahren und, ohne schlapp zu machen, über Wiesen und Hügel preschen. Ich sah schon vor mir, wie er mich erwartungsvoll anschaut: »Na, wann geht's denn endlich los hier! Ihr seid wohl ein bisschen lahm heute.«

Ich eilte in die Stadtbibliothek und suchte nach Büchern, die mir mehr über diese nordische Rasse erzählen konnten. Was gab es da zu entdecken: Siberian Huskies, Samojeden, Grönländer, Alaskan Malamutes und noch einige mehr. Ich kannte bislang nur diese anthrazit-weißen Huskys mit den wahnsinnig stechend blauen Mandelaugen und einem Fell, in das man sich sofort hineingraben möchte. Nun aber erblickte ich Fotos von arktischen Schlittenhunden mit karamelfarbenem oder schneeweißem Fell und den unterschiedlichsten Schnauzformen. Und blaue Augen? Ein Irrtum. Sie können auch braun sein, ja sogar zweifarbig, das eine blau und das andere braun. Auf der Stelle verliebte ich mich in diese einzigartigen und wunderschönen Pistenabenteurer.

Als Nächstes machte ich mich über jede einzelne Rasse schlau. Da das Verhältnis zwischen Mensch und Hund genauso kompliziert sein kann wie zwischen Mann und Frau, sollte die Wahl genau bedacht sein. Letzten Endes muss die Chemie stimmen. Samojeden, so las ich, haben einen dichten Pelz und sehen mit ihrem beinahe viereckigen Körper wie ein großer Spitz aus. Sosehr sie auch Menschen gegenüber zugeneigt sind, die schneeweißen Nordlandhunde bellen unheimlich viel. Meine Kinder machten aber schon Krach genug; diese Rasse kam für mich also nicht in Frage. Grönländer haben in ihrem Wesen eine aggressive Tendenz. Keine Chance also für diesen kräftigen Polarspitz. Ich sah meine Familie schon mit blutigen Bisswunden und empörten Blicken zu mir kommen. Ein Alaskan Malamute ähnelt einem Wolf mit seinem festen und eher harten Fell. Da er als freundlich und intelligent beschrieben wurde, kam er in die engere Wahl. Ebenso ein sibirischer Husky, der sanftmütigste unter den Nordlandhunden.

Über ein Jahr lang reiste ich quer durch Deutschland, um mir die Zwinger mit Malamutes und Siberian Huskies anzuschauen. Viele gab es davon nicht. Natürlich bekam ich von den Züchtern die unterschiedlichsten Meinungen zu hören. Jeder hielt seine Rasse für die bessere. Bei einer solchen Besichtigungstour lernte ich eine Frau kennen, die mir äußerst gut gefiel. Sie hieß Irene Ertel und war zu damaliger Zeit – siebzehn Jahre sind seitdem vergangen – eine der wenigen Frauen, die erfolgreich im Schlittenhundesport war. Irene züchtete Alaskan Malamutes, besaß aber auch noch zwei Siberian Huskies. Mit einem von ihnen, Rasputin, fuhr ich mein erstes eigenes Rennen. Diese Erfahrung bleibt mir unvergesslich – aber davon später.

Detailliert erzählte mir Irene, was einen Malamute ausmacht. Bilder von diesen sehr großen Hunden mit dem dicht behaarten Pelz um den Hals hatte ich ja schon gesehen, nur über ihren Charakter wusste ich noch nicht sehr viel.

»Malmutes sind kräftig und gut gebaut, sie ähneln einem Wolf«, sagte Irene.

»Und sind sie das auch in ihrem Wesen?«, fragte ich vorsichtig nach.

»Wenn sie allein sind, dann überhaupt nicht. Sie sind als Solisten eher anschmiegsam und freundschaftlich. Aber in der Meute, wollen sie unabhängig bleiben, weshalb es untereinander häufig zu Aggressionen kommt. Zudem braucht er eine relativ strenge Herrin.«

»Woher kommt eigentlich der Name?«

»Die Malemuten sind ein Indianerstamm im Nordwesten von Alaska. Sie haben diese Hunde dazu benutzt, um auf die Jagd zu gehen oder um sich überhaupt fortzubewegen.«

Das waren endlich die Informationen, nach denen ich gesucht hatte. Irene und ich schlossen Freundschaft und nach und nach entdeckte ich an mir, wie mich ihr Dasein mit den Schlittentieren faszinierte.

Ich musste mich langsam einmal für einen Hund entscheiden. Irene, die mich inzwischen schon ganz gut kannte, meinte, ein eher filigraner Siberian Husky sei genau richtig für mich.

»Er ist ein Rennhund, wie er im Buche steht, äußerst lebendig und anmutig, schnell und ausdauernd.«

»Ist er auch tatsächlich so duldsam, wie ich es in einem Buch gelesen habe?«, frage ich nach

»Nicht nur das, er ist auch schelmisch und verspielt. Manchmal ein richtiger Racker. Er kann dich um den Finger wickeln.«

Sie bestärkte mich mit ihren Bemerkungen in meinem eigenen Gefühl. Ein Siberian Husky sollte es nun sein. Das war also geklärt. Nun musste ich »nur« noch an einen derartigen Schlittenhund kommen.

Im Sommer 1986 fuhr ich mit meinen Kindern zu einer

Mutter-Kind-Kur nach Bad Dürkheim in den Schwarz-wald. Schon im Vorfeld fand ich den Gedanken an diese Einrichtung schrecklich, aber wir brauchten alle dringend Erholung. Vor der Abreise tröstete ich mich mit dem Ge-danken: »Sobald ich wieder zu Hause bin, will ich einen Hund.« Noch während der Kur bekam ich einen aufge-regten Anruf von meinem Mann: »Irene hat sich gemeldet, sie hat einen Husky für dich.« Ich wählte sofort ihre Tele-fonnummer.

»Silvia, stell dir vor, ich habe von einem Züchter gehört, der einen jungen Rüden von sieben Monaten zurückbe-kommt und nun wieder abgeben möchte«, berichtete mir Irene. Ihre Stimme klang, als würde sie selber Zuwachs er-warten.

»Das kann ich nicht, das schaff ich nicht«, stammelte ich, »der ist doch schon so alt.« Ich war über diese Nachricht fast erschrocken.

»Nun hab dich nicht«, erwiderte Irene, »schau ihn dir erst einmal an und entscheide dich dann. Außerdem bin ich auch noch da.«

»Kann ich dich denn immer anrufen, wenn ich nicht weiß, was ich machen soll?«

»Überhaupt kein Problem.«

Es ist gut, eine ältere und erfahrene Freundin zu haben.

Endlich war die Kur vorbei und ich konnte zu dem Züchter von meinem Zuhause im nordrhein-westfälischen Bielefeld nach Schleswig-Holstein fahren. Cherokee war von einem jungen Mann zurückgegeben worden, der in einem Hochhaus lebte und mit dem Welpen in dieser stei-nernen Umgebung nicht zu Rande kam. Ich hatte nicht den Eindruck, dass der Züchter seinen Nachwuchs verant-wortungslos verschacherte, vielleicht hatte er sich in dem zukünftigen Hundebesitzer einfach nur getäuscht.

Nach langen Gesprächen mit dem Züchter begriff ich, dass es besser wäre, wenn ich diesen Rüden nicht nehmen würde. Zu sehr könnte er unter einem weiteren Wechsel leiden, bei dem er nicht mit anderen Huskys zusammenkäme und mir als hin- und hergestoßenes »Einzelkind« große Schwierigkeiten bereiten könnte. Angesichts meiner noch kleinen Kinder würde ich mir damit nichts Gutes tun.

Dann aber erzählte mir der Züchter von Chan, dem Bruder von Cherokee. Eigentlich sollte Chan bei ihm aufwachsen, aber anscheinend bewegte ihn meine tiefe Sehnsucht und mein nun umfangreiches Wissen über Huskys. Gemeinsam gingen wir zum Zwinger und bei Chans Anblick spürte ich, dass genau dieser Hund für mich bestimmt war.

Jetzt gab es kein Zurück mehr: Chan wurde ein neues Mitglied unserer Familie. Maurice taufte ihn bei der Begrüßung mit dem Wasser seiner gelben Gießkanne, worauf er nur seine hellen Ohren mit der schwarzen Umrandung schüttelte. Damit war klar – nichts konnte ihn wirklich erschüttern.

Von einer guten Erziehung konnte bei Chan keine Rede sein. Das war nicht einfach für uns, aber auch nicht für ihn. Er musste sich erst daran gewöhnen, was in einer Wohnung erlaubt ist und was nicht. Solange ich in seiner Nähe war, schien die Welt in Ordnung zu sein – wenigstens für uns –, aber sobald ich aus seinem Blickfeld entschwand, ließ er alle Viere gerade sein. Nur zu gern sprang er auf den Tisch, natürlich am liebsten, wenn er gedeckt war.

Eines Morgens ging ich nach dem Decken des Frühstückstisches in der Küche kurz ins Kinderzimmer, um Raffaella und Maurice zu wecken. Chan nutzte die günstige Gelegenheit, um den Aufschnitt abzuräumen. Er hatte allerdings nicht damit gerechnet, dass ich so schnell wieder da sein und ihn in flagranti erwischen könnte. Noch mit einer Mettwurst im Maul stürzte er davon und raste ins Kinderzimmer. Weil er wusste, was er angestellt hatte, verzog er sich unters Bett von Maurice. Mir war klar, dass ich Chan jetzt zeigen musste, wer hier im Hause das Sagen hat. Mutig wollte ich ihn aus dem staubigen Dunkel hervorziehen, aber ein warnendes Knurren hielt mich davon ab. Was nun? Zum Glück fiel mir Irene und ihr Hilfsangebot ein. Ich rief sie an und schilderte ihr die vertrackte Lage.

»Ganz gleich, ob er knurrt, du musst ihn zu packen kriegen und kräftig ins Ohr beißen. Im Huskyrudel ist das eine übliche Erziehungsmaßnahme. Falls du nicht beißen magst, kannst du ihm ja auch das Ohr umdrehen«, rät mir die Freundin.

Mir leuchtete das Vorgehen ein, wenn ich es auch für mich außergewöhnlich fand. Dennoch wollte ich bei dieser Aktion nicht selber gebissen werden. Nach Beendigung unseres Telefonats ging ich zurück ins Kinderzimmer. Chan blieb unverdrossen im hintersten Winkel. Also machte ich mich daran, das Bettzeug abzuräumen; anschließend entfernte ich die Matratze und zum Schluss das Lattenrost. Chan guckte mich völlig verdutzt an und konnte offenbar nicht glauben, was da gerade vor sich ging – sein geniales Versteck, einfach weg war es!

Ich nutzte seine Verwirrung, griff sein Ohr und zwirbelte es bis zur Schmerzgrenze. Ein kleines Aufjaulen und die angelegten Ohren zeigten mir, dass er verstanden hatte. Mir war wichtig, dass er sich selbst treu bleiben konnte und trotzdem begreifen musste, mich zu respektieren.

Chan erwies sich als der menschenfreundlichste und kinderliebste Hund, den man sich vorstellen kann. Nicht einmal ein leises Brummen war seitdem von ihm zu hören, selbst wenn Maurice ihm einen Knochen wegnahm oder

aus Versehen mit dem Dreirad über den Schwanz fuhr. Er
tröstete sie später sogar mit liebevollen Stupsern, wenn sich
bei mir sämtliche Gewitterwolken aufstauten, weil meine
Kiddys wieder einmal den größten Mist verzapft hatten.
Vierbeiner wie Katzen, Igel, Hasen oder Hamster gingen
ihm jedoch besser aus dem Weg – man wusste ja nie, was in
seinem Hundeschädel herumspukte.

Chan war noch kein Jahr alt, als ich wieder einmal einen
Anruf von Irene erhielt: »Silvia, hättest du nicht Lust, mit
mir ein Schlittenhunderennen zu fahren? Du musst dich
dazu nur auf Skier stellen.«

»Wunderbar«, lachte ich, »ich habe in meinem ganzen
Leben noch nicht einmal welche angefasst. Nicht einmal
auf Schlittschuhen kann ich laufen. Wie stellst du dir das
vor?«

»Das schaffst du schon. Du bist doch sonst so sportlich.
Warum solltest du nicht auch auf diesen Brettern stehen
können?«

»Stehen vielleicht schon, aber fahren?«

Dennoch ließ ich mich auch dieses Mal von der unver-
brüchlichen Zuversicht meiner Freundin überzeugen. Ohne weitere Überlegungen fuhr ich im tiefsten Winter nach
Todtmoos, mitten im Schwarzwald gelegen. Erst als ich den
Schnee schwer auf den Tannenästen liegen sah, kamen einige Befürchtungen in mir hoch. Was ist, wenn ich mir bei
diesem Unterfangen ein Bein breche? Meine Kinder hätten
dann unter meiner Unbeweglichkeit zu leiden. Ach was,
dachte ich. Ich will Spaß haben. Unfälle passieren auch in
der Küche. Die nächsten beiden Tage sollen allein mir und
meinem neuen Abenteuer gehören. Zum Glück war ich für
ein Sprintrennen angemeldet – in der so genannten Skan-
dinavierklasse –, wo ich nur mit einem Husky an den Start

gehen durfte. Chan war noch zu jung für eine derartige Aktion, aber ich sollte von Irene ihren Hund Rasputin ausgeliehen bekommen. Das war eine Auszeichnung für mich, denn normalerweise gab sie ihre eigenen Vierbeiner nie her. Auf was habe ich mich da bloß eingelassen?

Aufgekratzt begab ich mich an diesem Freitagabend in eine Schwarzwälder Stube, wo sich alle Hundeschlittenfahrer, die Musher, versammelten. Countrymusik kam aus Lautsprechern, die an der Decke befestigt waren, und in der Mitte des Raumes stand ein Tisch, um den sich eine Traube von Menschen gebildet hatte. Hier bekam auch ich meine Startnummer, nachdem ich mein Startgeld bezahlt und den Impfpass von Rasputin vorgelegt hatte. Damals ahnte ich noch nicht, das dies für mich in den nächsten Jahren zu einem vertrauten Ritual werden würde.

Nach einigem Herumschauen entdeckte ich endlich Irene. Ihre kurzen braunen Haare hatte sie zu einem frechen Bob geschnitten; sie trug einen weißem Sweater, der ihr warmes, gebräuntes Gesicht betonte. Sie stellte mich einigen Mushern vor, aber ich konnte ihren Fachsimpeleien kaum folgen. Ständig musste ich an den morgigen Tag denken. Mir war richtig schlecht vor Aufregung. Die dunklen Todtmooser Berge erschienen mir in meiner Erinnerung wie riesige Ungetüme, die ich niemals bewältigen könnte. Schon als normale Wanderin wäre dies eine Herausforderung gewesen. Doch nicht genug. Ich sollte in einem ständigen Auf und Ab eine Strecke von fünfzehn Kilometern absolvieren – und das auf Langlaufskiern. Wie gesagt, ich hatte bis zu diesem Tag nicht ein einziges Mal Gelegenheit gehabt, meine Füße auf solche Dinger zu setzen. Und da wollte ich gleich am nächsten Tag ein Rennen fahren. Das war verrückt, aber irgendwie auch typisch für mich.

Die Nacht war grauenhaft. Ich wälzte mich schwitzend im Bett herum. Da half auch nichts, dass über meinem Bett eine Holztafel angebracht war, auf der »Schlafe gut. Gott beschützt dich« in dunkelbrauner Farbe aufgemalt war. Verzweifelt sah ich mich im eisigen Schnee liegen, während die anderen Musher grinsend an mir vorbeisausten. Ihre Huskys bellten schadenfroh, während Rasputin sich schon aus lauter Scham in den Wald verzogen hatte.

Endlich wurde es Morgen und ich konnte aufstehen. Ein heißer Kaffee mobilisierte meine strapazierten Nerven, bevor ich mich zum Startplatz aufmachte. Die allgemeine Erregung steckte auch mich an. Ein flaues Gefühl machte sich in meinem Magen breit, so als müsste ich gerade in einer Achterbahn in die Tiefe stürzen. Glücklicherweise konnte ich nicht weiter über diese Empfindungen nachdenken. Die Skier mussten gewachst werden, der Schlitten – die Pulka – gewogen, wobei mir die anderen Musher bereitwillig halfen. Wenn ihn ein Rüde zog, durfte er nicht mehr als fünfundzwanzig Kilogramm wiegen, bei einer Hündin waren es fünf Kilogramm weniger. Nun standen Rasputin und ich uns gegenüber. Neugierig schaute er mich an. Spürte er, welche Hürde er mit mir, einer Anfängerin beim Hundeschlittenfahren, zu überwinden hatte? Er wedelte jedenfalls völlig unbekümmert mit seiner buschigen Rute, als wollte er mir sagen: »Wird schon nichts schief gehen.«

Mein Start rückte immer näher. In fünfzehn Minuten sollte es losgehen. Angeschnallt stand ich leicht wackelig auf meinen blauen Skiern, niemand durfte mich ansprechen. Ich schaltete total ab und vertiefte mich ganz in mich selbst. Der Mann, die Kinder – sie alle hatten in diesem Moment nichts in meinen Gedanken zu suchen. Mein Kopf musste frei bleiben von Kindergartenproblemen und Heizungsabrechnungen. Ich wollte nur heil aus dem Startraum kommen und endlich auf dem Trail sein. Allein.

»Sechs, fünf, vier«: Das Abzählen galt mir. »Drei, zwei, eins – go!« Bevor ich weiter darauf achten konnte, gab es einen Ruck an der Leine. Rasputin startete durch. Ich hatte Mühe, auf den Beinen zu bleiben. Ich fuchtelte mit den Skierstöcken und dem Schlitten herum und muss wohl eine ziemlich seltsame Figur abgegeben haben. Aber immerhin stürzte ich nicht! Rasputin wollte anscheinend mit einer imaginären Rakete wetteifern; ich dachte nur: »Das kann ja heiter werden!«

Der erste Berg kam in Sicht. Abrupt verlangsamte Rasputin sein Tempo, was ich als äußerst erholsam fand. Rasputin setzte ich davon auch sofort in Kenntnis: »Diese Geschwindigkeit ist ganz klasse für mich. Wenn du so weiterläufst, können wir sogar das Ziel erreichen.«

Irgendwie musste er mich missverstanden haben. Er wurde nämlich immer langsamer, bis selbst ich das Gefühl hatte, wir wären nicht schneller als eine Nacktschnecke. Woran konnte das liegen? Ich fing an, mir ernsthaft Sorgen zu machen. Rasputin kam ja aus dem Flachland, sollte er hier im Gebirge Kreislaufprobleme haben? Aufgeben war jetzt blöd. Ich musste Rasputin zu Hilfe kommen, obwohl ich eigentlich von einer anderen Erwartung ausgegangen war. Also zog ich die Pulka die Anhöhe hinauf. Und nicht nur diese, sondern noch alle weiteren. Die Regeln dieses Rennens erlaubten meine tatkräftige Maßnahme, der Hund musste dabei nur im Geschirr bleiben und ich durfte nicht vor ihm sein. So stapfte ich auf meinen Skiern neben Rasputin her, hielt mich mit einer Hand an seinem Zuggeschirr fest und zerrte den Schlitten Kilometer um Kilometer hinter mir her. Mein Partner wirkte im wahrsten Sinnes des Wortes erleichtert. Bergab ging es Rasputin schlagartig besser. Mit den Bremsstöcken zwischen den Beinen wirkten wir wenigstens auf den Talfahrten wie ein halbwegs harmonisches Team.

Es dauerte nicht lange, da zeigte meine Schlepperei Wirkung. Mein ganzer Körper fühlte sich jämmerlich an, meine schwarzen Locken klatschten wie aufgeweichte Makkaroni an meinem Kopf – die Anorakmütze hatte ich mir schon längst heruntergerissen. Wahrscheinlich sah ich wie eine vom Wind zerzauste Vogelscheuche aus. Aber ich wollte mit Rasputin nichts riskieren, schließlich war er ja nicht mein Hund. Wer immer uns noch überholte, rief uns mitleidig zu: »Soll ich am Ziel Bescheid geben, damit man euch abholen kommt?« Heroisch schlug ich all diese Angebote aus. Einerseits war ich davon überzeugt, dass mein Kreuz gleich in der Mitte durchbrechen würde, aber andererseits wollte ich unbedingt dieses Rennen durchstehen. Aufgeben kam einfach nicht in Frage. Noch hatte ich meine letzten Grenzen nicht erreicht.

Nach einer Ewigkeit hörte ich in der Ferne Hundegebell. Das Ziel konnte demnach nicht mehr weit sein.

»Gibt es Hoffnung?«, fragte ich einen Wanderer, der mir entgegenkam.

»Immer«, bekam ich von ihm zur Antwort. »Sie müssen nur noch einen kleinen Hügel hinauf, kurz wieder runter und schon sind Sie da, wovon Sie jetzt allerdings nur träumen können.«

Bei diesen schönen Worten erwachte mein Mut erneut. Auch Rasputin konnte ich mit der verlockenden Aussicht auf ein stärkendes Mahl wieder antreiben.

Nach der nächsten Biegung zeigte sich der »kleine Hügel«: Allein der Anblick dieses steil aufragenden Gipfels erforderte höchstes Durchhaltevermögen. Ich sah uns schon, wie wir kurz vor dem Gipfel aus purer Erschöpfung den

Berg rücklings runterrutschen würden. Um dieses Risiko zu minimieren, schnallte ich kurzerhand meine Skier ab und gesellte mich in gewohnter Weise zu meinem angeschlagenem Schlittenhund, die Pulka im Schlepptau. Trotzdem wurde ich den Eindruck nicht los, dass ich mehr nach Luft schnappen musste als mein Partner. Und seltsam: Sobald wir oben angekommen waren und er seine vierbeinigen Kollegen im Tal erblickte, war von einer Überforderung nichts mehr zu spüren. Messerscharf begriff er wohl, dort unten würde es etwas zum Fressen geben.

Im Ziel wurde ich von einigen Männern empfangen, die schon von meinen Problemen erfahren hatten. Viele klopften mir auf die Schulter. Ich muss wirklich mitleiderregend ausgesehen haben. Einer nahm mir die Skier ab, ein anderer brachte Rasputin zum Stake-out, dem Versorgungsplatz für die Hunde. Lächelnd wurde ich gefragt, ob ich am nächsten Tag wieder fahren würde.

»Na klar, wenn es Rasputin wieder besser geht«, hörte ich mich sagen. Im Stillen hoffte ich, dass Irene ihrem Husky eine Erholungspause verordnen würde.

Meine Freundin sah ich erst einige Zeit später, da sie noch ihren Lauf beenden musste. Sogleich erkundigte sie sich, wie es mir denn bei meinem ersten Hunderennen ergangen sei. Zaghaft erzählte ich ihr von Rasputins Formtief. Aber auf ihrer Stirn zogen keine Sorgenfalten auf, sie lachte nur: »Ach, denk dir nichts, Silvia, das hat er bei mir auch schon mal versucht. Der hat einfach markiert und dich reingelegt. Pass auf, morgen probiert er das bestimmt wieder und dann musst du ihm zeigen, wer der Boss ist. Wenn er das bei der ersten Steigung noch mal macht, gehst du einfach zu ihm und zwickst ihm ins Ohr.«

Ich konnte Rasputin einfach nicht böse sein. Schlittenhunde haben einen ganz eigenen Charakter, den sie durchsetzen wollen. Ich kenne das nur zu gut von mir. Seit diesem Moment begann ich die Schlittenhunde immer mehr zu lieben. Sie schienen mir ähnlich zu sein.

Nach dem Rennen war ich war fix und fertig. So erschöpft fühlte ich mich nicht einmal nach der Geburt meines ersten Kindes. Doch die Mühen mussten am Abend mit Musik und einem Essen gefeiert werden. Das Zusammentreffen aller Musher wollte ich auf keinen Fall versäumen. Ich lernte noch andere Anfänger kennen, Rookies, wie sie genannt werden, die mir von ähnlichen Anstrengungen erzählten. Morgen, so kamen wir überein, wollten wir uns gegenseitig unterstützen. Da wir an diesem Rennen nur aus Spaß und nicht wegen irgendeiner Platzierung teilnahmen, war das kein Problem.

Am nächsten Tag konnte ich mich kaum bewegen. Jeder einzelne Muskel tat weh. Kneifen wollte ich jedoch nicht. Es war Zeit, die Skier zu wachsen, Rasputin über den Kopf zu streichen und anzuspannen – alles wie gehabt. Kurz vor dem Start nahm ich nichts mehr wahr, bei »Go!« schoss Rasputin regelrecht aus dem Startraum. Auch das kannte ich ja schon. Dann kam der erste Berg und mit ihm Rasputins »Schwächeanfall«.

»Tja, mein Lieber«, sagte ich zu ihm, »nicht mit mir. Deine Chefin hat mir verraten, dass du ein Meister im Markieren bist. Jetzt schauen wir mal, ob wir heute zusammen arbeiten können oder ich wieder alles alleine machen muss.« Ich ging zu ihm und nahm seinen Kopf in meine Hände, blickte ihm tief in die Augen und teilte ihm mit, dass es wohl besser sei, wenn wir uns beide einigen würden. Ich wollte auf keinen Fall Zwang ausüben. Ein leises Murren signalisierte, dass er verstanden hatte.

Klar war, dass ich einen Hund, der einfach nicht zum Laufen geboren war oder der von einer Verletzung am Bein

gepeinigt gewesen wäre, mit einer solchen »Machtdemons-
tration« nicht hätte motivieren können. Rasputin jedenfalls
kam anschließend in die Gänge. Wenn auch nicht besonders rasant, aber mir genügte es – immerhin zog er jetzt
den Schlitten. Als wir die Steigung geschafft hatten, wartete auf der Anhöhe Rolf, ein Rookie vom gestrigen Abend.
Sein Alaskan Malamut wirkte im Schnee wunderschön
und äußerst imposant, fast ein wenig furchterregend. Von
all den Schlittenhunden sieht er tatsächlich einem Wolf am
ähnlichsten. Gut, dass ich mich für einen Husky entschieden hatte. Er ist weniger mächtig, was aber eher zu meiner
eigenen, eher zierlicheren Statur passt. Bei einem derart
riesigen Vierbeiner hätte ich auch das Gefühl, ich müsste
eine wahre Herrscherin und Gebieterin über das Tier
sein.

Rolf und ich kamen darin überein, abwechselnd die
Führung zu übernehmen. Kaum zu glauben, wie das Rasputin und Arkan motivierte, wenn ein anderes Gespann an
ihnen vorbeizog. Wir zwei Rookies hatten jedenfalls einen
Riesenspaß. Es stellte sich heraus, dass auch Arkan nicht
ganz frei von Macken war: Immer wenn es bergab ging,
bremste er scharf, da Rasputin aber bei diesen Strecken Gas
gab, musste ich hier mit ihm vorausfahren.

Das letzte Tal war in Sicht. Im Geiste sahen wir uns
schon im Ziel, als wir von hinten ein großes Gespann mit
einem irren Tempo herankommen hörten. Der Trail war an
dieser Stelle sehr schmal. Ich öffnete meine Skihalterung
schmiss mich nur noch seitlich in den Schnee, Rolf tat
instinktiv das Gleiche. Die rasanten Überholer fegten quasi
über uns hinweg. In einem Slapstickfilm hätten wir sicher
eine gute Nummer abgegeben. Rasputin und Arkan schüt-
telten sich nur gleichmütig, wir schnallten uns, nun nass
geworden durch den Schnee, ebenso unverdrossen unsere

Skier wieder an. Freudestrahlend kamen wir ins Ziel – wir waren an diesem zweiten Tag nicht einmal die Letzten. Aber für mich stand noch ein anderes Ergebnis fest: Ich wollte weitere Rennen fahren. Ich hatte alles gegeben und war an meine eigenen Grenzen gekommen, aber ich bekam auch viel zurück: Partnerschaft, Naturglück und viele Macken, über die man herzlich lachen kann.

Vielleicht bin ich ein Eskimo

Ich bin dabei. Und kann es immer noch kaum glauben. Bei einem der letzten großen Abenteuer auf dieser Erde. Der Countdown läuft. Noch zwei Stunden und ich werde als Musherin mit der Startnummer zwölf beim härtesten Schlittenhunderennen der Welt mitfahren, dem Yukon Quest. Tausend Meilen durch die eisige, einsame Wildnis Kanadas und Alaskas liegen vor mir. Zwölf Tage werde ich mit meinen Huskys unterwegs sein, hauptsächlich in der Nähe des legendären Yukon Rivers, wo noch immer einzelne Gestalten mühselig nach Gold suchen. Auch Whitehorse, wo ich jetzt an den Start gehe, liegt an diesem mächtigen Strom, der im Winter weitgehend zugefroren ist, Eisschollen türmen sich an den Ufern auf und bilden bizarre Formationen.

Ich fühle mich in dieser kanadischen Siedlung mit einer Landschaft ohne Horizont zu Hause, als wäre ich gerade heimgekommen. Und das, obwohl ich noch nie hier war. Möglicherweise war ich in einem früheren Leben eine Eskimofrau oder eine Indianerin. Meine hohen Wangenknochen, die rabenschwarzen, dicken Haare, der dunkle Teint – alles deutet darauf hin.

Langsam wird mir mulmig zumute. Ich werde bei diesem Rennen völlig auf mich selbst gestellt sein. Kein Musher darf Hilfe von außen annehmen, kein Hund darf ausgetauscht werden, kranke oder verletzte Tiere dürfen nur an bestimmten Orten zurückgelassen werden. Funkkontakt ist verboten, Handys sind ebenfalls nicht erlaubt. Sie würden in der Einöde sowieso nicht funktionieren.

Mindestens fünfmal habe ich meine Liste durchgecheckt. Eigentlich habe ich alles dabei. In den Nächten kann die Temperatur bis zu minus fünfzig Grad sinken. Hoffentlich werde ich nicht erfrieren. Steven, mein Jüngster, müsste jetzt im Kindergarten sein. Quatsch, in Deutschland ist es wegen der zehnstündigen Zeitverschiebung mitten in der Nacht. Aber ich will jetzt nicht daran denken. Ich bin hier, in Whitehorse, und will, wenn alles klappt, nach langen und aufreibenden Tagen in Fairbanks ankommen. Sieger ist jeder, der diese boomende Stadt in Alaska erreicht.

Denke daran, Silvia, dass du die Pausen für die Hunde strikt einhältst. Wie sollen sie sonst diesen Hochleistungsakt bewältigen? Warum bin ich bloß so nervös? Ich fahre nun schon seit sechzehn Jahren Rennen, eigentlich müsste ich ganz gelassen sein. Nichts da! Mein Herz schlägt wild, ständig zurre ich an den Leinen herum. Auch meine vierbeinigen Athleten spüren, dass bald eine neue Zeitrechnung beginnt. Sie werden mich durch die Wildnis führen, auf ihre feinen Spürnasen muss ich mich verlassen können.

Nur noch eine Stunde. Angestrengt schaue ich in den Schnee. In diesem Februar hat es in Whitehorse ungewöhnlicherweise wenig geschneit. Mit Lastwagen musste aus den Bergen tonnenweise Schnee herantransportiert werden, damit der Start reibungslos funktionieren kann. Sogar die Innenstadt, wo gestartet werden soll, wurde gestern gesperrt, damit das kostbare Weiß auch liegen bleibt.

Einunddreißig Teams aus vier Nationen nehmen an diesem Schlittenhunderennen teil. Wahrscheinlich sind die anderen Musher genauso verrückt wie ich. Zum Glück ist

Jürgen nicht hier. Ich würde vor lauter Anspannung anfangen, mich von ihm drücken zu lassen. Er passt auf Maurice, Raffaella und Steven auf und auf unseren Hof im Allgäu, wo wir jetzt wohnen.

Silvia, nun mal ganz piano. Was hast du eigentlich! Besseres konnte dir nicht passieren. Du bestimmst über dein Leben, auch darüber, dass du jetzt hier bist. Dabei sah es einmal ganz anders aus. Nach der Schule musstest du eine Lehre als Näherin machen, obwohl du im Handarbeiten eine Fünf hattest, sogar mit einem Minus dran – so sehr war mir dieses Fach verhasst. Und nun hattest du den Eignungstest bestanden. Vielleicht, weil ich eine Nähmaschine reparieren konnte. Das war in Bielefeld, wohin meine Eltern umgezogen waren. Fünfzehn Jahre war ich da alt. Fünfzig Jackenärmel musste ich pro Tag einnähen, ohne eine krumme und schiefe Naht. Es war einfach grausam in dieser Fabrik. Dennoch habe ich die Ausbildung als Beste in meinem Jahrgang abgeschlossen. Somit hatte ich aus dieser Situation wenigstens etwas gemacht. Nun bist du da raus. Schon seit vielen Jahren. Jetzt kann dich nicht einmal dein fast volljähriger Sohn dazu zwingen, einen Ärmel aufzutrennen, damit sein Sweatshirt cooler aussieht. Lieber setze ich Radieschen auf unserem Land. Oder fahre im Zickzackkurs mit Schlittenhunden über knackendes Eis.

Meine eigenen Hunde habe ich auf unserem Bauernhof in Argenbühl gelassen. Es erschien mir zu umständlich und zu teuer, sie auf diese weite Reise zu schicken. Außerdem wusste ich auch nicht, ob sie für die vor mir liegende Herausforderung fit genug sind. Nur mein abgöttisch von mir geliebter Caruso durfte mit. Diesen Rüden habe ich in eine spezielle Hundekiste verfrachtet und mit ins Flugzeug genommen, weil ich mich wenigstens auf ein Tier vollkommen verlassen wollte. Die weiteren Huskys habe ich von

26

einem Züchter im alaskanischen Tanana, wo ich mich vor einigen Wochen für dieses Rennen vorbereitete.

Curt zieht den Hunden gerade die Booties an. Er ist mein wichtigster Teammitarbeiter, mein Doghandler, der mich während der Tour begleiten soll. Booties sind Schühchen aus Nylon, die an den Hundepfoten mit einem Klettverschluss halten. Sie schützen die Ballen beim Rennen vor Verletzungen, die sich die Tiere an dem scharfen Eis leicht zuziehen können, oder auch vor Eisklumpen, die sich zwischen den einzelnen Krallen bilden können. Sind erst einmal Wunden da, kommt es leicht zu Infektionen durch die Viren und Bakterien im Hundekot. »No foot, no dog«, ohne Pfoten, kein Hund, sagt eine alte indianische Weisheit. Wenn man die blauen oder roten Pfotenschützer wäscht − momentan liegt übrigens Neongrün im Trend − und sie zum Trocknen an die Leine hängt, dann wehen sie wie kleine »Babyschühchen« im Wind. So chic die Booties auch aussehen, sie müssen mit größter Sorgfalt angepasst werden. Schnüren Sie ein, können sie das Blut in den Venen stauen lassen − dicke Pfoten wären dann die Folge; sitzen sie zu locker, scheuern und reizen sie. Im Verlauf dieses Rennens werden meine Jungs wohl mindestens zwei Kisten davon verschleißen.

»Du bist mir ein Schlaumeier«, spricht Curt auf Caruso ein, der seine eine Pfote aus dem Bootie in dem Moment rauszieht, als mein Doghandler den Klettverschluss zumachen will. Vielleicht mag Caruso kein Neongrün.

Bevor ich weiter darüber sinnieren kann, tritt ein Reporter an mich heran. »Wie fühlen Sie sich?«, fragt er mich. Was soll ich ihm darauf antworten? Ich gehöre zu den wenigen Europäern, die am Yukon Quest teilnehmen, und zu den ganz wenigen Frauen, die sich auf dieses Abenteuer einlassen.

»Es ist toll für Frauen, mit so vielen raubeinigen Kerlen zusammen zu sein«, antworte ich dem Journalisten. Meine Aussage gefällt ihm, denn er schenkt mir ein Lächeln.

Unter den Mushern wünscht man sich gegenseitig Glück. »Take care, Silvia!« – »You too!« Ein Mitstreiter zieht mich auch ein wenig auf, um die eigene Anspannung zu überspielen.

»Deine Hunde sehen aber ganz schön verschlafen aus. Meinst du, sie schaffen es überhaupt bis zum ersten Checkpoint?«, wirft er mir zu.

»Pass du nur auf, dass deine nicht den ersten Supermarkt überfallen, so hungrig wie die aussehen«, kontere ich den Scherz mit einem Lächeln.

Fünfunddreißig Minuten sind es noch bis zu meinem Start. Den möchte ich auf keinen Fall verpassen. Zwar habe ich eine eigene Uhr, frage aber trotzdem jeden, der mir begegnet: »Wie spät ist es?« Permanent stellt man neue Ticks an sich fest.

In meinem Bauch machen sich schon mal ein paar tausend Schmetterlinge startklar. Ein unbeschreibliches Gefühl. Ich übe mich in positivem Denken und versuche, mir nicht auszumalen, was alles schief gehen könnte. Ich stelle mir vor, dass die Sonne scheint, der Himmel knallblau ist und ich durch eine traumhafte Landschaft gleiten werde. Spätestens jetzt begreift man, wozu die schönen Bilderbücher der Kinder nützlich sind.

Die schneidende Kälte holt mich in die Realität zurück. Bei minus fünfundvierzig Grad gefriert mein Atem in Sekundenschnelle, Raureif breitet sich auf meinen Kleidern aus. Der Wind bläst eisig, wodurch einem die Witterung noch extremer vorkommt. Aber schon als Kind konnte ich mich richtig über viel Schnee und Regen freuen. Den Sommer empfand ich dagegen als langweilig. Doch selbst

28

für hiesige Verhältnisse ist es heute lausig kalt. Ich schaue auf meine dick eingemümmelten Fingerspitzen. Dieses Mal dürfen sie nicht erfrieren. Ich tröste mich selber mit meinem vertrauten Optimismus: »Wird schon irgendwie gehen. Und wenn du erfrieren solltest, denke daran, mit einem erstarrtem Lächeln im Gesicht bist du eine schönere Leiche.«

Zwar wanke ich wie ein Michelin-Männchen durch die Gegend, aber wenigstens bin ich warm eingepackt. Immerhin kann ich in meinem Outfit auf einen fahrenden Schlitten aufspringen. Mein Zwiebellook ist für Verabredungen der erotischen Art ein kompletter Fehlgriff: dünne und dicke Unterwäsche aus Merinowolle, zwei Paar Socken, drei übereinander gezogene Hosen − Viskose, Fleece, Nylon. Versteht sich von selbst, dass meine Beine die Form von Baumstämmen angenommen haben. Meinen Oberkörper zieren drei Fleecepullis und zwei dicke Jacken, darüber trage ich noch einen Parka, dessen Kapuze mit Wolfsfell umrandet ist. Ich sehe damit aus wie eine Eskimofrau. Eine Trapperkappe aus Biberfell ist im Gepäck, sie wird in besonders stürmischen Zeiten aufgesetzt. Die Füße haben völlig an Anziehung verloren. Ich stecke in so genannten Bunnyboots, die die Anmutung von überdimensionalen Hasenpfoten haben, aber so schwer wiegen wie ein Kaninchenbraten: nämlich pro Schuh drei Kilo. Keine Frau kann in solchen Klumpen leichtfüßig dahertippeln. Meine Mukluks machen dagegen einen zierlicheren Fuß. Diese Indianerstiefel sind vollständig aus dem Leder von Robben gearbeitet, können aber nur bei extrem trockener Kälte getragen werden, weil sie sonst die Feuchtigkeit aufsaugen. Sie sind deshalb im Gepäck. Oder?

Ich packe mitten im Getümmel − zum wievielten Mal eigentlich? − meinen Schlitten aus. Dabei habe ich nur noch achtzehn Minuten. Wo sind meine Mukluks? Ach, da sind sie! Sogar am richtigen Platz. Vergesslichkeit kann in den Eiswüsten lebensgefährlich sein. Oder zumindest Zitterpartien auslösen, wenn etwa die Ersatzbatterie für die Stirnlampe nicht sofort am vermuteten Platz gefunden wird. Glücksbringer oder Fotos von meinen Kindern nehme ich niemals mit. Menschen, die mir wichtig sind, leben in meinem Herzen. Da brauche ich keine Bilder.

Welche Frau kommt ohne Kosmetik aus? Nicht einmal ich. Die schöne blaue Dose mit Niveacreme liegt obenauf. Als Kälteschutz kommt sie mehr oder weniger regelmäßig aufs Gesicht. Irgendwo muss noch ein Lippenstift sein, den ich für das Abschlussbankett auflegen möchte. Der Vorsatz ist gut, am Ende verzichte ich dann doch auf die Malaktion. Nach dem ersten Bissen ist bei mir sowieso sämtliche Farbe wie von Geisterhand verschwunden.

Mit zum Gepäck gehört auch ein symbolischer Brief, weil die alte Goldgräberstrecke einem traditionellen Posttrail folgt. In Fairbanks werde ich den Brief abgeben müssen, sonst bekomme ich Strafzeiten angerechnet.

Noch genau einundzwanzig Minuten. Ich kontrolliere vorsichtshalber ein weiteres Mal die Geschirre. Maximal sind beim Quest vierzehn Hunde erlaubt, ich starte nur mit zwölf. Das ist ein klarer Nachteil. Eigentlich braucht man die volle Anzahl. Gerade am Ende des Rennens kann das entscheidend sein, weil man mit mindestens sechs eingespannten Tieren durchs Ziel fahren muss. Doch weitere Huskys, die mir für diesen Langstreckenmarathon geeignet erschienen, konnte ich nicht auftreiben. Trotzdem ist unter all den zappeligen Hunden kein einziger wirklicher Leader darunter. Immerhin habe ich mit ihnen vor dem großen Ereignis fast drei Monate in den Wäldern Alaskas trainiert. Deshalb will ich mir jetzt keine Gedanken über die Schwächen meines Teams machen – ändern lässt sich daran ohnehin nichts mehr. Vielleicht haben wir ja das nötige Glück und kommen dennoch durch. Schließlich habe ich auch schon andere Schwierigkeiten in meinem Leben widrigen Umständen zum Trotz gemeistert.

Ich lege mir eine Leine für vierzehn Hunde zurecht. So können abwechselnd immer zwei von meinen zwölf Huskys alleine laufen. Nicht jeder Vierbeiner will ständig einen Kollegen neben sich haben. Zweibeiner im Übrigen auch nicht. Mein Team besteht aus elf Rüden und einer Hündin, Sister. Sie will ich zuerst an die Leine legen. Mist, irgendetwas stimmt mit ihr nicht. Also laufe ich ein wenig mit ihr herum, bis ich merke, was ihr fehlt: Sie humpelt. Und das so kurz vor dem Start! Womit habe ich dieses verdient? Als ob es nicht auch so problematisch genug wäre. Kein Zweifel: Das Humpeln rührt von der Schulter her. Rennen wäre für Sister jetzt eine große Quälerei. Spätestens nach drei Stunden wäre sie ausgelaugt und ich müsste sie in den Schlitten laden, bis zum nächsten Checkpoint mitnehmen und anschließend dort zurücklassen. Auch wenn ich mir eigentlich sicher bin, verlange ich nach einem Tierarzt, einem Vet, wie man hier sagt. Seine Diagnose bestätigt meine Befürchtung: »Sister kannst du vergessen, sie kann unmöglich mitlaufen. Der Husky braucht Medikamente.«

So bleiben mir tatsächlich nur noch elf. Unwillkürlich muss ich an den Reim von den »zehn kleinen Negerlein« denken. »Und da waren es nur noch …« Wenn jetzt noch ein Husky ausfällt – den Gedanken will ich mir gar nicht zu Ende ausmalen. Traurig streichle ich Sister über ihr dichtes Fell. Nun muss ich ein Rudel von Rüden in Schach halten.

Alle anderen Hunde jaulen und schreien an der Stake-out-Stange, als wollten sie mir sagen: »He, Silvia, bitte vergiss uns nicht! Wir wollen auch mit. Fahr bloß nicht ohne uns los!« Das baut mich wieder auf.

»Los Jungs, jetzt müsst ihr es eben alleine schaffen«, gebe ich ihnen zu verstehen.

Caruso wird als Nächstes eingespannt. Er ist mein Augapfel, der wichtigste Hund im Gespann. Ich habe den Siberian Husky großgezogen und kenne jede seiner Macken – die meisten davon sind zum Glück liebenswert.

»Caruso«, sage ich zu ihm, »der Mann, von dem du deinen Namen hast, war ein ausnehmend großartiger Sänger. Du bist ein ausnehmend großartiger Schlittenhund. So viele Rennen bist du schon klasse gelaufen, zeig auch hier, was du kannst.« Unter meinem Griff windet sich der gebürtige Allgäuer, offenbar hat er keine Lust, mir aufmerksam zuzuhören. Caruso strotzt nur so vor Energie, kann kaum abwarten, dass es endlich losgeht. Seine Spezialität ist es, vor dem Start immer über den neben ihm eingespannten Hund zu springen. Bislang hat sich noch keiner seiner Kollegen daran gestört. Seine Narrenfreiheit soll er auch jetzt genießen, nur muss er in diesem Team gleichzeitig die Rolle des Cheerleaders spielen und alle anderen Huskys anfeuern.

»Caruso, mein Schatz, ich zähl auf dich!«, flüstere ich ihm noch zu.

Neben meinem Haushund soll Sultan der »zweite Mann« sein. Er weiß es nur noch nicht, ich habe es ihm noch nicht mitgeteilt. Wenigstens nicht deutlich genug. Da ich keine andere Wahl habe, muss ich mich auf mein gutes Gefühl bei ihm verlassen. Obwohl er schon neun Jahre auf dem Pelz hat, besitzt er keinerlei Rennerfahrung. Ich hoffe, dass er mit jedem Tag an seinen Aufgaben wachsen wird. Den Rest des Gespanns bilden Little Buddy, Lonesome, Salt, Midnight, Harkim, Bebop (ob das zu Caruso passt, musikalisch betrachtet?), Friendly, Goofy und Stanley. Nacheinander ziehe, schleppe und zerre ich sie zum Schlitten. Alle sind schon unheimlich aufgedreht und lassen sich kaum bändigen. Diese unglaubliche Vorfreude aufs Rennen ist mir nur zu vertraut. Damit bringen sie mich nicht im Geringsten aus dem Konzept, auch wenn ich zwischendurch immer wieder einen besorgten Blick auf meine Uhr werfe. Wirklich beunruhigen würde mich nur, wenn sich auch nur einer von ihnen still und brav verhielte. Was ihre Stimmung hier noch anheizt, ist der Geruch der vielen anderen Hunde, der Lärm aus den Lautsprechern und die Anwesenheit von so vielen aufgekratzten Menschen.

Endlich habe ich jeden Zappelphilipp ordnungsgemäß in sein Geschirr eingefädelt und mit der Zentralleine verbunden. Von Ruhe kann immer noch keine Rede sein, obwohl nun jeder weiß, dass er mit dabei sein darf. Es macht einfach zu viel Spaß, die eigene Erregung den Vorder-, Hinter- oder Nebenvierbeiner spüren zu lassen. Da wird mit der Schnauze gezwickt und gezwackt, gebrummt und geknurrt, so mancher stößt auch einen jaulenden Freudenheuler aus. Andere toben und werfen sich ins Geschirr, als wollten sie die Welt retten. Hunde sind anders als wir – keiner von ihnen gibt sich die Mühe, lässig und cool zu erscheinen.

Vier Leute halten den Schlitten fest. Ich bin noch immer nicht dran. Jedes Team wird mit einem zweiminütigen Abstand in die Wartezone geholt. Inzwischen bin ich so aufgeregt wie meine Huskys und frage mich ernsthaft, ob die Rennleitung mich nicht vielleicht vergessen hat. Zum Glück sehe ich diesem Moment die Frau, die mich abholen soll, näher kommen. Sie winkt mir zu. Erleichtert setze ich mich mit meiner Hundecrew in Bewegung. Zwei andere

Teams sind noch vor uns, mit den Startnummern zehn und elf. Die verbleibende Wartezeit ist für mich nur noch lächerlich kurz, doch sie scheint sich endlos zu dehnen. Meine Hunde drehen fast durch. Sie haben mitgekriegt, jetzt geht es wirklich los. Sie keifen nach allen Seiten, reißen am Geschirr, stellen sich auf die Hinterbeine, als würde jeder einzelne von ihnen am liebsten allein vorausstürmen. Ein Mordsdruck geht durch die Zugleine und meine vier Helfer – wahrlich kräftige Männer – haben Mühe, das Gespann zurückzuhalten. Caruso schreit am lautesten. Vielleicht kommt es mir auch nur so vor, weil ich seine kehligen Laute am besten kenne, er klingt schon richtig heiser. Die Huskys heißen auch »die Heiseren«, nach dem englischen Wort »husk« (heiser).

Team Nummer elf wird jetzt runtergezählt. Beim Zauberwort »Go!«, das über die Lautsprecher bis zu uns schallt, wollen meine quirligen Teddybären schon los. In ihrem Heimatland Sibirien kursiert die Legende, dass Huskys die Pforten des Paradieses bewachen und jedem den Eingang verwehren, der auf Erden Unfug angerichtet hat. Wenn ich mir meine Jungs jetzt so recht betrachte, dürften sie diesen Job niemals ausüben; sie würden eher zu jenen Kandidaten gehören, die den Garten Eden niemals betreten dürften.

Wenn nicht vor dem Eingang des Paradieses, so sind wir jetzt immerhin vor der Startmarkierung. Endlich! Rings um uns applaudieren Zuschauer und rufen uns »Good luck, Silvia« zu. Ich bekomme eine Gänsehaut. Ein lebenslanger Traum wird wahr. Wenn Caruso nicht fast am Durchdrehen wäre, ich würde wahrscheinlich wie eine beseelte Madonna lächeln und einfach nur herumstehen. So aber laufe ich schnell noch mal nach vorne, um ihn und Sultan liebevoll zu zausen.

»Na, ihr beiden Topleader. Nun mal ran! Wir werden die Kiste schon schaukeln. Auch jede einzelne Schneeflocke«, versuche ich auf die Wildfänge einzureden. Sie scheinen trotz der Aufregung für einen Moment auf meine Stimme zu hören und zu begreifen, was ich ihnen mitzuteilen habe. Auch allen anderen Hunden streichle ich über den Kopf. So viel Zeit muss sein. »Noch dreißig Sekunden.« Von hinten dringen diese Worte fast bedrohlich in mein Ohr. Ich stelle mich auf die Kufen meines Schlittens und lasse den Start-helfer mit den erhobenen zehn Fingern nicht mehr aus den Augen. Die Erlösung naht. Bei »Go!« werfen sich meine Buben mit ungestümer Lauflust nach vorne, die Zuschauer rauschen im Augenwinkel an mir vorbei. Typisch für Renn-hunde: War vorhin das Geheul ein Ventil für die aufgestaute Energie und Vorfreude, so scheint von einem Augenblick auf den anderen der Bewegungsdrang die Oberhand zu ge-winnen. Meine gerade noch ungehörig jaulende Meute ist mit einem Schlag verstummt. Es fehlt ihnen für die Fortset-zung ihres lauten Theaters auch die Puste. Außerdem haben sie jetzt endlich das, wonach sie bis vor ein paar Sekunden noch geschrien haben: freie Bahn. Huskys sind zum Laufen geboren, deutlicher kann man es nicht sehen.

Noch über zwei Meilen stehen Menschen an der Hauptstrasse und jubeln und johlen. Tränen kullern mir über die Wangen. Vor lauter Freude. Dies hier ist einer der schönsten Augenblicke meines Lebens. Nichts gegen Os-tern und Weihnachten gleichzeitig. Nichts gegen Maulta-schen mit Käse überbacken (als Rheinländerin) oder Ein-sen in den Schulzeugnissen meiner Kinder. Mein Traum hat sich schon jetzt erfüllt – zweihundert Meter nach dem Start. Das allein ist alle Mühe, alles Geld der Welt wert ge-wesen.

Silvia, aufwachen! Ich muss mich selbst in die Wirklichkeit zurückrufen. Sich bequem von den Hunden durch die Gegend kutschieren lassen ist nicht drin. Das Abenteuer hat schließlich gerade erst begonnen. Wer weiß, was uns noch alles in den nächsten Tagen widerfahren wird. Mein Ehrgeiz hat mich wieder gepackt.

Ich möchte auf keinen Fall wegen einer Lappalie ausscheiden oder aufgeben müssen. Auch wenn ich mein erstes Ziel – dabei zu sein – erreicht habe, will ich es unbedingt bis nach Fairbanks schaffen. Das bin ich meinen Hunden, allen, die mich unterstützen, und auch mir selbst schuldig.

Zwei Kufen und vierundvierzig Hundepfoten

Es geht einfach nur noch vorwärts. Ich möchte Purzelbäume in den Schnee schlagen, doch besser ist es, wenn ich mich auf den Trail konzentriere. Er führt an der Uferböschung des Yukon entlang. Die Warnungen der Streckenmarshals vor offenen Wasserstellen sind berechtigt, denn ich höre das Rauschen des labyrinthartig verzweigten Stroms. Noch ist er nicht völlig zugefroren, obwohl man auf Grund der Kälte glauben könnte, auch hier müsste das ewige Eis vorherrschen. Aber die vielen Zuflüsse – nicht wenige davon sind heiße Quellen – lassen in der Eisdecke immer wieder kleinere und größere Wasserlöcher entstehen. Meistens bildet sich an diesen Stellen dichter Nebel. Eigentlich ein malerischer Anblick, für jeden Musher ist er jedoch ein Alarmsignal. Offenes Wasser ist neben wilden Tieren wie Wölfen, Bären oder Elchen so ungefähr das Gefährlichste, was einem passieren kann.

Weil Sultan im Training jede Hütte und jede menschliche Einzäunung in seinem Blickfeld als potentiellen Rastplatz ansteuerte, habe ich Sorge, dass er uns vielleicht links die Uferböschung hinaufziehen wird, wo noch einige vereinzelte Farmen zu erkennen sind. Ich bin also auf alles Mögliche gefasst, nur nicht darauf, dass mein Leader in einer leichten Rechtskurve die Piste verlässt und schnurstracks Richtung Yukon einbiegt. Offenbar will er eine Abkürzung nehmen. Das Problem ist nur, dass wir nicht mit einem Amphibienfahrzeug, sondern mit einem zweihundert Kilogramm schweren Schlitten unterwegs sind. Bevor ich realisiere, in welche Gefahr wir uns gerade begeben, sind wir schon mitten auf dem Fluss.

»Halt, Sultan! Halt, Caruso!«, schreie ich panisch. Mit aller Kraft stemme ich einen Fuß auf die Schlittenbremse, bis wir zum Stehen kommen. Mein Herz schlägt mir bis zum Hals. Wir sind gerade mal zehn Minuten auf dem Trail und schon habe ich das Gefühl: »Na toll, Sivia, das wars. Das spreche ich aber nicht laut aus. Vielmehr beschwöre ich meine Crew: »Bleibt schön stehen. Das habt ihr super gemacht. So ist es gut, Sultan und Caruso.« Meine aufgeregten Huskys bleiben tatsächlich in abwartender Position. Was außergewöhnlich ist, wo sie doch voller Power sind. Immerhin sind sie erst eine kurze Strecke gelaufen. Noch ist in ihren Minen abzulesen: Wir wollen meilenweit dahinpreschen, am liebsten ohne deine Kommandos, ohne große Gedankenarbeit, einfach nur geradeaus. Mit einem Stillstand ist es jedoch nicht getan. Mir bleibt nichts anderes übrig, ich muss nach vorn zu den Leadern – eine Strecke von fast zwanzig Metern – und sie höchstpersönlich zurückführen. Das Eis unter mir singt; es klingt, als würden Geigen von Geisterhand ein Wiegenlied spielen. Was sich so sehnsuchtsvoll anhört, deutet nur darauf hin, dass sich unter mir ein gefährlicher Hohlraum befindet. Vorsichtig taste ich mich zu meinen Leadern, gespannt lausche ich dabei der Stimme des Eises. Gleichzeitig blicke ich nach hinten auf den Trail. Ich bete, dass das Team mit der Nummer dreizehn nicht so bald daherkommt. Wie ich meine Hunde kenne, würden sie beim Anblick eines herbeisausenden Schlittens den kürzesten Weg nehmen, um den anderen Huskys zu folgen – das hieße: eine radikale Drehung um 180 Grad, bei der der Schlitten umkippen würde. Nur wären sie verwundert, wenn sie mitbekämen, dass die herbeidüsenden Huskys ebenfalls stoppen würden. Oberstes Gebot ist es nämlich bei der Quest, dass der hintere Musher stehen bleiben und warten muss, wenn, wie in meinem Fall, die Vorderfrau Probleme hat. Aber dann kann es schon längst zu spät sein und der Schlitten wie ein gestrandetes Wrack im Schnee liegen.

Endlich bin ich bei Sultan und Caruso angekommen und packe die beiden möglichst ruhig, aber bestimmt an ihrem Geschirr an.

»So, ihr beiden, jetzt ganz langsam mit mir zurück. Ja, an den anderen vorbei«, befehle ich. Ein großer Wendebogen ist zu gefährlich; wir könnten zu nah ans offene Wasser kommen und einbrechen. Also muss ich sie in einer engen Kurve an den hinteren Huskys vorbeiführen. Die Leader machen ihre Sache gut, aber auch die übrigen Vierbeiner, die ihnen gehorsam folgen. Allerdings kann auch bei diesem Manöver ein voll beladener Schlitten aus der Balance geraten.

»Bitte, bleib im aufrechten Stand. So ist es klasse. Mach ja keine Bruchlandung, denn dann wird es richtig mühsam, mit dem Ab- und wieder Aufladen«, beschwörend murmle ich auf das Gefährt ein. Der Schlitten schwankt zwar mehrmals, aber ansonsten scheint er mir wohl gesonnen zu sein. Er bleibt auf seinen Kufen.

Geschafft! Wir haben wieder festen Boden unter den Füßen und Pfoten und ich wische mir den kalten Angstschweiß von der Stirn. Nach dieser Feuerprobe auf dem Eis bin ich doppelt aufmerksam. Während wir weiterfahren, ruht mein Blick lange auf Sultan.

Im Training hatten wir so unsere Probleme miteinander. Wir mochten uns anfangs einfach nicht besonders – und das beruhte auf Gegenseitigkeit. Ich trainierte mit ihm und den anderen Hunden in Tanana, hundertdreißig Meilen westlich von Fairbanks in Alaska. Sultan ist in dieser Gegend, wo der Yukon und der Tanana River zusammenfließen, zu Hause, ebenso die neun anderen Huskys aus meinem Team. Das ganze Jahr über kutschieren sie nur Touristen über das Eis, und zwar in einem Gebiet, das sie genauestens kennen. Das bedeutete für sie, bei jedem Ausflug nach drei bis spätestens sechs Stunden wieder im eignen Zwinger zu sein. Sultan hatte deshalb die Angewohnheit, öfters mal mitten im Training »Feierabend« zu machen, besonders in solchen Augenblicken, wenn ihm mein ausgeklügelter Streckenplan zu lang erschien. Er blieb dann einfach von einem Moment auf den anderen stehen und drehte sich zu mir um.

»Los Alte, wir wollen zurück zu unseren heimischen Futternäpfen«, sollte das wohl heißen. »Du kannst so viele Kommandos geben, wie du willst, glaub ja nicht, dass ich gehorchen werde.« Und so war es auch. Ich weiß nicht, wie oft ich in einer solchen Situation gleich einem Batgirl zu Sultan angerauscht kam, um ihn mit aller Kraft in die von mir gewünschte Richtung zu zerren.

Ich hatte meinen eigenen Dickkopf, was Sultan mehr als missfiel. Entsprechend mussten wir heftig aufeinander stoßen. Bei einer Trainingseinheit war es dann auch so weit, ein regelrechter Kampf wurde zwischen uns ausgetragen. Wir fuhren auf eine Gabelung zu. Ich wollte nach links, er nach rechts. Natürlich bedeutete seine Wahl den kürzeren Weg. Das wusste er nur zu genau. Also setzte er sich auf sein wuscheliges Hinterteil und wendete mir seine trotzige Schnauze zu. Seine Gedanken konnte er nicht verbergen, wollte er auch keineswegs. Little Buddy, der zweite Leader, bekam nun Schwierigkeiten. Er gab sich alle erdenkliche Mühe, um sich in die Richtung gemäß meines

Kommandos zu bewegen, und zog wie ein Irrer am Schlitten. Sultan ließ jedoch nicht locker. Plötzlich konnte ich zusehen, wie die beiden Hunde anfingen, miteinander zu diskutieren.

»Hey Buddy, hast du nicht auch Lust, den kürzeren Weg zu nehmen«, begann Sultan ganz cool.

»Wie, du willst etwa den obersten Macker markieren?« Buddy war im ersten Augenblick irritiert

»Klar doch, glaubst du, ich lass mir alles sagen? Soll die Alte doch so tun, als wäre sie der Boss. Aber bei mir zieht das nicht. Mit den Touristen können wir ja auch rumspringen, wie wir wollen.«

»Da hast du schon Recht, aber die da hinten ist keine Touristin. Die meint das ernst. Die hat da Haare, wo nicht mal wir welche haben, nämlich auf den Zähnen.« Sultan zeigte sich noch immer nicht überzeugt.

Auch die anderen Hunde hörten nun interessiert diesem Gespräch zu. Ohne großes Gerede kamen sie zu einer eigenen Meinung. Sie hielten die Situation für eine willkommene Gelegenheit, mir mal zu zeigen, auf wen es eigentlich beim Schlittenhunderennen ankommt. Es war eindeutig: Eine Meuterei lag in der Luft. Ich traute meinen Augen nicht, als sich ein Husky nach dem anderen in den Schnee plumpsen ließ und nicht mehr zum Weitermachen zu bewegen war. Da stand ich wie der Ochs vorm Berg und konnte mein Talent als Musherin – so schien es mir wenigstens in diesem Moment – für alle Ewigkeit begraben. Keiner von den vierzehn Hunden wollte so wie ich. Wann immer ich einen Hund in meine Zielrichtung schob, erhob Sultan ein leichtes Knurren. Unmissverständlich wollte er mir zu verstehen geben, wer in diesem Team das Sagen hat.

Mag es sich auch so anhören, aber die ganze Angelegenheit war nicht wirklich lustig. Klar war, wenn ich jetzt nachgeben würde, hätte ich die Auseinandersetzung verloren. Also setzte ich mich – gleich meinen Starrköpfen – erst einmal hin, machte es mir auf dem Schlitten gemütlich und wartete auf den richtigen Zeitpunkt. Es vergingen wohl an die fünfundvierzig Minuten bis ich mich wieder auf die Kufen stellte. Mit einer Stimme, die so klang, als würde ich uns vor dem Weltuntergang retten, gab ich mein Kommando: »Sultan, haw, nach links.« Da geschah das Wunder und Sultan erhob sich. Er schaute kurz zu den anderen Hunden hin und trabte dann in Richtung des ungeliebten Pfades.

»Na, Sultan«, rief ich ihm zu, »so schlecht kann es dann doch wieder nicht um uns stehen!«

Ein leises und tiefes Brummen war zu vernehmen, ein Großvaterbrummen, dem anzuhören war, dass ihm keine andere Wahl geblieben war, als zuzustimmen.

»Willst du bei der Quest nicht mein Dolmetscher sein? Dann kriegen wir es bestimmt hin, dass ich genügend auf eure Schwächen Rücksicht nehme.«

Jetzt klang das Brummen schon etwas freiwilliger. Wahrscheinlich kam ihn der Gedanke, dass mir das in einer Situation wie der vorherigen wenig nützen würde. Doch was ich nicht gedacht hätte: Von Woche zu Woche gestaltete sich unser Verhältnis immer freundschaftlicher.

Langsam legt sich meine Anspannung. Die Hunde laufen brav, nichts Außerordentliches beschäftigt meine leicht strapazierten Nerven. Jetzt habe ich auch wieder einen Blick für die wunderbare Landschaft um mich herum: schneebedeckte Hügel, weite Ebenen, in der Ferne ein paar vereinzelte Trapperhütten. Der Sonnenschein lässt den Schnee wie die scharfe Klinge eines Messers aufblitzen; dazu der unglaublich azurblaue Himmel. Das gefrorene Weiß knirscht unter zwei Kufen und vierundvierzig Hundepfoten. Ich muss lächeln – genauso habe ich mir den Quest vorgestellt.

Auf einmal kommt eine Brücke in Sicht. Das kann nur die Klondike-Highway-Bridge sein. Hierher fahren alle Doghandler, um ihre Teams noch einmal zu sehen, bevor man sich am ersten Kontrollpunkt, dem Checkpoint, wiedertrifft. Sie wollen sich davon überzeugen, ob man gut aus dem Startraum rausgekommen ist. Auch ich sehe meinen Doghandler Curt Smith dort oben auf der Brücke stehen und mir zuwinken. Normalerweise sind Doghandler Anfänger im Schlittensport oder aber auch erfahrene Musher, die es sich einfach nicht leisten können, selber beim Rennen mitzufahren. Curt gehört in die zweite Kategorie.

Inzwischen schlittere ich schon eine geraume Zeit auf dem Eis des hier zum Glück fest zugefrorenen Yukon. Die Trailmarshals, die unseren Weg durch die Wildnis abgesteckt haben, wissen offenbar genau, was sie tun. Nach stundenlanger Fahrt glaubt man tatsächlich, allein auf der Welt zu sein. Genau in so einem Moment tauchen oben auf der Böschung zwei Menschen auf. Sie haben Klappstühle bei sich und ein paar bellende Hunde. Man winkt sich zu und ist den Blicken schon wieder entschwunden.

Hundertneun Meilen liegen vor uns bis zum ersten Checkpoint in Braeburn. Der Trail ist sehr schnell. Seit Tagen hat es nicht mehr geschneit, weshalb die Huskys auf dem harten Untergrund wie aufgezogen rennen. Trotzdem ist es ungeheuer wichtig, dass sie sich nicht über die Grenzen verausgaben. Wie im Training lege ich nach jeder Stunde eine kleine Snackpause ein. So ein Leckerbissen besteht aus Rind- und Putenfleisch, Traubenzucker, viel Fett und

43

Proteinen. Eigentlich lieben alle Hunde diese kleine Stärkung zwischendurch. Alle bis auf Caruso. Sultan beispielsweise stellt sich im Geschirr auf die Hinterbeine und fängt geschickt das gefrorene Häppchen auf, das ich ihm zuwerfe. Mit Genugtuung sehe ich den wolligen Pelzen zu, wie sie gierig mit ihren Kiefern mahlen. Sultan ist als Erster fertig und beäugt den noch kauenden Bebop neidisch. Sehnsüchtig fährt er mit seiner Zunge über die Lefzen. Weil Caruso sich standhaft weigert, seinen frostigen Snack zu fressen, stecke ich ihn Sultan zu, der ihn auch blitzschnell verschlingt. Es könnte ja sein, dass ich meinen »Fehler« bemerken und ihm die eigentlich unverdiente Portion wieder abnehmen könnte. Little Buddy missbilligt die Sonderbehandlung.

»Warum kriegt der nun wieder eine Extrawurst. Hat der etwa mehr geleistet als ich?« Fragend schauen mich seine dunkelbraunen Mandelaugen an.

»Bei der nächsten Verweigerung bekommst du Carusos Happen«, tröste ich ihn.

So ganz kann es Buddy noch nicht glauben, denn er blickt zu Caruso rüber. Gelangweilt schaut der zurück: »Was machst du bloß für einen Aufstand? Das ist nur ein blödes, nach nichts schmeckendes Etwas. Haferschleim ist dagegen um Längen besser. In Gottes Namen, nimm ihn bloß beim nächsten Mal.«

Das Futter für die Hunde wiegt schwer. Pro Hund und Mahlzeit sind es jeweils sechshundert Gramm Fleisch und Trockenanteile. Da die Huskys vier Mahlzeiten am Tag bekommen und ich mindestens für zwei Tage Nahrung dabeihaben muss, kommt eine ganze Menge zusammen.

Nicht zu vergessen die Unmengen von Snacks. Pro Stunde, in der gelaufen wird, bekommt der athletische Vierbeiner seinen Happen.

Zur weiteren Standardausrüstung eines Mushers gehören eine Axt, eine Säge, ein paar Schneeschuhe, Stirnlampen mit Batterien, Schrauben, Messer sowie spezielles Werkzeug, das ich zum Reparieren des Schlittens benötige. Nicht zu vergessen Ersatzgeschirre, Halsbänder, Karabiner, Leinen, ein Kocher, elf Hundenäpfe, eine Schöpfkelle fürs Futter und eine Kühltasche, die hier allerdings als »Wärmebox« fungiert. Für mich habe ich Mittel gegen Durchfall, Aspirin und – für den Ernstfall – Antibiotika eingepackt. Hinzu kommen Medikamente für die Huskys, ebenfalls gegen Durchfallerkrankungen und Entzündungen, dazu Salben für die Pfoten – all das muss vorher von einem Tierarzt geprüft werden. Übrigens musste ich meine Vierbeiner auch einer Dopingkontrolle unterziehen. Es ist schon komisch, zuzusehen, wie die Veterinäre verzweifelt versuchen, an den Urin der Tiere zu kommen.

Bei einem so optimalen Trail ist es immer sehr schwierig zu sagen, wo man sich gerade befindet. Man fährt einfach nach Gefühl, doch am Ende wird ein genauer Rhythmus eingehalten: abwechselnd sechs Stunden laufen und sechs Stunden pausieren. Für ein Gespann wie meines, mit elf Hunden und einem voll bepackten Schlitten, sind acht bis zehn Meilen in der Stunde ein guter Schnitt. Meist geht es viel langsamer voran, weil Schnee fällt oder Anhöhen zu bewältigen sind.

Einige Musher haben mich schon überholt. Man winkt sich im Vorbeifahren zu, hin und wieder wird ein kurzer Gruß gewechselt. Mich kränkt es kein bisschen, wenn ein anderes Gespann schneller ist. Die Illusion, irgendwo vorne in der Wertung mitzumischen, mache ich mir nicht. Ich werde mich wie eine Schneekönigin freuen, wenn ich heil mit meiner vierbeinigen Crew in Fairbanks ankommen sollte – und sei es als Letzte. Dann kriege ich wenigstens die berühmte rote Laterne als Preis.

Jetzt erreicht mich der Kanadier Frank Turner. Er ist einer der ganz großen Musher. Bisher hat er alle Quests mitgemacht – nur einen musste er wegen erfrorener Finger abbrechen. Frank ist noch einen Kopf kleiner als ich (und ich bin nur 160 Zentimeter groß) und gilt als eine Art Michael Schumacher unter den Schlittenhundefahrern. Nur sein Kinn ist weniger markant. Sein Spitzname unter den Mushern: »der laufende Meter«. Ihn wie auch andere Teilnehmer werde ich auf dem Trail höchstwahrscheinlich nicht mehr zu sehen bekommen. Sie sind zu gut, zu schnell, ihre Rennhunde sind bestens trainiert. Männer wie Frank Turner oder der deutschstämmige Kanadier William Kleedehn, der kurz nach ihm an mir vorbeisaust, leben fast ausschließlich für ihre Tiere. Eine professionelle Vermarktung ist in Kanada und Alaska allerdings auch leichter, weil dort das Schlittenhunderennen Volks- und Nationalsport ist. William Kleedehn bewundere ich, weil er beinamputiert ist und mit einem Holzbein fährt. Als einziges Hilfsmittel hat er eine Krücke bei sich. Er ist nicht nur ein Teilnehmer, er ist sogar ziemlich gut. Ich bin überzeugt, irgendwann wird er auch mal gewinnen.

Egal, ob berühmt oder nicht, jeder Musher hat seine Gründe, sich die Strapazen eines solchen Rennens anzutun. Der Italiener Dario Daniels zum Beispiel lebt schon seit Jahren in Alaska. Weil sein Freund, ein früherer Doghandler und Musher, seit einem Arbeitsunfall im Rollstuhl sitzt, versucht er nun, für ihn das Rennen zu gewinnen. Sollte er siegen, würde Dario Daniels das Geld seinem Freund für eine notwendige Operation zur Verfügung stellen. Natürlich hofft er auch auf Spenden von Fans des Hundesschlittensports.

Zu den wenigen Frauen in diesem Rennen gehört die Amerikanerin Connie Frerichs. Sie hat schon mehrere Male an dem Quest teilgenommen, musste immer wieder aufgeben, ist aber auch schon ins Ziel gelaufen. Connie ist Mitte vierzig, also sechs Jahre älter als ich, und mit einem derben Humor ausgestattet. Jedes zweite Wort aus ihrem Mund lautet »fucking«; das ist aber wirklich das einzige Gewöhnungsbedürftige an ihr.

Und warum stehe ich jetzt hier, irgendwo zwischen Whitehorse und Braeburn, auf den Kufen eines Schlittens? Ist das, was ich gerade mache, eigentlich okay? Bin ich nicht verrückt, total unrealistisch oder eine Rabenmutter? Für mich ist das Abenteuer Quest mit Sicherheit eine Bestätigung meiner Willenskraft. Meine Hunde liebe ich tief und innig, aber sie bedeuten mir nicht alles im Leben. Ich würde das Rennen sofort abbrechen, wenn eines meiner Kinder Hilfe braucht. Maurice ist jetzt neunzehn, Raffaella siebzehn und Steven wird in diesem Jahr sechs. Sie sollen sich auf ihre Mutter verlassen können – auch wenn sie einen Extremsport betreibt. Als ich im vergangenen Jahr in Tanana die drei Monate für dieses Rennen trainierte, war Steven dabei, mein Jüngster. Das mag sich wenig professionell anhören, aber für ihn wie für mich wäre eine so extrem lange Trennung einfach zu hart gewesen.

Mit einem Hundeschlitten unterwegs zu sein ist eine der schönsten Möglichkeiten, sich mit der Natur eins zu fühlen. Nichts ist intensiver für mich, als draußen zu sein, den Windhauch auf meiner Haut zu spüren, im Regen von oben bis unten nass zu werden, die Blüten von Löwenzahn und Akelei zu betrachten. Ich habe lange gebraucht, um

meinen Weg zu finden, der da heißt, Landleben pur. Meine
ersten beiden Kinder sind noch mit Gameboys groß geworden, aber Stevie ist ein richtiges »Draußenkind«. Mit
roten Backen läuft er stundenlang auf unserem Bauernhof
herum, jedes kleine Vögelchen, jedes Kätzchen will er retten und mit Pipetten oder der Flasche aufziehen. Alles wird
bei uns gerettet. Jüngst musste er miterleben, wie ein Kat-
zenbaby starb.

»Der Tod ist wie die Suppe auf dem Tisch«, habe ich zu
ihm gesagt. »Er ist nichts Böses und nichts Schreckliches.«
Ich möchte einfach, dass er im Umgang mit der Natur
lernt, keine allzu großen Ängste vor dem zu haben, was im
Leben auf ihn zukommen wird.

Meine Gedanken schweifen ab.

»Jungs, ich habe euch nicht vergessen!«, rufe ich meinen
eifrig laufenden Vierbeinern zu. »Wir werden Tag für Tag
neue Herausforderungen bewältigen müssen, manchmal
werden wir sicher an unsere Grenzen stoßen. Hauptsache
aber ist, dass wir zusammen ein tolles Team bilden.«

Vom Yukon kommen wir auf den Takini River und fahren
unter einer alten Holzbrücke durch. Wir sind auf einer
Strecke, die aus der Zeit des Goldrausches stammt, jetzt
wird sie vornehmlich von Trappern benutzt. Man muss
aufpassen, dass die Hunde nicht allzu tief in Gebüschen
herumschnüffeln oder sich im Unterholz die Zeit vertreiben – die von den Trappern aufgestellten Fallen können
auch einen Husky zur Strecke bringen. Sanfte Hügel sorgen für Abwechslung. Immer wieder muss ich kleine Seen
und Bäche überqueren. Selbst bei diesen Temperaturen
weit unter null gibt es Stellen, an denen das Wasser knie-
tief ist. Innerhalb von Stunden kann sich eine Piste von
»hervorragend« zu »unpassierbar« verändern, je nachdem

wo auf der unberechenbaren Eisdecke neue Risse entstehen.

Es dämmert langsam und ich stelle mich mental auf meine erste Nacht auf dem Trail ein. Sechs Stunden bin ich nun schon seit unserem Start am frühen Nachmittag unterwegs. Es ist gegen acht Uhr abends. In der Ferne sehe ich einige Musher, die sich schon zum Rasten niedergelassen und ihren Kocher in Betrieb genommen haben. Ich hätte mich gerne in ihre Gesellschaft begeben, aber verwerfe dann doch lieber diesen Wunsch, weil ich mir über das Verhalten meiner Huskytruppe noch nicht sicher bin. Möglicherweise kommen sie auf die Idee, unsere Tour für ein normales Training zu halten. Was zur Folge hätte, dass sie nur dann weiterlaufen wollen, wenn die anderen Teams auch losfahren.

Also halte ich nach einem einsamen Platz unter einer Tanne Ausschau, um die ich dann die acht Meter lange Notleine wickeln kann. Ich entdecke auch eine Stelle, die mir geeignet erscheint. Gäbe es hier keine Bäume, müsste ich mich mit einem Schneeanker behelfen. Nach dem Stop löse ich bei allen Hunden die Tugleine, die das hintere Ende ihres Geschirrs mit der Zugleine verbindet. So können sie sich einigermaßen frei bewegen und ohne Konfrontation mit dem Nachbarshund in ihre Schlafposition einrollen. Bei einem Langstreckenrennen ist es nicht möglich, die Tiere ganz aus dem Geschirr zu nehmen, schon allein deshalb, weil man sie nirgends fest anbinden kann. Auch wenn die Hunde vom Rennen bis zum Umfallen müde sind, könnte mit jedem Moment ihr Jagdinstinkt erwachen, sie brauchen nur den Geruch einer möglichen Beute in ihrer Schnauze erschnuppern. Und schon wären sie auf und davon. Auf nimmer Wiedersehen.

Nur Stanley, meinen weißen Husky mit den vereinzelten schwarzen Tupfern, muss ich komplett abspannen. Er würde sein Geschirr sonst zerbeißen. Für ihn habe ich deshalb extra eine Kette mitgenommen, die ich ebenfalls um den dünnen Baumstamm lege. Der sehr kompakt gebaute Vierbeiner mit den unendlich stahlblauen Augen wirkt beim ersten Anblick zwar ziemlich kraftvoll, trotzdem hatte ich beim Training das Gefühl, ich müsse sehr vorsichtig mit ihm umgehen. Er schaut auch jetzt noch ängstlich drein, so unsicher. Jedes Mal, wenn ich ihn anblicke, denke ich: »Mein armer, kleiner Stanley, was hast du es schwer im Leben.« Stanley gehört zu den Hunden, die ganz viel Liebe brauchen, immer eine Portion mehr als die anderen. Ich gebe sie ihm auch, so sind wir mit der Zeit gute Freunde geworden.

Fütterungszeit! Bevor ich die Huskys snacke, hole ich meinen Kocher aus dem Gepäck. Das ist ein Blecheimer mit Löchern am Boden auf dem eine Art Fleece liegt. Dieses brennt mit einem Feuerstarter auf Anhieb. Sofort hänge ich einen verbeulten Topf mit einem Henkel in den Eimer und schütte zwei Hundeschüsseln voll Schnee hinein. Zu voll darf er nicht sein, sonst dauert es zu lange, bis das gefrorene Weiß schmilzt – bis dahin könnte ich mir die Finger angefroren haben. Anschließend kommt das Wasser in meine warm haltende Kühlbox; auf diese Weise wird das dort aufbewahrte Hundefutter wenigstens kaugerecht angetaut. Dieses Schmelzverfahren wiederhole ich mehrere Male. Dadurch sichere ich auch den Trinkwasserbedarf für den morgigen Tag.

Während der ersten Schmelze hole ich meine Appetithappen hervor.

»Na, ihr Hundis, wollt ihr eine leckere Vorspeise?« Ungeduldig tänzeln die hart arbeitenden Jungs auf ihren jeweiligen Plätzen.

»Klar, wollen wir eine, rück endlich raus damit!«, jaulen die Hunde im Chor.

»Für mich können es ruhig auch zwei sein«, brummt der beigefarbene Bebop unverfroren.

Von Little Buddy fange ich einen Blick auf, der mich nur zu deutlich an mein vorheriges Versprechen erinnern soll.

»Ja, ja, du kriegst schon Carusos Riegel, keine Angst, ich hab das nicht vergessen«, beschwichtige ich ihn. Vorher versuche ich noch, den Happen direkt unter Carusos Nase zu halten. Vergeblich. Er bleibt bei seiner Haltung, ein Snackkasper zu sein. Angewidert wendet der wählerische Hund seinen Kopf ab.

»Glaub ja nicht, dass ich auf dieses Zeug da Hunger hätte«, gibt er mir damit zu verstehen.

Wie er das bloß aushält? Ganz im Gegensatz dazu Stanley: Gierig verschlingt er die Zwischenmahlzeit. Ich freue mich über seinen Heißhunger wie eine Mutter, deren Kind nach einer überstandenen Krankheit wieder ordentlich zulangt.

»Jungs, jetzt heißt es, die Schuhe auszuziehen, besser gesagt, eure Booties«, informiere ich meine Hunde über das weitere Abendprogramm. »Anschließend könnt ihr es euch gemütlich machen.«

Bei dieser Prozedur widme ich mich jedem Hund mit großer Aufmerksamkeit. Die Vierbeiner genießen es und heben bereitwillig nacheinander jede Pfote. Die Entfernung der Stoffschühchen ist ungemein wichtig. An dem Klettverschluss kann sich sehr schnell Raureif absetzen, der sich zu Eiskrusten ausweitet. Diese können dem Hund beim Laufen oder Schlafen stören. Selbstverständlich gibt es auch individuelle Streicheleinheiten und viel Lob für den ersten Einsatz.

Inzwischen habe ich den Kochtopf wieder mit Schnee gefüllt und die Futternäpfe verteilt. Einige Hunde haben sich bereits zum Schlafen ins eigene Fell gekuschelt. Reif zeigt sich schon auf ihrem Pelz – das sieht aus, als hätten sie von einer Minute auf die andere graue Haare bekommen. Kaum klappere ich mit den Schüsseln, sind sie alle wieder auf den vier Beinen. Allein das Geräusch erinnert sie daran, dass sie noch hungrig sind. Die ersten fangen auch schon an, ungeduldig zu heulen. Schnell mische ich das eingeweichte Futter mit dem warmen Wasser. Jeder bekommt einen vollen Napf, nur Caruso kriegt ein klein wenig mehr. Womit ich ihn nicht bevorzugen will, sondern weil ihm wegen des verweigerten Snacks Kalorien fehlen.

Der gesunde Appetit ist nicht zu übersehen. Zufrieden schaue ich ihnen mit verschränkten Armen zu. Beim Einsammeln der Schüsseln lecken sich alle elf genüsslich die Lefzen und fixieren mich mit einem Bettelblick, der wohl sagen soll: »Gibts zur Feier des Tages nicht noch einen Nachschlag?«

»Leider nein, aber die nächste Mahlzeit ist garantiert«, tröste ich sie. »Kurz vor dem Aufbruch bekommt ihr eine dicke, warme Suppe.« Die Huskys scheinen mich zu verstehen, vielleicht sind sie einfach nur hundemüde.

Mein Schlaf muss noch eine Weile warten. Damit der »Eintopf« auch rechtzeitig fertig ist, bereite ich schon jetzt das Wasser dafür vor. Außerdem lege ich mir einen Powerriegel auf den Deckel des Kochtopfs und hoffe, dass er es noch zu einem aufgetauten Zustand bringt. Er ist so hart, dass sich selbst ein Husky daran die Zähne ausbeißen könnte. Das Wasser ist jetzt heiß, ich höre es an dem Zischen, dass die Stille durchfährt. Ich schöpfe mir einen Becher ab und rühre in die heiße Flüssigkeit Kakao hinein. Mit jedem

Schluck breitet sich ein wohliges Gefühl im gesamten Körper aus. Tut das gut!

Zu dem Riegel muss ich mich dagegen zwingen. Das ist ein altes Problem bei mir: Ich bin keine große Esserin und vergesse bei extremen Belastungen meinen Hunger einfach. Hunden geht es in entsprechenden Situationen ähnlich. Damit sie nicht zu schwach werden, habe ich für diese Notfälle immer eine Portion Vanilleeis bei mir. Praktischerweise schmilzt es bei den hiesigen Temperaturen nicht; das Eisfach ist die umgebende Natur. Schmiert man ihnen nun dieses Vanilleeis auf die Pfoten – das ist ein altbekannter Musher-Trick –, dann lecken die Hunde die Läufe ab und kriegen dadurch wieder Hunger. Vielleicht sollte ich die Eisbox für mich öffnen?

Zum Glück wird meine körperliche Leistungsfähigkeit nicht beeinträchtigt, wenn ich nur wenig feste Nahrung zu mir nehme. Im Gegenteil: Ich fühle mich dadurch fit und benötige auch weniger Schlaf. Einzig mein Gewicht nimmt dramatisch ab. Beim Training im vergangenen Jahr habe ich zehn Kilogramm abgenommen. Es werden jetzt sicherlich noch einige hinzukommen. Wer keine »Brigitte«-Diät machen möchte, sollte den Quest fahren. Eine bessere Abmagerungskur gibt es nicht.

Das Thema Hygiene hat bei einem Rennen auch so seine besonderen Aspekte. Wasche ich mir beispielsweise mit dem Schmelzwasser das Gesicht, muss ich mir dazu die Handschuhe ausziehen. Was aber nicht ganz ungefährlich ist, weil durch die rasante Vereisung des Wassers die Fingerspitzen abfrieren könnten. Nicht minder problematisch ist es, die Zähne zu putzen. Die Zahnpasta friert einfach ein. Als Ersatz habe ich einen Kaugummi dabei, der aber so hart gefroren ist, dass er im Mund in tausend Stücke bricht und sich erst nach einer Weile zusammenkauen lässt. Man hatte mich gewarnt, Musher stinken bei einem derartigen Langstreckenrennen nach einigen Tagen zehn Meilen gegen den Wind. Einziger Trost: Man selber riecht sich auch nicht mehr.

Müde bin ich noch nicht, aber es wäre sinnvoll, wenn ich mich auch ein wenig ausruhen würde. Zuvor lasse ich noch einen liebevollen Blick über meine sportlichen Jungs schweifen; automatisch zähle ich sie noch einmal durch. Keiner ist ausgebüxt. Alle schlafen friedlich, in typischer Huskymanier zu Kugeln zusammengerollt. Dabei schützt der pelzige Schweif die empfindliche Schnauze – trotzdem kann ein Hund so ohne Probleme atmen. Manche schmiegen sich aneinander, andere liegen lieber allein. Werden sie noch weiter eingeschneit, dann könnte man auf die Idee kommen, dass nur ein einsamer Schlitten in der Wildnis herumstehen würde.

Bevor ich in den Schlafsack schlüpfe, ziehe ich die Hasenschuhe, den roten Parka und die Fingerhandschuhe aus. Alles andere behalte ich an. Wärmetechnisch wäre es eigentlich besser, möglichst viel auszuziehen, aber da ich nur kurz die Augen schließen möchte, lohnt sich der ganze Aufwand nicht. Es gibt aber noch einen anderen Grund: Sollte während der Rast etwas passieren und ich hätte schnell zu handeln, dann wäre es fatal, wenn ich erst nach meinen Socken angeln müsste. Es gibt Musher, die lassen aus diesem Grund sogar ihre Stiefel an. Mir wäre das zu unbequem.

Einigermaßen kann ich mich in meinem im Schlitten drapierten Schlafsack ausstrecken. Wäre ich größer, müsste ich auf dem kalten Boden nächtigen. Hinderlich ist allerdings, dass ich mir bei einem Sturz im Training einen Nerv eingeklemmt habe, der im Liegen starke Schmerzen auslöst. Laut fluchend drehe ich mich im meiner ohnehin engen Ruhestätte hin und her. Endlich habe ich die geeignete Schlafposition gefunden – mit einem grandiosen Sternenpanorama über mir. Wunderbar klar ist die Nacht. Polarlichter in allen Farben flammen den Himmel auf. Das Firmament brennt in Rosa, Rot, Gelb, Blau oder Grün. Die kanadischen Indianer hier glauben, dass sich auf diese Weise der Große Geist zeigen würde, um den Kindern zu demonstrieren, dass er sie beschütze. Die hiesigen Eskimos haben eine andere Deutung. Sie sind davon überzeugt, die tanzenden Lichter seien Götter, die die Seelen der Verstorbenen ins Paradies geleiten. Ich finde, die bunten Schleier wirken außerirdisch schön. Heute weiß man, dass das nächtliche Naturschauspiel in Technicolor mit den Aktivitäten der Sonne zusammenhängt, wobei Energiemoleküle in Licht umgewandelt werden. Dabei entstehen Funken und Milliarden von diesen Funken bilden im Winter wiederum die leuchtenden Schweife. Jedes Mal von neuem bin ich von diesen Polarlichtern überwältigt; sie stellen jedes Aquarellbild in den Schatten. Den Fernseher sowieso.

Ich denke an mein Zuhause in Argenbühl. Meine Familie müsste jetzt am Frühstückstisch sitzen, Raffaella wird bald aus dem Haus gehen, um eine Lehre als Köchin anzutreten. Lieber hätte sie einen reichen Freund, der ihr eine eigene Wohnung finanziert. Von schönen Klamotten und luxuriösen Reisen ganz abgesehen. Dennoch ist sie klug genug, um zu begreifen, wie wichtig eine abgeschlossene Ausbildung ist. Maurice ist dabei, Mitglied des World Wild Life zu werden, der sich weltweit für den Schutz des Planeten einsetzt – mein Naturtick hat nun auch bei ihm gefruchtet. Ob Steven von mir spricht? Wird Jürgen spüren, dass ich mich nach ihm sehne? Auch wenn er glaubt, dass meine Hunde eindeutig Vorrang vor ihm hätten. Ich bin ihnen allen sehr nah, da kann auch die große geografische Entfernung nichts daran ändern.

Plötzlich weckt mich ein leichter Ruck am Schlitten. Also muss ich doch eingeschlafen sein. Sobald die Hunde aber auch nur einen Mucks von sich geben, bin ich wach. Ist irgendetwas nicht in Ordnung? Angestrengt lausche ich einem Geräusch, das ich anfangs nicht zuordnen kann. Ein Bär? Ein Wolf? Oder ein Indianer? Da! Jetzt höre ich es noch einmal. Etwas ist auf den harten Eisboden gefallen und springt noch einige Male auf – ein Tannenzapfen, der sich aus dem Geäst gelöst hat. Sämtliche »Wildwest«-Fantasien kann ich nun getrost vergessen. Wahrscheinlich habe ich zu viele Cowboyfilme mit John Wayne gesehen.

Ein Kontrollblick auf die Uhr sagt mir, dass es für einen Aufbruch noch zu früh ist. Ich habe erst eine halbe Stunde geschlafen; es kommt mir aber länger vor. Nun ist die Nacht wieder still, geradezu mystisch still. Ich kann meinen eigenen Herzschlag hören. Wieder schaue ich in das himmlische Sternenzelt. Ich muss an meine Trainingszeit in Tanana denken. Ich war dort im vergangenen Jahr von Anfang November bis Ende Januar gewesen. Tanana war zu Goldgräberzeiten ein Ort gewesen, von dem man aus nach Hause telegrafieren konnte. Später nutzten ihn die Amerikaner als einen Militärstützpunkt. Die umliegenden Hügel sehen aus wie umgedrehte Tupperschüsseln. Tanana besteht aus dreihundert Einwohnern, fließendes Wasser gibt es dort nicht, die meisten Menschen leben von der Sozialhilfe. Wer Arbeit hat, näht Parkas zusammen, fängt Lachse oder andere Fische oder ist auf dem Flughafen tätig, der eher wie eine Schotterpiste anmutet. Die Jugend zieht weg, Alkoholismus ist weit verbreitet, wie überall in Alaska. Immerhin fahren viele ein nagelneues Auto – auf einem Straßennetz von insgesamt zehn Meilen. Bei aller Autoversessenheit haben wenigstens die Schlitten Vorfahrt.

Ich habe das Leben der Menschen dort als sehr reduziert empfunden. In den primitiven Holz- oder Blechhütten wird an Tischen gegessen, auf denen sich der gesamte Hausstand stapelt. Die Speisen werden lieblos auf Plastiktellern serviert, nirgendwo entdeckte ich ein schönes Weinglas oder gar eine Stoffserviette. Da die Alaskaner die Angewohnheit haben, nichts wegschmeißen zu wollen, stapeln sie alles um das Haus herum. Im Sommer erlebt man manchmal so seine Überraschung, denn dann kommt bei einigen das ganze Sammelsurium zum Vorschein, das im Winter einfach unter dem Schnee verborgen ist.

Steven und ich lebten in einer ähnlich einfachen Hütte. Baden konnte er nur im Spülbecken, daneben stand noch der gesamte Abwasch. Er fand das klasse, auch wenn er sich darin so gut wie nicht bewegen konnte. Lange dauerte es, bis wir es raushatten, wie der Ofen so richtig durchbullerte und noch morgens Glut vorhanden war. Anfangs gab es in unseren Räumen nur die Alternative Sauna oder Eisschrank. Meistens konnten wir zusehen, wie sich der Frost an der Tür hocharbeitete. Die besondere Tücke des Ofens bestand darin, dass das Holz – es wird hier im hohen Norden gefällt und sofort verfeuert – nur mit Hilfe eines öligen Feuerstarters brennt. Dazu musste man diese Flüssigkeit in einen Emaillebecher geben und mit Schwung in den Ofen schütten, Streichholz hinterher und schnell zur Seite springen – sonst droht Lebensgefahr. Einmal zündelte ich derartig große Flammen, dass ich nur noch in letzter Sekunde unsere Gore-Tex-Jacken wegreißen konnte, die über der Herdstelle zum Trocknen hingen.

Stevie war stolz darauf, wenn er tief vermummt im Snowmobil saß, gleich einem der sieben Zwerge hinter den sieben Bergen, um mit mir in Kanistern Wasser zu holen. Manchmal musste er seine Brille abnehmen, die sein Schielen ausgleichen soll, damit die Gläser nicht vereisten. Heimweh nach seinem Kindergarten im Allgäu hatte er nicht; es gab genug für ihn mit den Hunden und dem Schlitten zu tun. Nur wenn ich ihn für einen langen und harten Trainingstag bei einem Kindermädchen lassen musste, brach er in Tränen aus. Dann konnte es schon eine Stunde dauern, bis er sich wieder beruhigt hatte.

Es ist Zeit, sich wieder die Bunnyboots anzuziehen. Außen auf dem Schlafsack liegt bereits Raureif und mein Atem kann mit dem Rauch von Fabrikschornsteinen konkurrieren. Ich recke mich und merke, dass mein Bein schmerzt. Nach drei Kniebeugen fühle ich mich besser. Sultan riskiert ein halbes Auge und scheint zu denken: »Fein, sie steht auf. Das heißt, gleich gibt es die versprochene Suppe.« Als ich den Kocher anheize, fühlt er sich offenbar in seiner Vermutung bestätigt und öffnet interessiert das andere Auge.

Das Wasser brodelt langsam vor sich hin. Etwas werde ich mir davon in meine Thermoskanne einfüllen. Heiß getrunken ist es besser als Tee oder Kaffee, weil mein Kreislauf dadurch nicht durcheinander gebracht wird.

»Ihr seid aber richtige Langschläfer«, wecke ich die anderen Hunde. Jeden Kopf nehme ich zwischen meine beiden Hände, schaue nacheinander in elf verschiedene Huskyaugenpaare.

»Hey, Harkim, aufwachen!« »Buddy, du auch, keine Müdigkeit vortäuschen, es wird wieder gelaufen«, spreche ich meine Hundis an. Caruso begrüßt mich mit einem nassen Schmatzer.

»Ja, Caruso, dich liebe ich auch, du bist und bleibst mein Bester.« Hoffentlich haben die anderen Hunde gerade mal nicht so genau hingehört.

Beim Unüberhörbaren Klappern mit den Näpfen schütteln sich auch die letzten Schlafmützen ihren Schnee vom Pelz. Alle scheinen gute Laune zu haben. Caruso springt aus Vorfreude über Sultan hinweg, was ihn eiskalt lässt. Mir will er damit zum Ausdruck geben: »Nun mach schon, ich habe Hunger.« Der eher schüchterne Stanley trippelt mit den Vorderbeinen im knirschenden Schnee umher. Auch er kann die erste Mahlzeit des neuen Tages kaum erwarten. In jede Schüssel gieße ich das gestern Abend eingeweichte Futter mit etwas warmem Wasser. Bebop hat einen besonderen Trick, damit ihm der Napf auf dem vereisten Untergrund nicht immer wieder wegrutscht: Er stellt sich einfach mit beiden Vorderpfoten in diesen hinein. Um auch ja den letzten Tropfen der köstlichen Suppe nicht zu verpassen, schleckt er sich hinterher sorgfältig die Lefzen. Die Kau- und Schmatzgeräusche sind eine vertraute Unterbrechung in der frühmorgendlichen Stille. Alle Schüsseln sind nun blank geleckt und funkeln in der scheinbar endlosen Polarnacht, als kämen sie gerade aus der Geschirrspülmaschine. Beim Einsammeln merke ich, dass einige Näpfe am Boden festgefroren sind; ich reiße sie mit einem kräftigen Ruck los – es muss in der Zwischenzeit noch kälter geworden sein.

»Nachtisch?«, frage ich und wedle einen Snack mit der behandschuhten Faust in der Luft herum. Zweiundzwanzig Ohren gehen in Habachtstellung. Rasch bekommt jeder in hohem Bogen einen Riegel zugeworfen. Der einzelne Hund weiß, wann er an der Reihe ist. Der Blickkontakt zwischen mir und den Huskys funktioniert immer besser. Als Sultan dran ist, sperrt er nur sein Maul auf.

Die warme Atemluft hüllt seinen Kopf sofort in Nebel, aber trotzdem schafft er es auf Anhieb, den Happen aufzufangen.

Das Essen mit Bären

Am Horizont kann man schon die ersten Vorboten des Tageslichts erahnen. Die schneidende Kälte treibt mich an. Bevor ich meinen Läufern die Booties überziehe, schaue ich mir sämtliche Beingelenke an. Sind sie nach der Ruhepause auch nicht geschwollen? Was gibt es jetzt Wohltuenderes für die steifen Gelenke als eine kurze Massage? Jeder Husky hält so still, wie es dieser Rasse nur möglich ist – und genießt. Die Streicheleinheiten sind auch gut für die Hundeseele. Flüstere ich ihnen noch ein paar persönliche Koseworte in die gespitzten Ohren, fühle ich, wie sich ihre angespannten Körper lockern. Vitaminspritzen können lange nicht eine derartige Wirkung entfalten.

Alle sind jetzt »gestiefelt«. Ich habe das Kommando »Okay, go!« noch nicht ganz ausgesprochen, da laufen die Hunde schon. Zu schön ist das Geräusch der rennenden Huskypfoten auf dem Schnee, das Schnaufen und Hecheln dieser pelzigen Vierbeiner, untermalt von dem Sirren der Kufen. Die Piste ist gut zu erkennen, auch wenn es noch lange nicht hell ist. Die Trailmarkers sind aber schon mit bloßem Auge zu entdecken; alle zwanzig bis dreißig Minuten komme ich an einer dieser etwa einen halben Meter hohen Holzlatten mit weißen Reflektoren vorbei. So einfach wird es in Zukunft nicht mehr sein, vermute ich mal. Es müssen nur einmal Marker umfallen oder vom Schnee zugeweht werden, dann beginnt der Horror.

Über mögliche Szenarien mache ich mir im Moment aber keine Gedanken, denn ich fahre gerade durch einen eigenwilligen Tannenwald.

Die Bäume sind hier nicht mit denen im Schwarzwald vergleichbar. Durch die langen Frostperioden, den Permafrost, werden sie niemals so groß wie bei uns daheim, auch sind sie seltsam verkrüppelt und beim Fällen bricht oft die Spitze ab, weil sie gefroren ist. Die Alaskatanne könnte man niemals wie einen deutschen Weihnachtsbaum ins Wohnzimmer stellen und mit einem Engel erhöhen. Dafür erinnern diese Bäume hier an die seltsamsten Gestalten aus meinen alten Märchenbüchern.

Es genügt nicht nur, gute Hunde zu haben. Man muss auch selber die Kommandos beherrschen können. Jetzt habe ich die für links und rechts verwechselt. Ticke ich eigentlich noch richtig? Wozu habe ich nahezu drei Monate für dieses Rennen trainiert? Nur um vom Pistenverlauf abzuweichen und in einer Sackgasse aus tiefstem Schnee zu verenden? Meine Konzentration hat nachgelassen. Möglicherweise aus Erleichterung, weil in den ersten Stunden alles so gut lief. Kein Elch erschreckte meine Huskys, keiner von ihnen lahmte. Ungebrochen in ihrer Rennfreude liefen sie den Gerüchen und Spuren ihrer Vorgänger nach. Und nun das!

»Hey, boys«, rufe ich ihnen zu, »links hättet ihr die Kurve kriegen sollen, nicht rechts. Sorry, das war mein Fehler.« Caruso und Sultan blicken mich nahezu vorwurfsvoll an.

»Kann die Alte nicht mal die einfachsten Grundregeln, wenn sie schon nicht mit uns läuft«, scheinen sie sich untereinander zuzuraunen.

»Ja, ja, ihr habt Recht«, entschuldige ich mich bei ihnen,

»aber nun müsst ihr mal ne Biege machen und euren Hintern in die andere Richtung bewegen.«

Nach einem kurzen Aufheulen der Leader drehen wir um. Das Manöver ist für Hunde, die erst kurz Rennen mitmachen, keine leichte Sache. Nicht aber für meine Superathleten. Für sie ist das geradezu ein Heimspiel. Ich muss sie nicht einmal anfeuern, damit sie wieder lospreschen.

Gerade will ich meine Parkas ausziehen, den Nierenschutz entfernen und meine Latzhose so weit runterlassen, dass ich meine Notdurft mitten im Fahren verrichten kann. Dafür geht man nicht groß in den Busch hinein. Männer sind da eindeutig im Vorteil, sie brauchen nur den Reißverschluss zu öffnen.

Rechtzeitig vor der nächsten Kurve will ich fertig werden. Doch dann sehe ich im Schnee ein Geknäuel von Hunden, Leinen, Kufen und einem Tuch, das sich zu bewegen scheint.

Es ist Connie, das alaskanische Urweib, ein Mannweib von gewaltigen Ausmaßen. Anfangs kann man es kaum glauben, aber sie ist unendlich lieb zu ihren Hunden. Connie muss mit ihrem Schlitten eine Baumwurzel übersehen haben, denn das Ergebnis war, dass alle zusammen einen Purzelbaum schlugen.

»Fuck it«, schimpft sie laut wie ein raubeiniger Captain. »Bullshit.« »Connie, was ist denn los?«, frage ich sie. »Was hast du denn?«

»Ja, siehst du das denn nicht, ich habe eine kleine Sondernummer eingelegt.«

Es ist fast schon komisch, Connie bei ihren Befreiungsbewegungen zuzusehen.

»Lach du nur. Ich finde das gar nicht lustig.« Connie hatte mich mit ihren Adleraugen bei all ihren Anstrengungen weiterhin fixiert. »Ich kann nicht einmal meine Beine auseinander sortieren. Ich bin nämlich viel zu fett für diese Schlittentouren. Dringend muss ich abnehmen. Du aber hast es gut, du bist so zierlich, du kannst deinen Schlitten sogar als Schlafplatz benutzen. Ich würde nicht einmal als zusammengeklappte Auster da hineinpassen.« Plötzlich sehe ich Tränen in Connies Augen. »Und ich kann als Schwergewicht nicht einmal die Schlittenbalance halten. Das ist einfach grauenhaft.«

Ich muss mich zusammenreißen, sonst würde ich laut zu lachen anfangen. In all ihrer herben Verletzlichkeit bleibt meine Mitkämpferin eine Frau mit viel Humor.

»Du stehst bombenfest auf den Kufen«, versuche ich Connie dennoch zu trösten. Ich dagegen werde sofort davon gepustet, wenn nur der kleinste Lufthauch aufkommt.«

»Weißt du eigentlich, wie schön er ist, der Film *Vom Winde verweht*. Ich bin nur prädestiniert für *Dick und Doof*, bemerkt Connie mit ihrem vertrauten Schmunzeln in den Augenwinkeln. »Was solls. Ich kann noch stundenlang hier herumlamentieren – davon werde ich aber auch nicht schlanker. Es hilft alles nichts, meine Hunde und ich müssen weiter.«

Mühsam entwirrt Connie die handfeste Verstrickung. Ich will ihr helfen, aber sie lehnt es strikt ab.

»Das sollte ich wohl noch können.« Schon folgt ihr unvermeidliches Fluchen.

Also ziehe ich mit meiner Hundecrew an ihr vorbei. Connie hat nach ihrer Scheidung vor vielen Jahren mit den Hunderennen angefangen. Um ihr Hobby zu finanzieren (allein das Startgeld für den Quest beträgt 1500 Dollar), eröffnete sie von der Abfindung ihres Mannes ein kleines Fischrestaurant. Ihr Leben wird nicht einfach sein, in Teilen kann ich es nachvollziehen. Ich jobbte in den vergangenen Jahren als Kellnerin in einer Enzianhütte, um meiner Leidenschaft zu frönen. Unzählige Schnäpse habe ich in dieser Zeit eingeschenkt – ich kann heute keine mehr riechen, höchstens Whiskey noch.

»Hunde, ihr macht das prima«, ermuntere ich meine Langläufer. Keine weiteren Zwischenfälle haben unseren Adrenalinspiegel ansteigen lassen. Und Braeburn, unser erster Checkpoint, kann auch nicht mehr weit sein. Plötzlich erblicke ich einen Raben über mir.

»Was machst du denn hier, so weit weg von der Zivilisation?«, rufe ich ihm zu. Normalerweise bevorzugen Raben die Umgebung von Hundehütten und Zwingern, denn dort gibt es immer etwas Leckeres zu Fressen.

Mit seinen ausgebreiteten Schwingen wirkt er wie ein unglaublich riesiges Flugobjekt von einem anderen Planeten. Ich muss unwillkürlich an den Film *Die Vögel* von Alfed Hitchcock denken. Unermüdlich kreist er über mir. Stanley schaut auch kurz nach oben und wendet sich anschließend zu mir um. Mit seinem Blick teilt er mir mit, dass er diesen Besuch äußerst merkwürdig findet. Mit dieser Meinung steht er nicht allein da. Ich zucke nur mit den Schultern.

»Was solls, er wird uns schon nicht die Augen auspicken wollen«, signalisiere ich meinem Leader.

Müssten wir nicht schon längst in Braeburn sein? Langsam werde ich unruhig, denn sosehr ich mich auch anstrenge, ich erspähe keinen Trailmarker.

Aber überall sehe ich Spuren von Schlittenkufen, so falsch kann ich dann doch nicht liegen. Schließlich gelangen wir an eine Kreuzung. Wo soll ich hin? Rechts oder links? Geradeaus ist auch noch eine Möglichkeit. Meine Überlegungen helfen nicht weiter, da ich weit und breit keine Wegweiser entdecken kann. Was sagt mein Gefühl? Bevor ich dieses genauer befragen kann, höre ich ein schrilles Pfeifen über mir. Noch immer zieht der Rabe seine Bahnen über unsere kleine Crew. Langsam gewinne ich den Eindruck, dass er uns beschützen will.

»Hey, was machst du da oben? Wer bist du? Weißt du vielleicht, wie wir nach Braeburn kommen?« Möglicherweise kann mir der schwarze Fluggefährte einen guten Tipp geben; er muss sich doch hier gut auskennen. Und dann bin ich völlig davon überzeugt: Der Rabe spricht mit mir, ich spüre es genau. Mit heftigen Flügelschlägen weist er mich an, die Abzweigung nach rechts zu nehmen. Da ich irgendeine Richtung nehmen muss, entschließe ich mich für die Weisung des Vogels. Kaum kann ich es glauben: Fünfhundert Meter nach der Kreuzung blitzen in der Ferne einladend Lichter auf: Der Checkpoint ist hell erleuchtet. Noch einmal gleitet der Rabe in der eingebrochenen Dämmerung mit einer schönen Drehung über unser Gespann, ein kurzer Aufschrei und schon ist er davongeflogen. Ich bin mir jetzt sicher: Er wollte uns wohlbehalten nach Braeburn bringen.

»Vielen Dank, Vogel!«, rufe ich in den leeren Himmel hinein. Er wird es schon hören.

Nach siebzehn Stunden erreichen wir den ersten Kontrollposten. Ich bin stolz auf meine Jungs und ein bisschen auch auf mich. »Hey, Silvia, diese Etappe ist schon mal geschafft«, stelle ich fest und klopfe mir dabei im Geist selber auf die Schulter. Alle meine Huskys sind gesund und fit, was mir auch die Vets gleich nach meiner Ankunft bestätigen. Bei dem Quest gilt die Maxime: Erst das Tier, dann der Mensch. Die Hunde bilden den Mittelpunkt dieses ganzen Events. Sie werden sofort von den parat stehenden Tierärzten auf mögliche Verletzungen oder Anzeichen von Erschöpfung untersucht. In so genannten Vet-Büchern tragen die Ärzte sämtliche Befindlichkeiten eines jeden teilnehmenden Hundes ein. Bei der Ankunft an jedem Checkpoint muss der Musher es vorlegen; hat man das Buch verloren, erhält man eine harte Zeitstrafe, eine Geldstrafe von 500 US-Dollar, und wird fortan mit Argusaugen beobachtet. Ich habe das Buch in einer kleinen wetterfesten Seitentasche des Schlittens verstaut, doppelt abgesichert mittels Reißverschluss und Ösen, durch welche eine Geschirrleine gezogen ist. So kann es selbst bei einem Sturz des Schlittens nicht verloren gehen.

Ich suche Curt, meinen Doghandler. Helfen darf er mir zwar nicht viel, aber zumindest könnte er mit mir meinen ersten größeren Streckenabschnitt durchsprechen. Von Curt ist aber nicht einmal ein Schatten zu sehen. Seine wichtigste Funktion besteht darin, dass er sich im gegebenen Fall um einen zurückgelassenen Hund kümmert. Auf den ersten Blick sieht Curt wie ein britischer Club-Gentleman aus, der um die vorletzte Jahrhundertwende nach der vierten Flasche Port eingeschlafen ist und nun zufällig hier, auf dem Quest in Kanada und Alaska erwacht ist, um an jenem Punkt des Gesprächs anzuknüpfen, an dem er einschlummerte – und es ging nicht über Trailprobleme. Kaum zu glauben, aber er ist selber schon einmal dieses Rennen gefahren, kennt sich also mit den Gegebenheiten aus. Für seine Dienste zahle ich ihm nichts, muss aber für Essen und Unterkunft aufkommen.

Nun geht es ran an das übliche Programm einer jeden Rast. Zuerst werden die Booties ausgezogen, danach heißt es: Pfoten kontrollieren und eine Salbe draufschmieren – zum Glück hat keiner meiner Hunde irgendwelche Probleme mit den Läufen, aber ich mache das sicherheitshalber als vorbeugende Maßnahme. Wasser für die Tiere muss ich noch nicht aufwendig aus Schnee schmelzen, es gibt dieses direkt aus roten Kanistern.

Braeburn liegt zwar an einer Straße im Nirgendwo, aber noch nicht in der totalen Wildnis. Eine Art Schuppen ist vorhanden, wo wir Mushers übernachten können – ein wahrer Luxus. In unmittelbarer Nähe befindet sich eine Tankstelle, wahrscheinlich die wichtigste Kommunikationsstätte in dieser gottverlassenen Gegend, dennoch zentraler Ausgangspunkt für Touren zu den alten Goldgräberstädten Skagway, Dawson und Carmacks. Bekannt ist diese Region auch für die seltenen Weißkopfseeadler. Vor der dürftigen Herberge lagern Strohballen und reißsichere Plastiksäcke mit Hundefutter, so genannten Footdrops, auf denen der jeweilige Name des Mushers geschrieben steht. Stroh und Drops hatte ich vor einer Woche in Fairbanks besorgt, die Rennleitung des Quests hat ihre Verteilung per Flugzeug organisiert. Auf diese Weise ist an jedem Checkpoint die Versorgung garantiert.

Gierig schlingen meine Jungs ihre jeweilige Ration herunter. Sie sind noch in ihrem Geschirr, sonst würden sie vor lauter Futterneid über die gerade verteilte Portion herfallen. Ich aber muss aufpassen, dass keiner zu kurz kommt, dafür ist die Tour zu anstrengend. Der letzte Drop ist aufgefressen.

»Nun mach mal endlich unser Lager, wir sind hundemüde«, die satten Huskyaugen schauen mich leicht ungeduldig an. Ich schnüre die Strohballen auf und forme aus dem trockenen Material elf überdimensional große Nester. Sofort rollen sie sich wie eine Katze zusammen, die Schnauze tief unter dem Schweif eingegraben. Vereinzelte Schneeflocken bleiben wie Puderzucker auf dem Fell liegen. Ganz still liegen die Hochleistungssportler in ihren Bettchen, tiefer

Schlaf lässt sie wieder zu Kräften kommen. Nur hin und wieder zuckt die Schnauze von Goofy. Im Traum wird er wohl eine aufregende Fährte verfolgen, vielleicht hoppelt gerade ein Schneehase an ihm vorbei. Ob er es schon weiß, der Arme? Seine Chancen für eine Extratour gehen Richtung null, er muss schließlich weiter im Gespann. Das Los von Schlittenhunden kann schon hart sein.

Stundenlang könnte ich diesen friedlich schlummernden »Katzen« zuschauen. Aber es ist Zeit, auch an mich zu denken. Ich stecke meinen Kopf in den Schlafraum für die Musher. Mann, ist es hier miefig und verraucht! Die Luft ist so zum Schneiden, dass ich beschließe, bei meinen Hunden im Schlitten zu schlafen. Hoffentlich kriegt Connie das nicht mit. Aber vorher will ich mich ein wenig an dem Ofen aufwärmen, der in einer Eckes des Raumes steht. Und meine Handschuhe und Socken trocknen – wie jeder andere Musher auch; was den strengen Geruch in der Hütte erklärt. Sie sind nass, nicht etwa, weil ich ins Wasser gefallen bin. Die stundenlange Arbeit mit dem Schlitten ist so anstrengend, dass Hände und Füße permanent schwitzen.

Am Ofen lerne ich Bill Pinkham kennen. Der Kanadier hat ein Gesicht, als hätte er sein Leben mit der Jagd nach Krokodilen verbracht. Es ist genauso vernarbt wie der Rücken dieser Reptilien. Zudem schimmert es entsprechend feucht. Bill und ich laufen barfuß herum, obwohl es draußen bitterkalt ist und die meisten Menschen bei diesen Außentemperaturen auch drinnen warme Pantoffeln bevorzugen.

»Alles okay?«, fragt mich Bill.

»Kein Hund hat mir Sorge bereitet«, erwidere ich. »Das Wetter hat uns ja auch keinen Strich durch die Rechnung gemacht.«

Bill nickt mir zu, ansonsten hüllt er sich in Schweigen. Verschmitzt sieht er aus und auch auf eine nicht näher definierbare Weise altmodisch. Wie auch viele andere Musher spricht er nicht viel.

»Hast du Hunger?«, werde ich nach einer Weile erneut angesprochen. Mein unüberhörbar knurrender Magen ist ihm anscheinend nicht entgangen. »Hier gibts einen Burger, der ist legendär.«

Im hinteren Teil der Scheune steht ein langer Tisch aus Fichtenholz, an dem schon einige Musher Platz genommen haben. Bill hat mir nicht zu viel versprochen. Ich bekomme einen Burger vorgesetzt, so etwas habe ich noch nie gesehen. Er hat die Anmutung eines Suppentellers. Guten Appetit! Die Zimtrollen, die es zum Nachtisch gibt, bewegen sich in einer ähnlichen Größenordnung. Ein ausgehungerter Musher könnte allein von dieser für die nächsten drei Tage satt werden. Ich beiße herzhaft rein, noch stehe ich unter keiner großen Anspannung, die meinen Magen eher zusammenschnüren würde. Das Essen für die Musher ist übrigens bei allen Checkpoints gratis. Schließlich gelten wir hierzulande als Helden!

Während Bill und ich also barfuß vor diesen Riesenportionen sitzen, tauschen wir weitere Erfahrungen über den ersten Streckenabschnitt aus. »Bislang gings auf diesem Trail gut voran, es gab keine größeren Maleschen«, konstatiert Bill, der ein weit erfahrener Musher ist als ich. »So wird es kaum bleiben, wir sind ja noch nicht im Busch«, erwidere ich mit leicht sorgenvoller Miene.

»Ja, der Busch«, philosophiert Bill, »der hat so seine unberechenbaren Tücken.«

Wer immer in Alaska von »Busch« spricht, der meint die Wildnis. Selbst im hiesigen Telefonbuch ist diese Bezeichnung verankert. Damit ist das Gespräch zwischen uns wieder beendet, bis der letzte Krümel verspeist ist. Langsam breitet sich eine wohlige Wärme in mir aus. Es ist ein tolles Gefühl, wenn alles so klappt, wie man es sich vorstellt. Noch ein heißer Kaffee und es ist Zeit für das übliche Musher-Latein. Es gibt ja genug Experten in der Runde. Jim, ein junger Kanadier mit einem verschmitzten Lausbubengesicht und marineblauen Augen, erzählt gleich einem Platzhirsch von seinem Freund Marvin. Sämtliche Lauscher der Musher sind sichtlich aufgestellt.

»Beinahe hätte mich der Teufelskerl erschossen. Es hat nicht viel gefehlt.«

»Hast du ihn etwa beim Quest austricksen wollen?« Durch Bills Nachfrage erhält die Geschichte auch ihren würdigen Stellenwert.

»Oder hast du dich bei seiner Frau nicht nur aufs Pfötchenhalten beschränkt?«, wirft Samuel Banks ein, ein Amerikaner mit tiefen Furchen im Gesicht und einem energischen Kinn.

»Weder das eine noch das andere«, grient Jim. »Ich habe ihm im wahrsten Sinn des Wortes einen Bären aufgebunden.«

»Nun komm, erzähl schon, mach es nicht so spannend«, sagt Bill.

»Also, eines Nachts zog ich mit Freunden zu seiner Blockhütte. Falls es euch interessiert, Marvin wohnt allein, ohne Frau, die würde nur Geld kosten, und ohne Radio und Fernsehen. Selbst für einen Stromanschluss ist er zu geizig, er sitzt da lieber im Gefunkel von Kerzen. Zwei Freunde und ich waren zuvor auf Jagd gewesen und hatten einen ausgewachsenen Bären erledigt. Als wir ihm das Fell abgezogen hatten, kamen wir auf die glorreiche Idee, wir könnten unseren Marvin mal so richtig erschrecken. Also stülpte ich mir das Bärenfell über und klopfte an sein Fenster. Verdattert sah er mich an, nahm aber sofort sein Gewehr in die Hand und zielte auf mich. Zum Glück war er so betrunken, dass er nicht richtig traf.« Ein raumerfüllendes Gelächter tönt aus den Kehlen der Männer. Ich schmunzle über den bei mir aufblitzenden Gedanken, dass Männer manchmal kaum von Huskys zu unterscheiden sind. Jedenfalls dann nicht, wenn sie nur Schabernack im Kopf haben. Oder ignoriere ich einfach nur jene Barrieren, die zwischen Mensch und Tier aufgebaut sind? Wenn ich diesen Mushern meine Gedanken offenbaren würde, sie würden von ihren Tellern hochfahren wie an ihrer Futterstelle gestörte Tiere.

Mein Mann ist da eigentlich ganz anders. Er ist so viel ernster und stiller. Für ihn zählt hauptsächlich seine Arbeit als Elektroniker. Jürgen hat mir mal gesagt, für ihn persönlich komme der Schlittensport nicht in Frage, er sei viel zu gefährlich. Ich rechne ihm aber hoch an, dass er mich meinen Spleen ausleben lässt. Er weiß, ich bin nicht dafür geschaffen, acht Stunden still sitzend im Büro zu verbringen und Akten zu sortieren. Ich brauche Bewegung. Und zwar ganz viel davon.

Socken und Handschuhe sind wieder trocken. Bill sucht seine Sachen zusammen und begibt sich wieder auf den Trail.

»Silvia, du musst wie ein Fisch trinken, sonst vertrocknest du in dieser Gegend«, rät er mir noch zum Abschied.

Da ich später als er am Checkpoint angekommen bin, ist noch für mich und die Hunde Ruhezeit angesagt. Und ein Glas Tomatensaft. Wieder warm eingepackt krieche ich in meinem Schlafsack auf dem Schlitten. Die Luft hier draußen ist fantastisch klar. Ich fühle mich viel wohler als in dem stickigen Mief des Schuppens. Von Curt, meinem Doghandler, fehlt nach wie vor jede Spur. Ich bin aber mit mir selbst zufrieden, noch brauche ich niemanden zum Aufmuntern. Bisher funktioniert aber auch alles bestens.

Gerade bin ich am Einschlafen, als Henry Doole an meinen Schlitten herantritt. Dem Alaskaner gehören einige der Hunde, die ich für den Quest geleast habe. Weitere hat er dem zweiten deutschen Teilnehmer, Jan Harlandt, geliehen.

»Curt kommt später nach«, werde ich von ihm informiert. Da Jan und ich nicht den besten Draht zueinander haben, nutzt Henry die Gelegenheit, mir eine Rüge zu erteilen – die Parteinahme unter Männern ist wohl Ehrensache.

»Du musst langsamer fahren, Silvia. Die Hunde wirken ziemlich fertig. Schließlich brauche ich sie noch nach dem Quest.«

Meine gute Stimmung ist mir schlagartig verdorben worden.

»Natürlich sehen die Hunde nicht mehr so fit wie am Anfang aus. Aber noch ein paar Stunden Schlaf und sie haben wieder Energie«, versuche ich ihm zu erklären.

Ich meine das wirklich nicht böse, aber du hast noch nicht die nötige Erfahrung«, wiegelt Henry ab.

»Es dauert eben etwas, bis ich den optimalen Rhythmus für die Huskys gefunden habe«, fällt mir nur als Antwort ein. Innerlich denke ich: Warum habe ich mir nur diesen Typen als Leihgeber gesucht. Beim Training hatte er mir einmal gebeichtet, dass er mit elf den Entschluss gefasst hatte, Professor zu werden, weil er sich im eisigen Alaska keine höhere soziale Stellung vorstellen konnte. Warum ist er nicht bei diesem Vorhaben geblieben – kluge Sprüche hätte er reichlich genug draufgehabt. Dabei haben sämtliche Vets und auch jene Musher, die die Hunde gesehen haben, die Ansicht vertreten, sie sähen völlig in Ordnung aus. Schon in

73

meinem eigenen Interesse würde ich niemals rücksichtslos mit seinen Tieren umgehen. Schließlich ist ja auch mein großer Liebling dabei. Niemals könnte ich absichtlich Caruso gefährden. Sollte ich etwa die anderen Huskys schinden und nur ihn schonen? Wie soll das gehen? Ich kann nicht mit ihm allein bis nach Fairbanks gelangen. Das aber geht in Henrys alaskanischen Dickschädel leider nicht hinein.

Zwei Stunden später kommt Jan mit seinen Vierbeinern am Checkpoint an. Sie sehen genauso mitgenommen aus wie meine, aber Henry hält mir die Hunde als leuchtendes Beispiel vor. Jan hatte ich übrigens im letzten Jahr bei der Europameisterschaft im Sprintrennen im bayerischen Wald in Haidmühle kennen gelernt. Per Handschlag machten wir aus, dass wir zusammen den nächsten Yukon Quest fahren würden. Was uns auch gelungen ist. Leider habe ich mich ein wenig von diesem knorrigen Oberfranken mit den dreschflegelartig gestikulierenden Armen blenden lassen.

Nach fünf Stunden Rast will ich weiter. Meine innere Unruhe treibt mich. Tief schlafen kann ich sowieso kaum, dazu bin ich viel zu erwartungsvoll. Ein gespannter Flitzebogen kurz vor dem Abschießen des Pfeils ist dagegen gar nichts, dabei wache ich verantwortungsvoll über das Bedürfnis der Lauf- und Pausenzeiten meiner Jungs. Letztlich kann nur ich dieses einschätzen und beurteilen. Doch Henry ist da anderer Meinung. Er mischt sich in meine Belange ein, obwohl er gar nicht das Recht dazu hat.

»Meine Huskys brauchen acht Stunden Ruhe«, beharrt er in einem Ton, der mich als Hundeschänder entlarven soll.

Obwohl mein Gefühl dagegen protestiert, füge ich mich und breche nicht mit den Teams auf, die ungefähr zur gleichen Zeit mit mir hier angekommen sind. Dabei würden die Hunde durch die Aufregung eines Pulks wunderbar motiviert werden. Aber auch Henry ist den Quest schon gefahren – und bis ans Ziel gekommen, dieser Erfahrung kann ich nichts entgegenhalten.

Manchmal ist der Sohn
ein kleiner Schneemann

Also verlasse ich Braeburn erst drei Stunden später, und zwar um fünf Uhr nachmittags. Die Sonne ist fast schon untergegangen, nur ein rötlicher Schimmer ist noch am Horizont zu sehen. In dieser Landschaft, denke ich mir, muss die Fototapete erfunden worden sein. Beim Aufbruch sind meine athletischen Jungs lange nicht mehr so zappelig wie beim Start in Whitehorse – ich natürlich auch nicht. Trotzdem schreien noch alle Huskys ganz ordentlich. Bellen würde ich ihr Getöse nun wahrlich nicht nennen können. Sie springen geradezu in die Geschirre, wollen einfach nur weg. Sultan wird wieder als Leader ausgewählt, ihm zur Seite gebe ich dieses Mal Little Buddy. Caruso möchte ich gerade am Anfang nicht zu großen Aufgaben aussetzen.

Die wenigen Griffe, die man benötigt, um den Schlitten in Gang zu setzen, sollte man beherrschen, um nicht noch mehr Hektik zu verbreiten. Jede unnötige Verlängerung kann dazu führen, dass es zu Beißereien unter den Hunden kommt. Innerhalb von zehn Minuten ist es geschafft – sämtliche Huskys stehen in ihren Positionen.

Nach wenigen Metern höre ich von meinen vormaligen Schreihälsen keinen Laut mehr. Mucksmäuschenstill ist es. Die Leihhunde sind auch aus dem Grund so aufgeputscht, ja fast aggressiv, weil sie – wie in Alaska und Kanada üblich – an Ketten gehalten werden. Caruso und meine anderen Hunde (zwanzig sind es jetzt an der Zahl) haben bei mir im Allgäu permanenten Auslauf in einem Freigehege. Dadurch bauen sie Stress ab, müssen soziale Kontakte pflegen und gewöhnen sich so einfach besser ans Zusammensein.

Meine elf Burschen wirken einigermaßen okay. Etwas Sorge bereitet mir Friendly. Der braune Husky versucht immer wieder, das Team zu stoppen. Mehrmals schaut er wehmütig zum Checkpoint zurück. Er kann nicht krank sein, denn die Tierärzte haben eindeutig nichts bei ihm gefunden. Aber schon beim Training ließ er sich manchmal hängen. Ich kenne das. Hin und wieder wollte er keine Pfote vor die andere setzen. Dann konnte ich ihn nur noch im Wheel, das heißt am Ende des Gespanns unmittelbar vor dem Schlitten einsetzen. Sobald ich ihn weiter nach vorne platzierte, blickte er ständig rückwärts, brummelte die anderen an und konzentrierte sich nicht mehr aufs Laufen.

»Du bist ein unglaublicher Faulpelz, Friendly«, rufe ich ihm zu. »Fressen willst du wie ein Scheunendrescher; dann musst du aber auch laufen, damit du keinen Speck ansetzt.«

Friendly scheint diese Aussicht auf Pölsterchen nicht weiter zu stören. Seine kräftige Statur, das scheint er begriffen zu haben, ist für die letzte Schlittenposition nicht ganz unwichtig. Das Hundepaar, das unmittelbar vor dem Schlitten läuft, muss in den Kurven ordentlich gegensteuern können, sonst droht dem Gefährt die Gefahr des Umkippens. Starke Jungs sind im Wheel gefragt – auf ihren Rücken lastet das gesamte Gewicht des Schlittens.

Wer mir auch ein bisschen Kummer macht, ist Little Buddy. Der rote Rüde ist eine auffällige Erscheinung; sie täuscht aber über eine gewisse mentale Schwäche hinweg. Eigentlich gefallen mir Hunde nicht, die ein rötliches Fell haben – es erinnert mich an eine Freundin mit ähnlicher Haarfarbe. Ich war immer für sie da. Aber als ich mich einmal in einer schwierigen Situation befand, hat sie mich im Stich gelassen. Aber Buddy strahlte etwas aus, das mir auf den ersten Blick sympathisch war. Er saß bei unserer Begegnung auf seiner Hütte wie der König der Löwen und tat so, als würde er mich nicht beachten. Dennoch war nicht zu übersehen, dass er mich mit der Neugierde eines Kindes aus seinen Augenwinkeln verfolgte. Mir gefiel das. Im Training stellte sich heraus, dass sein Selbstbewusstsein nicht sehr ausgeprägt ist. Sicherlich wäre aus ihm ein klasse Leader geworden, wenn man rechtzeitig seinen Charakter erkannt und ihn entsprechend gefördert hätte. Oder ihn »Big Buddy« getauft hätte. Allein im Lead hat er keine Probleme, gehorcht einwandfrei und beherrscht die Kommandos: »Go« oder »okay« für laufen, »go ahead« für geradeaus, »gee« für rechts, »haw« für links, »come gee« für eine 180-Grad-Wende nach rechts, »come haw« für den gleichen Kurvenwinkel nach links. Sobald ich aber einen zweiten Hund neben ihn einspannte, um es ihm körperlich ein wenig leichter zu gestalten, verließ Buddy der Mut. Er traute sich dann einfach nicht, auch mal gegen eine Fehlentscheidung seines Co-Leaders zu protestieren, sondern gab einfach die Verantwortung komplett ab. Wenn dann etwas schief lief, schaute er sich jedes Mal zu mir um, als wollte er sagen: »Also, ich bin nicht Schuld. Ich kann das ja alles noch gar nicht. Der Bursche neben mir hat das verbockt.«

Schon vor dem Quest bin ich mir ziemlich unsicher gewesen, was ich von ihm wohl erwarten konnte. Meine ehrliche Antwort: Ich wusste es bis zum Start nicht und weiß es jetzt immer noch nicht.

Mein gegenwärtiger Eindruck ist, dass Buddy erst jetzt begreift, auf was er sich da eingelassen hat. Lange Strecken sind offenbar nicht seine Stärke. Im zeitlich begrenzten Training kann man entsprechende Fähigkeiten nicht immer herausfinden. Hunde sind da wie Menschen: Der eine kann mit dem unvermeidlichen Stress und der Verantwortung einfach besser umgehen als der andere. So gibt es Sportler, die hervorragend auf große Wettkämpfe oder Olympiaden vorbereitet sind, aber wenn es dann hart auf hart kommt, schaffen sie es einfach psychisch nicht. Bei Hunden kommt es in ähnlichen Situationen zu Verletzungen. Davor habe ich natürlich Angst. Litte Buddy, entscheide ich, braucht jetzt viel Aufmunterung.

»Hey, alter Knabe, du bist einsame Klasse. Dir muss man nichts vormachen«, rufe ich ihm zu. Hoffentlich werden die anderen Huskys auf die psychologische Sondernummer nicht eifersüchtig reagieren.

Der Trail geht durch hügeliges Gelände. Das ist für die Hunde und auch für mich eine willkommene Abwechslung. Es gibt ständig etwas anderes zu sehen, auch bringt der unterschiedliche Belastungsrhythmus ausreichend Beschäftigung. Mal müssen wir uns eine kleine Anhöhe hinaufplagen, dann wieder können wir gleich einem Wirbelwind ausgelassen die Steigung hinuntersausen. Eine eintönige Flachlandschaft ist für eine nicht hundertprozentig motivierte Crew das Allerschlimmste. Da scheinen sich die Hunde nach kürzester Zeit gegenseitig zu fragen: »Ist dir auch so langweilig? Ganz schön öde hier, oder?« Und von diesem Moment an ist es nur ein kleiner Schritt bis zu dem verheerenden Mehrheitsbeschluss: »Kommt, Jungs, wir kehren um.« Im günstigsten Fall machen sie eine Biege, weil sie einen interessanten Geruch wittern. Ganz furchtbar wird es dann, wenn die Stimmung auf dem Nullpunkt angekommen ist. Ein Hund nach dem anderen kippt dann um, wenn nur einer aus dem Team zu der Einsicht gelangt: »Was solls! Ist doch egal, ob wir weiter vorne oder gleich hier rasten. Sieht sowieso alles verdammt gleich aus.« Und schon plumpsen sie auf der Stelle in den Schnee.

Auf unserer jetzigen Strecke haben wir aber noch eine

echte Herausforderung vor uns. Von Braeburn nach Carmacks sind dreizehn Seen zu überqueren. Zugefrorene Gewässer wirken auf Huskys genauso animierend wie platte Ebenen. Die Marshals dieser Gegend haben uns vor dem Start noch gewarnt: Dieses Jahr habe das ungewöhnlich milde Klima dazu geführt, dass nicht alle Seen vollständig zugefroren sind. Bei einem stillen Gewässer ist das nicht gerade ungefährlich, da man die meist nur mit einer dünnen Eisschicht versehenen Flächen nicht erkennen kann, weil eine Schneedecke sie verbirgt.

Bei einem dahinströmenden Fluss wie dem Yukon ist das nicht so ein Problem. Zwar sollen die Streckenmarshals an den Gefahrenpunkten Warnschilder aufgestellt haben, aber eigentlich gibt es nur eines, was uns einigermaßen sicher vor dem Einbrechen ins Eis bewahrt: unbedingt auf dem Trail bleiben. Ob Sultan und Little Buddy dieser Situation gewachsen sind? In dieser Hinsicht habe ich leider kein großes Vertrauen in meine beiden Leader. In ihrer Heimat kutschieren sie Touristen auf doppelt gesicherten Trails herum. Nun werden von ihnen ausgefeilte Aufgaben verlangt.

Aber ich will mich nicht mit bösen Vorahnungen kirre machen. Noch kann ich ohne Stirnlampe sehen; die Temperatur ist zwar kalt, aber angenehm. Jede Stunde wird gesnackt. Ich halte diese Minipausen so kurz wie möglich, weil ich die Befürchtung habe, dass die Hunde einfach liegen bleiben und nicht weiterlaufen. Beim Pferdesport gibt es Sporen und Peitschen, um die Tiere voranzutreiben, wir Musher müssen die Kunst beherrschen, die Eigenmotivation der Schlittenhunde hervorzulocken.

Caruso weigert sich wieder standhaft, seine Zwischenmahlzeit auch nur anzuknabbern. »So was mag ich nicht«, signalisiert er mir deutlich. Ich bin darüber nicht beunruhigt, denn mein Haushund sieht nicht danach aus, als hätte er abgenommen. Auch wirkt er keine Spur lethargisch. Obwohl er nicht mehr Cheerleader ist, hat er diese Rolle im Team noch immer nicht abgelegt. Hin und wieder hole ich den unauffälligen, ruhigen Stanley nach vorne. Little Buddy kommt gut mit ihm zurecht und Sultan kann ich dadurch entlasten.

Wenn man die Position von zwei Hunden tauscht, will man natürlich vermeiden, dass einer von ihnen abhaut. Dazu löse ich den Karabiner von Sultans Tugleine, die sein Geschirr am Ende seines Rückens mit der Zugleine verbindet. Anschließend gehe ich gleichermaßen bei der Halsleine vor. Am Geschirr führe ich ihn zu Stanley, der seinen Platz einnehmen soll. Während ich Sultan mit der linken Hand festhalte, öffne ich nacheinander die Karabiner von Stanleys Leinen, an die ich nun Sultan anhänge. Jetzt muss ich nur noch Stanley nach vorne führen und ihn neben Litte Buddy einspannen. Das Ganze klingt zwar recht kompliziert, dauert aber nur zwei Minuten.

Vier Seen haben wir bereits problemlos überquert. Plötzlich höre ich von hinten ein Snowmobil näher kommen. Das muss das deutsche Fernsehteam sein. Es hat die Erlaubnis, mich zu filmen. Meine Hunde sind ganz aus dem Häuschen, bleiben aber abrupt stehen, als das Snowmobil wegen einer bestimmten Einstellung anhält. Ich bitte den Fahrer inständig, an mir beizufahren, damit meine Jungs wieder genügend Antrieb haben. Man merkt den Vierbeinern immer wieder an, dass sie Touristenhunde sind – nie wollen sie selbst die Führung übernehmen, sondern stets anderen hinterherzockeln. Das hat überhaupt nichts mit Müdigkeit zu tun. Sie haben keinen Ehrgeiz, sind mental nicht auf ein Vorwärtskommen erzogen worden.

Während ich darüber noch nachdenke, taucht die nächste Schwierigkeit auf: Vor uns liegt ein Berg mit einer Holzhütte. Davor haben sich Menschen positioniert, die uns zuwinken. In jeder anderen Situation würde ich mich darüber freuen und zurückwinken. Jetzt wünsche ich mir Mensch und Hütte weit weg. Mit ihren freudig wedelnden Schwänzen verraten sie mir nämlich, welcher Gedanke in ihren Köpfen kreist: »Toll! Eine Hütte! Es naht die Rast, mindestens für zwei, drei Tage. Dann gehts saugemütlich weiter. So wie bei uns zu Hause.« Leider muss ich die Rolle der Spielverderberin einnehmen. Ohne mit der Wimper zu zucken, lotse ich sie an der schönen Aussicht vorbei.

»Keine Frage, Jungs, ich bin das Alphatier, falls ihr es noch nicht gemerkt haben solltet«, verkünde ich mit Autorität in der Stimme.

Leicht eingeschnappt, dennoch ein wenig respektvoller ziehen sie weiter mit mir über die Eiswüsten. Wenn die Hunde mich auf einer so harten Strecke wie dem Quest nicht automatisch als Chefin akzeptieren, dann habe ich bei der Vorbereitung im Training etwas Entscheidendes falsch gemacht. Ich kann mit ihnen dieses Rennen nicht schaffen, indem ich mich ihnen ständig als Boss präsentiere.

Bei dem Gedanken fällt mir eine Bergtour ein, die ich vor einigen Jahren im Herbst mit meinen Huskys Chan und Raika im Allgäu unternommen habe, um meine Beinmuskulatur zu trainieren. Zusammen wollten wir auf den Pfänder, der 1064 Meter hoch ist. Was für meine Hunde ein netter Spaziergang bedeutete, war für mich eine schweißtreibende Angelegenheit. Nach einer Weile kamen wir an einer Almhütte vorbei, vor der etliche Hühner herumliefen. Ich konnte genau beobachten, wie Chan sich mit seinem ausgeprägten Jagdinstinkt das Federvieh ins Visier nahm. Die ganze Zeit muss er auf die Chance seines Lebens gelauert haben – oder wenigstens auf die des Augenblicks. Jedenfalls haute er schnurstracks ab, als ich meine Blase im Unterholz entleerte und ihn dabei anscheinend nicht fest genug gehalten hatte. Es ging natürlich bergab und ich ahnte nichts Gutes. Wanderern, die gerade vorbeikamen, drücke ich entschlossen Raikas Leine in die Hand:

»In zehn Minuten bin ich wieder da«, rief ich ihnen zu. Schon war ich auf und davon Richtung Hühnerstall. Richtig, da war der Lausebengel. Ich sah nur sein wild zuckendes Hinterteil, denn den Kopf hatte er durch das Einschlupfloch gezwängt. Mehr aber passte von ihm nicht hindurch. In diesem Moment packte ich ihn. Er war völlig verdattert und schien sich zu fragen: »Was machst du denn hier? Auch Hühner jagen?« Ein kräftiger Biss in sein Ohr machte ihm klar, dass ich eindeutig kein Huhn im Blick hatte, sondern nur ihn. Er jaulte kurz auf, begriff aber sofort, was Sache war. Widerstandslos ließ er sich vom Tatort abführen.

Die Wanderer hatten freundlicherweise an der Stelle gewartet, wo ich ihnen Raika übergeben hatte. Erschrocken sahen sie mich an.

»Sie bluten ja im Gesicht! Hat Ihr Hund Sie gebissen? Was ist denn passiert«, wurde ich gefragt, während sie gleichzeitig vor Chan zurückwichen und sich beeilten, mir Raikas Leine in die Hand zu drücken.

»Mich hat niemand gebissen«, versuchte ich die beiden zu beruhigen und wischte mir notdürftig mit der Hand über meinen Mund. »Im Gegenteil: Ich habe den Hund gebissen.«

Angesichts der blutigen Spuren musste ich Chan wohl etwas fest erwischt haben. Bevor ich den Wanderern noch etwas von notwendigen Erziehungsmaßnahmen erzählen konnte, hatten sie schon mit entsetzten Blicken das Weite gesucht.

Als Musher muss ich in jeder Situation Herrin der Lage sein. Der Meute entgeht keiner meiner Fehler. Im Gespann sollte ich niemals das schwächste Glied sein.

Wieder geht es weiter über eine ausgedehnte Seenplatte. In der Stunde schaffen wir ungefähr sieben Meilen. Sobald es unter den Kufen ruckelt, weiß ich, dass wir auf einem der vielen zugefrorenen Gewässer sind. Die Schlittenhunde sind richtige Schwerstarbeiter, denke ich. Keiner hat sie nach ihrer Meinung gefragt, als sie damals für die besessenen Goldschürfer und die nicht weniger manischen Polarforscher antreten mussten. Sie zogen Bau- und Brennholz, Wasser, Postsäcke und Nuggets auf dem Klondike Highway, auf dem wir uns jetzt befinden. Die Huskys waren in dieser unwirtlichen Region genauso wichtig wie die Pferde für die Pioniere des Wilden Westens.

Anfangs dachte niemand daran, mit den Nordlandvierbeinern Rennen zu veranstalten. Kinder kamen auf die Idee, an den arbeitsfreien Sonntagen Kisten auf Skier zu befestigen, die dann von davor eingespannten Hunden gezogen wurden – natürlich thronten oben jubelnde Kiddys. Sehr zum Spaß auch von Erwachsenen. Um 1907 herum kam es zu einem ersten organisierten Rennen. Elf Kilometer war die Strecke lang, auf der Buddy als Sieger hervorging. In der Geschichte des Hundeschlittensports ist er wohl der berühmteste Alaskan Malamute. Später stellte man dann fest, dass die importierten Sibirischen Huskys schneller als die Malamutes sind, richtige Raser, wohingegen, die Malamutes als die »Lokomotiven des Nordens« bezeichnet wurden und deshalb von den Siberian Huskies, den Schnellzügen, abgelöst wurden.

Das Durchhaltevermögen scheint bei Sultan jedoch gerade in den Keller zu wandern. Auch die anderen hüpfenden Wollknäuel sind schon längst nicht mehr so hitzig, stündlich verlieren sie an Tempo.

»Wach auf, Leader, nicht schwächeln!«, rufe ich Sultan zu, »wir müssen noch ein Stück weiter.«

Ich habe keine Lust, auf einem See zu kampieren. Auch die Landzungen zwischen den einzelnen Gewässern sind zu schmal, um dort zu rasten. Möglicherweise würde ich dabei nur nachfolgende Teams behindern.

Ununterbrochen schneit es. Ein scharfer Wind weht knapp über dem Eis. Die Wahrscheinlichkeit, einem wilden Tier zu begegnen, ist hier größer, als auf einen Menschen zu treffen. Ich höre auf das Keuchen der Hunde, schaue auf ihre Pelze, die von einer leichten Eiskruste bedeckt sind. Endlich entdecke ich am Rand eines auftauchendes Waldes einen idealen Ruheplatz. Huskys haben keine Probleme damit, sich auf der Piste einzurollen. Mein eigener Organismus funktioniert so, dass ich bei Rennen mit extrem wenig Schlaf auskomme. Während der nächsten Zeit werden es sicher nicht mehr als drei bis vier Stunden pro Tag sein. Im Stillen bereitet mir der immer noch anhaltende Schneefall Sorge. Was, wenn die Hunde die verschneite Piste nicht finden? Kann ich mich in dieser Wildnis hundertprozentig auf die Trailmarker verlassen? Ich wünschte, ich könnte mich mehr auf den Instinkt meiner Leader verlassen.

Nach einer Weile taucht Jan mit seinem Team auf. Obwohl er ebenso wie ich schon seit sechs Stunden unterwegs ist, will er an eine Pause nicht denken.

»Die Hunde laufen gerade erst richtig«, schreit er mir zu. Ganz gleich ob es Tag oder Nacht ist, Jan trägt seine Ray-Ban-Brille. Wenn sie nicht gerade seine Augen bedeckt, dann klemmt das dunkle Gestell an seinem blauen Stirnband. Dazu trägt er unentwegt Militärklamotten.

»Kein Problem. Fahr einfach vorbei«, entgegne ich ihm

und denke mir meinen Teil. Wer von uns beiden strapaziert eigentlich seine Hunde? Nach einer weiteren halben Stunde kommt schon wieder »Besuch« vorbei. Dieses Mal ist es Connie.

»Na, hast du schon Wölfe gesehen?« Ich versuche scherzhaft zu klingen. »Beschwör sie nicht rauf«, erwidert Connie mit ihrer tiefen Stimme, »ich will mich noch am Strand von Florida in einem Bikini sonnen.«

»Sehen meine Hunde aus, als würde ich sie nicht lieben?«, frage ich sie besorgt

»Spinnst du! Deine Doggys sehen prächtig aus. Sie sind nur etwas eigen, ihnen fehlt noch der richtige Kick, aber das kriegst du schon noch hin.«

»Ich bin keine Hundeschänderin?«

»Wer will dir das denn einreden? Ich würde mich um dich sorgen, wenn du im Genlabor Huskys mit zusätzlichen Rippen züchtest, damit sie noch schneller laufen, oder versuchst, die Erbmasse von Husky und Mensch zu kombinieren. Vorher nicht.«

Connies leicht dahin geworfenen Worte haben meine aufgewühlte Seele beruhigt. Was auch immer Jan und Henry über mich und meine Hunde sagen, sie sind nicht der Maßstab. Es gibt noch Musher, die eine andere Meinung von mir haben. Bald verschwindet Connie im dichten Gewirr der Flocken. Wenn ich bei diesem Rennen siegen wollte, müsste ich nun vor Neid und Eifersucht nahezu zerplatzen. Zwei Musher sind schneller als ich! Ich gehöre aber nicht zu den Topfavoriten des Wettbewerbs. Also muss ich mir nicht den Kopf zermartern, mit welchen Strategien ich meine Konkurrenten aus dem Feld schlagen könnte. Ich will einzig ins Ziel kommen, ohne dass meine Huskys von einem Elch zertrampelt werden, ins Eis einbrechen und ertrinken, weil sie im Geschirr gefangen sind, oder sie sich den Halswirbel brechen, weil ihre Leinen sich im Geäst von Bäumen verfangen haben.

Ich bin auch nicht wie Connie. Ich will mich mit diesem extremen Sport nicht emanzipieren. Sicher, ich mag manchmal auf andere Menschen hart wirken. So habe ich mich auch konsequent von meinem ersten Mann getrennt, die Scheidung durchgezogen, ohne zu hadern. Sätze wie »Hättest du doch lieber anders gehandelt; wärst du doch besser bei ihm geblieben«, kommen bei mir nicht vor. Ich lebe mein Leben in einer Art und Weise, die ich für richtig halte. In der Partnerschaft will ich nichts mehr schönreden. Ich kann nicht verstehen, wenn Frauen, die von ihrem Mann geschlagen werden, bei diesem Typen bleiben. Für mich ist es wichtig, offen und ehrlich zu sein. Diffuse Konflikte, schwelende Aggressionen – all das kann ich nicht ertragen.

Vielleicht liebe ich die Schlittenrennen so sehr, weil sie mich in meiner Lebenseinstellung – Grenzen überschreiten zu können – bestätigen. Bei der Geburt war ich sehr klein; hinzu kam, dass meine Lunge nicht ordentlich funktionierte. Ich hatte Asthma und durfte später weder Fahrrad fahren noch wie die anderen Kinder herumtollen. Das hat mich aber dennoch nicht davon abgehalten, das zu tun, was verboten war. Ich lief besonders schnell, stieg auf jeden Baum, radelte wild mit den Rädern meiner Freunde durch die Gegend. Oft brannte es heftig in der Lunge. Aber hielt ich lang genug durch, dann wurde der Schmerz erträglich.

Jetzt kämpfe ich mit einer Stoffwechselerkrankung. Als Folge davon bereitet mir die Schilddrüse Probleme. Mein Mann Jürgen hofft wohl aus tiefstem Herzen, dass ich aus gesundheitlichen Gründen einmal mit den Rennen aufhöre. Niemals!

Fünf Stunden Pause sind für die unentwegten Läufer

dringend notwendig. Als ich wieder zum Aufbruch rüste, klappt alles erstaunlich gut. Die Huskys brechen in ein Heulkonzert aus, sie wollen wieder rennen. Die Witterungsverhältnisse sind jedoch alles andere als günstig. Es hat dermaßen stark geschneit, dass die Piste nur noch schwer zu erkennen ist. Noch dazu ist es Nacht.

Kurze Zeit später treffe ich auf Jan, der, wie es scheint, froh ist, mich zu sehen. Leicht entmutigt und verfroren liegt er auf seinem Schlitten. Ich übernehme die Führung und er fährt hinter mir her. Mehrere Seen liegen noch vor uns, so viel ist klar. Die Frage ist nur, wie lange wir dafür benötigen werden. Sultan läuft inzwischen Zickzack. Er hat große Schwierigkeiten, den Trail überhaupt zu finden. Nachdem ich mich ein paarmal umgesehen habe, kommt es mir vor, als würden sich Jans Hunde viel leichter im Schnee zurechtfinden.

»Bitte fahr du vor!«, rufe ich ihm zu, sonst kann ich gleich hier warten, bis es hell wird.« Jan ist mit meinem Vorschlag einverstanden. Sein Leader Lucky stellt sich aber auch nicht besser an. Für mein Gefühl sind wir zu weit links. Ich schalte meine Stirnlampe an, die meine Mütze drapiert. Ich mache dies nur in Notfällen, um den Weg zu finden. Normalerweise lasse ich sie ausgeschaltet, denn der Lichtkegel irritiert die Hunde – sie laufen nur auf diesen zu, anstatt den eigentlichen Trail ausfindig zu machen. Doch sosehr ich meinen Kopf mit der Leuchte auch hin- und herschwenke, um einen Marker zu finden, es ist vergeblich. Mir wird etwas mulmig zumute, ich weiß aber auch keine andere Richtung anzugeben. Sultan kriegt es einfach nicht hin und Little Buddy scheint alles, was er mal über die Fähigkeiten eines Leithundes wusste, vergessen zu haben. Caruso brauche ich für diesen Job erst gar nicht einzuspannen, er ist viel zu unerfahren für eine derartige Situation.

Jan bleibt weiter vor mir, aber ich werde das Gefühl nicht los, dass wir uns verirrt haben. Meine Angst wächst; ununterbrochen kreisen in meinem Gehirn die Warnungen der Trailmarshals vor den offenen Wasserstellen.

»Du bist falsch, du musst weiter nach rechts rüber!« In stets kürzer werdenden Abständen rufe ich Jan meine Befürchtung zu.

»Lucky ist so ein toller Leader. Ich kann nicht glauben, dass ihm ein Fehler unterlaufen ist.« Jan hält bei diesen Worten dennoch an. Abrupt. Mühsam bahnen wir uns einen Weg in die von mir vermutete Richtung. Plötzlich stoßen wir in der Finsternis völlig unvermutet auf John Gourley. Der kleine, hagere Amerikaner mit den haselnussbraunen Haaren und den auffällig roten Handschuhen hat noch größere Schwierigkeiten als wir, da seine Leader auf dem härtesten Trip sind, den ein Musher erleben kann: der Totalverweigerung. Mit großer Überredungskunst und einem netten Lächeln versucht er, seine Swing Dogs – diese Hunde laufen im Gespann direkt hinter den Leadern und sollen nach und nach deren Funktionen übernehmen können – zur Nummer eins zu machen, aber keiner von ihnen zeigt das nötige Interesse.

Aus dem dichten Fall der weißen Flocken ist inzwischen ein regelrechtes Schneegestöber geworden. Zum Glück habe ich eine Art Skibrille dabei, so dass ich wenigstens einigermaßen sehen kann. Zu dritt kämpfen wir uns mühsam durch den Blizzard: Jan vorne, ich in der Mitte und hinter mir John. Irgendwie schaffen wir es in dieser Formation, die unheilvolle Seenlandschaft hinter uns zu lassen. Einen richtigen Grund zur Freude haben wir trotzdem nicht, denn wir sollten schon längst auf dem Yukon sein. Zieht sich dieser Streckenabschnitt etwa dermaßen hin? Kommen wir wegen der miserablen Witterung einfach nur unverhältnismäßig langsam voran? Oder haben wir uns schlichtweg völlig verfahren? Bange Fragen beschäftigen uns. Eine nagende Ungewissheit macht einem Musher am meisten zu schaffen, weil sie kein so konkretes Problem darstellt wie beispielsweise ein steiler Anstieg oder Raffeis, das sich mit Tatkraft und einem guten Willen überwinden lässt. Aber da das Gelände fast schon bergig ist, könnten wir uns laut Plan tatsächlich noch auf den Lake Laberge Hills befinden.

In den engen Kurven dieser manchmal steil abschüssigen Kette gerate ich ganz schön ins Schwitzen. Wie eine Primaballerina versuche ich das Gleichgewicht zu halten – ich will mit aller Kunst verhindern, dass der Schlitten ins Wanken gerät und letztendlich kippt. Doch vergeblich: An einer felsigen Klippe gerate ich in eine Schräglage und kann das zweihundert Kilogramm schwere Gefährt nicht mehr halten. Rumms! Schon liegt es im Schnee. Jan bemerkt von meinem Unglück nichts, er saust einfach weiter. Da er früher einmal viele Jahr als Kapitän zur See gefahren ist, hören sich Unfälle in seinen Ohren wohl lauter an.

»Brauchst du Hilfe?«, fragt dagegen John.

»Danke für das Angebot«, antworte ich ihm, »aber das Beste ist, du folgst Jan, sonst machen deine Hunde wieder schlapp, wenn sie eine Pause wittern.«

Ich will alleine aus dem Schlamassel herauskommen. Der Schlitten ähnelt einem gestrandeten Wal, der seinen Überlebenstrieb verloren hat. Mir bleibt nichts anderes übrig, als das Fahrzeug komplett auszuladen. Nur ohne Gepäck kann ich es allein aufrichten und zum Fahren bringen. Viel Zeit geht dabei verloren. Warum musste das gerade mir passieren? Noch dazu, wo es stockdunkel ist. Die Schwärze der Nacht macht mir hier an sich nichts aus. In einer Großstadt hätte ich in einer ähnlichen Situation mehr Angst. In der

Wildnis können dich zwar die Wölfe anfallen, aber dafür gibt es keine Vergewaltigungen.

Es kann weitergehen. Ich weiß jetzt, warum nach einer solchen Fahrt die ersten Schlitten in Carmacks repariert werden; sie dürfen beim Yukon Quest nicht ausgetauscht, sondern müssen bis zur Ziellinie gefahren werden. Von Jan und John ist keine Spur zusehen. Es hört auf zu schneien und langsam dämmert der Morgen herauf. Meine Hunde – wenigstens etwas – machen einen passablen Eindruck. Nur Harkim liegt mir auf der Seele. Der ruhige Husky hat sich bei all den abenteuerlichen Begebenheiten die Schulter verletzt. Die Wunde ist offenbar schlimmer, als ich anfangs dachte. Er humpelt jetzt. Für mich ist dieser Anblick bei Huskys nur schwer zu ertragen. Mir bleibt nicht anderes übrig, als ihn auf den Schlitten zu laden. Behutsam hebe ich ihn hinein. Geschwächt lässt Harkim sein Köpfchen auf die Plane plumpsen, sofort fallen die Mandelaugen zu. Mit einem warmen Fleecepullover decke ich ihn ab, damit er nicht auskühlt. Jetzt muss ich noch mehr aufpassen, dass der Schlitten nicht kippt, da er mit einem geladenen Hund schwerer zu lenken ist.

Als ein fremdes Team mich überholt, fühle ich mich einigermaßen beruhigt. So miserabel kann meine Orientierung nicht sein, obwohl ich seit langem keine weißen Reflektoren gesehen habe. Schließlich gelingt es mir auch, Jan einzuholen. John war schon weiter vorwärts geprescht, musste aber später in Carmacks aufgeben.

Eigentlich wäre es längst Zeit für eine ausgiebige Rast, aber Jan will nicht einmal zum Snacken halten. Er will nur weiter vorwärts kommen. Ich merke ihm seinen Frust über die verlorenen Stunden an und kann ihn sogar verstehen. Bei der gemeinsamen Weiterfahrt muss ich hinter ihm bleiben, meine Hunde sollen Lucky nicht überholen. Doch wir kommen zügig voran. Ständig muss ich aber meine Leader bremsen, weil sie ihre Schnauzen am liebsten nur einen Millimeter entfernt von Jans Kniekehlen haben würden. Leicht unwirsch schaut sich Sultan zu mir um.

»Warum strengen wir uns hier eigentlich so an, wenn du uns dauernd blockierst?«, fragen seine braunen Mandelaugen.

»Hundis, ihr habt ja so Recht, aber Jan lässt euch nicht auf die Überholspur«, versuche ich sie zu beschwichtigen.

Jan und ich haben ein unterschiedliches Trainingsprogramm absolviert – das zeigt sich jetzt. Während ich versucht habe, mein Team auf »Rennen« zu programmieren, bevorzugte Jan ein gemütliches »Schlendern«, damit er sich in aller Ruhe die Landschaft anschauen konnte. Dennoch nervt es auch ihn, wenn ich so dicht an ihm klebe, dass meine Leader nach seiner Windjacke schnappen könnten.

»Dann fahr doch endlich an mir vorbei«, giftet er mich an, »oder willst du einen Auffahrunfall provozieren?«

»Ich würde ja gern, aber du gibst mir keine Möglichkeit dazu«, kontere ich.

»Ich helfe dir nicht, das musst du schon alleine machen.« Jan ist der geborene Charmeur.

»Wie soll das gehen?«, frage ich ihn. »Schon beim Training in Tanana blieben sie stehen, wenn sie nur deine Stimme hörten.«

Diese Tatsache ändert aber nichts an unserem Problem. Für mich kristallisiert sich immer mehr heraus: Wenn ich je in Fairbanks ankommen sollte, dann auf jeden Fall nicht mit Jan. Ich muss es auf eigene Faust versuchen. Fast bin ich froh über diese Erkenntnis.

Nicht zu wissen, wo man ist, kann ganz schön zermürbend sein. Aber nach einer weiteren Anhöhe kommen wir doch noch runter auf den Yukon. Als ob wir es nicht schon schwer genug hätten, der mächtige und breite Strom ist mit Raffeis überzogen. Durch dieses gestaute und geriffelte Eis mutet der Fluss wie ein Scherbenhaufen an. Überall scheint zersplittertes Glas zu liegen. Der Schlitten tanzt über das Eis, als würde es um die Weltmeisterschaft im Bolero gehen. Leicht kann das Gefährt an den spitzen Kristallen zertrümmern, an manchen Stellen sollen die Trailmarshals sogar das Eis mit einer Motorsäge geglättet haben. Auch für die Huskys bedeutet Raffeis eine große Verletzungsgefahr für die Pfoten − da sind selbst Booties kein ausreichender Schutz. Weil ich wegen Jan nach wie vor immer wieder bremsen muss, ist die Zugleine nicht straff gespannt. So kann ich meine Hundecrew nur sehr schwer mit Hilfe des Schlittens lenken.

Die Überquerung des Yukon zieht sich dahin. Es ist, als würden wir uns weit auf ein unendliches Meer hinauswagen, nicht auf einen Fluss, der mit einem Ufer lockt. Jan ist völlig irritiert.

»So lang kann es doch nicht dauern«, ruft er kopfschüttelnd aus. »Vielleicht ist der Trail verlegt worden.« Mit meinem zaghaften Erklärungsversuch will ich uns beiden Mut zusprechen.

»Ich erkenne nichts wieder«, gibt Jan zu.

Vor ein paar Stunden hätte mich diese Aussage nervös gemacht, aber inzwischen vertraue ich meiner eigenen Intuition. Diese wird auch belohnt, denn kurz darauf erblicke ich einige Trailmarker. Wie beruhigend. Demnach müssten wir auf dem richtigen Pfad sein. Wenn nur endlich Carmacks, unser nächster Kontrollposten, auftauchen würde …

Die Hunde sind längst fällig für eine Pause. Ich halte den Schlitten an, um die Hunde wenigstens zu snacken. Das ist insofern gut, als wir dadurch einen Abstand zu Jan

93

bekommen, der auf einen Zwischenstopp verzichtet. Schließlich führt die Piste vom Eis des Yukon runter. Wir kommen durch einen dunklen Fichtenwald. Schnee glitzert auf den Ästen, die sich schwer nach unten biegen. Hinter mir taucht Bruce Milne auf. Von dem Alaskaner sehe ich nur einen dunklen Bart mit silbergrauen Stoppeln und honigbraune Augen; alles andere ist in einen petrolfarbenen Daunenoverall eingehüllt. Verunsichert schauen wir uns an.

»Sind wir überhaupt auf dem richtigen Weg?«, fragt er.

»Eigentlich kann es gar nicht anders sein«, bestätigen wir uns gegenseitig.

Hundertprozentig sicher ist sich aber keiner von uns. Als Bruce mich überholt, ziehen auch meine Huskys noch mal an, aber leider nur für eine geraume Zeit. Ich habe ein schlechtes Gewissen, weil wir schon so lange unterwegs sind, und bin drauf und dran, hier auf der Stelle Rast zu machen. Plötzlich sehe ich aber im Schnee Abdrücke von Bärentatzen. Ich glaub das nicht! Mitten im Winter sollen die doch schlafen! Wir sind hier doch nicht am Polarkreis, wo es Eisbären gibt. Aber eindeutig erkenne ich die langen Krallen. Erst einmal muss ich tief durchatmen. »Nein, du wirst dich nicht in deinem Schlitten verstecken«, sage ich zu mir. »Du ziehst jetzt die ganze Geschichte durch.« Ich reiße mich zusammen und versuche, Sultan und Little Buddy mit den größten Versprechungen anzufeuern: »Bald sind wir in Carmacks und da gibts den wunderbarsten Lachs und ein superfeines Strohbett, worauf ihr so lange, wir ihr wollt, schlafen dürft.« Ich kann genau an dem Brummen meiner beiden Leader hören, dass sie mich für durchgeknallt halten. »Was ist denn bloß in die Alte gefahren«, knurrt Sultan, »die ist doch sonst nicht so spendabel in diesen Dingen.«

»Wahrscheinlich hat sie gerade was verbockt«, bedenkt Little Buddy, »und wir sollen das nicht merken.«

»Ihr könnt ruhig mal freundlich über sie sprechen«, verteidigt mich Caruso, der als Swinger hinter Sultan läuft, »bislang hattet ihr nicht unter ihr zu leiden.«

»Na ja«, brummt Sultan, »aber die Touristennummer ist für unser Hundedasein schlichtweg gemütlicher.«

Da kann ich ihm nicht widersprechen.

Angestrengt denke ich darüber nach, wie ich mich präparieren kann, um meine Hunde zu verteidigen. Die Huskys sind für mich lebenswichtig, ohne sie gelange ich nur schwer wieder heim. Plötzlich bewegt sich das Untier wieder.

»Mist«, rufe ich aus, »der Bär kommt immer näher. Hundis aufgepasst, er ist schon da vorn. Wir müssen was tun!« Seltsamerweise werden die Huskys überhaupt nicht unruhig. Die müssten doch außer Rand und Band sein? Eher reichlich schlapp ziehen sie den Schlitten den Hügel hinauf. »Er wird immer größer«, schreie ich, »lauft, Hunde, lauft, so schnell ihr könnt.« Aber noch immer zeigen meine kleinen Pelze keine Reaktion. Sie schreien nicht, sie zerren nicht im Geschirr. Angstschweiß rinnt mir das Gesicht herunter. Aber mir bleibt nichts anderes übrig, als dem Feind ins Auge zu blicken. Haut er nun mit seiner riesigen Tatze auf meine heißgeliebten Vierbeiner ein? Nein, nicht die Spur. Denn alles, was ich erblicke, ist eine dunkle Tanne, die sich im Wind hin und her bewegt. Meine Mutter hatte immer zu mir gesagt, ich hätte eine Fantasie wie ein wild durcheinander blühender Sommergarten. Oder wie Pippi Langstrumpf. Daran muss wohl etwas stimmen. Voller Scham schaue ich meine Leader an. Die haben schon längst begriffen, was los ist: »Die Alte hat sich auch einen Bären aufbinden lassen.« Vor lauter Schiss fixiert man sich völlig auf eine

bestimmte Vorstellung. Wahrscheinlich rührte der Schnee-
abdruck von einem Schneehuhn, dass auf der Stelle trat.
Erleichtert lenke ich den Schlitten den Hügel hinunter, ich
will den Grizzly so schnell wie möglich aus meinem Gehirn verbannen. Was für ein Schwachsinn auch! Was hätte
ich überhaupt gegen einen Bären ausrichten können? In
solchen Momenten werden Heldinnen geboren.

Besser, ich wende mich jetzt den wirklich wichtigen
Dingen zu. Also: Wo ist die große Hängebrücke, die auf
meinem Plan eingezeichnet ist?

Konzentriert halte ich nach ihr Ausschau. Endlich kommen wir aus dem düsteren Wald. Das Gelände wird offener
und da – die ersehnte Brücke. Auf einmal können meine
Hunde viel schneller rennen. Es geht noch ein kurzes Stück
über Raffeis, anschließend führt die Piste auf eine leichte
Anhöhe. Unmittelbar hinter einer scharfen Kurve liegt der
Checkpoint. Es ist geschafft, ich bin in Carmacks. Drei
Kreuze schlage ich. Ich brauche in keinen Spiegel zu schau-
en, um zu wissen, dass ich wie eine Hexe nach einem sie-
bentägigen Ritt auf dem Besen aussehe – einfach total
übermüdet und furchterregend.

Eigentlich sind es von Braeburn bis Carmacks nur achtzig Meilen, aber mir – und wie ich später erfahre, auch allen
anderen – kam es viel weiter vor. Der Grund: Ohne vorherige Ankündigung ist der Trail verlegt worden, so dass die
Strecke sich im Endergebnis auf hundert Meilen ausdehnte.
Folglich war jeder Musher zwei Stunden länger als geplant
unterwegs. Kein Wunder, dass ich schon Sorge hatte, meine
Snacks würden ausgehen. Glücklicherweise habe ich immer eine Notration dabei.

Noch immer ist weit und breit kein Curt zu sehen. Also
starte ich mit meinem Routineprogramm. Der gefüllte
Wasserbehälter zieht meine Arme bis hinunter zu den Knö-

cheln. Und auch ein Strohballen kommt mir so schwer wie ein ganzer Steinbruch vor. Ich bin so richtig ausgelaugt.

Am meisten bereitet mir aber Harkim Sorge.

»Kleiner, tut dir was weh? Ich möchte, dass du ganz schnell wieder auf die Beine kommst«, tröste ich ihn und streichle die dichte und weiche Unterwolle an seinem Bauch. Er wird nicht weiter rennen können. Ich bin ziemlich entschlossen, ihn aus dem Team zu nehmen, zu droppen, wie man unter Mushern sagt. Auch die Vets bestätigen meinen Eindruck und halten es für aussichtslos, Harkim weiter laufen zu lassen. Er scheint sich die Muskelbänder an der Schulter verwundet zu haben.

Schon im Training hatte ich mit diesem Husky, der wie ein Collie aussieht, ein einschneidendes Erlebnis. Im Team spielte er zwar keine herausragende Rolle, zeigte sich aber als fleißiger Arbeiter, der niemals die Lust am Rennen verlor. Ich schätzte diese Eigenschaft sehr. Harkim hatte nur ein Manko: Er demonstrierte sich gern als kleiner Provokateur, wenn er im Gespann von anderen Rüden umgeben war. Auf einer meiner letzten Trainingsfahrten spannte ich ihn neben Bebop ein. Wir waren gerade nach einer kurzen Nacht in einer Trapperhütte gestartet und hatten noch ungefähr vierzig Meilen vor uns. Ich bemerkte, dass mein »Lassie« nicht gerade bestens gelaunt war. Er brummelte jeden Hund grundlos an. »Na, Harkim, wohl etwa schlecht geschlafen? Ist dir der Hase in deinem Traum entkommen?«, neckte ich ihn. Er brummte auch mich an und drehte sich weg. Mir war klar, ich musste an diesem Tag ein Auge auf ihn werfen. Da passierte es auch schon: Harkim geriet in vollem Lauf mit Bebop aneinander. Der Grund war mir nicht einsichtig. Vielleicht rückte ihm Bebop zu dicht auf den Pelz, vielleicht hatte Bebop auch nur eine blöde Bemerkung über Harkims miese Stimmung von sich gegeben.

Ich hielt also an, um die beiden Streithähne zu trennen. Aber bevor ich ankam, schien beider Welt wieder in Ordnung zu sein. Ich begab mich wieder auf die Kufen, aber bevor ich das Kommando »Okay!« rufen konnte, lagen sie sich schon wieder in den Haaren – nur waren die kriegerischen Absichten dieses Mal deutlicher. Harkim wollte es genau wissen, wer hier der Boss ist, wollte seine Kräfte unter Beweis stellen. Die Lefzen waren wild aufgeworfen, anschließend wurde heftig zugebissen. Der Kampf dauerte nur wenige Sekunden, bis Bebop die Niederlage annahm und sich zwischen die Läufe des Siegers legte. Harkim beschnupperte ihn und besiegelte sein Rowdytum mit einem Spritzer Urin.

Unglücklicherweise hatte er sich bei der Beißerei selber gefährlich verletzt. Die Zunge und die Maulinnenseite bluteten heftig. Zu allem Überfluss kam jetzt noch ein Blizzard mit bitterkalten Böen auf. Ich versuchte, die Blutungen mit Schnee zu stillen, aber das half nicht viel. Mit einem Bootie und einer Neckleine gelang es mir, wenigstens notdürftig die versehrte Zunge zu verbinden. Anschließend packte ich Harkim in den Schlittensack und machte mich eilig auf den Weg. In einer Entfernung von zwei Stunden wusste ich eine Hütte, wo ich Hilfe bekommen würde. Starker Seitenwind und der unentwegt zappelnde Harkim sorgten dafür, dass der Schlitten an schrägen Hängen immer wieder kippte. Die Wunde blutete nach wie vor. Ich dachte nur: Hoffentlich stirbt mir jetzt dieser Hund nicht.

»Halt durch, Harkim, wir kriegen das schon hin«, munterte ich den Boss auf, dessen stolze Stehohren ziemlich eingeknickt waren.

Nach drei Stunden kam ich endlich in der Hütte an. Der Trainingshelfer kontrollierte Harkims Puls und wickelte nicht weniger provisorisch ein Geschirrhandtuch um die

Verletzung. Da der alaskanische Helfer mit einem Schnee-mobil da war, stand für mich fest, er sollte mit Harkim so-fort zur Trainingsbasis fahren, um ihn richtig zu versorgen. Ich brauchte diesen Husky unbedingt für die Quest, würde er ausfallen, konnte ich das Rennen gleich an den Nagel hängen – dachte ich. Aber die Alaskaner sind raue Naturen. Er hievte Harkim wieder in meinen Schlitten und brauste allein mit seinem Schneemobil davon. Zum Abschied sagte er nur: »Das wird schon gehen.«

Ich war so verdutzt, dass ich kein einziges Wort heraus-brachte, um ihn von seiner Abreise aufzuhalten. Vielleicht hielt dieser Bursche das auch für ein ideales Training, nach dem Motto: Da muss sie jetzt durch. Bei einem leicht ver-wundeten Hund wäre das eventuell auch eine gute Idee gewesen, aber in diesem Fall?

Ich wurde fast verrückt vor Sorge, denn Harkims Puls blieb weiterhin ziemlich schwach. Auch färbte sich das Handtuch mit der Zeit rot ein. Endlich waren wir wieder im Trainingslager angelangt. Der Husky konnte sich kaum auf den Beinen halten. Ein so großer Blutverlust ist gerade im eiskalten Winter gefährlich. Mein angriffslustiger Vier-beiner brauchte drei Tage, um sich wieder einigermaßen zu erholen. Viele Vitaminpräparate halfen ihm beim Aufpäp-peln, die ich glücklicherweise dabeihatte.

Harkim ist auf diesem Quest also mein erster Ausfall – wenn man Sister nicht mitrechnet, die ich ja schon in Whitehorse zurücklassen musste. Ich hoffe sehr, dass er auch mein letzter bleiben wird, denn schließlich haben wir noch den größten Teil der Strecke vor uns.

Carmacks ist eine am Yukon gelegene Ortschaft mit vierhundertfünfzig Einwohnern. Der Name der Siedlung wurde zu Ehren von George Camarcks umbenannt, einem Entdecker der berühmten Goldclaims von Klondike. Eine hölzerne Kirchturmspitze ragt aus der kleinen Ansiedlung heraus. Es gibt hier auch das Sunset Motel, selbst ein Hotel wird hier geführt, das Carmacks Hotel. Wir Musher sind in einer Turnhalle einquartiert. Auf den Schrecken mag ich nichts mehr essen, der Appetit ist mir vergangen, obwohl es kräftig nach Steak, Gemüse und Kartoffelbrei duftet. Nur etwas Kaltes zu trinken hole ich mir von dem Versorgungsstand. Eigentlich möchte ich bei meinen Hunden bleiben, geschützt im Schlafsack. Da dieser aber nass ist, muss ich ihn zum Trocknen in die Halle bringen. Auf dem Trail kriecht man ja mit seiner kompletten Montur hinein, weshalb er zwangsläufig von innen feucht wird. Also suche ich mir unter den vielen grünen Leinenpritschen, die auf dem Boden verteilt sind, einen Platz zum Ausruhen. Sofort ziehe ich Schuhe und Socken aus. Es ist ein herrliches Gefühl, die nackten Füße aneinander reiben zu können. Während ich mir die Ringe und Seile an der Decke der Sporthalle anschaue, hänge ich meinen eigenen Gedanken nach. Zeit genug hat man ja dafür auf dem Quest.

Noch einmal muss ich heute an das Training in Tanana denken. Stevie ist in dieser klirrend kalten Region fünf Jahre alt geworden; eine Eisenbahn aus Legosteinen bekam er zum Geburtstag, die ich ihm aus Deutschland mitgebracht hatte.

Es war wunderschön, wenn ich mit ihm durch die Landschaft brauste. Dick eingemummelt, mit Wärmflaschen in der Leistengegend, leuchteten seine Augen stärker als Schnee, der in der Sonne glitzert. Mit einem Kind auf dem Schlitten fährst du ganz anders. Ich war pure Konzentration, weil ich immer darauf achtete, dass dem Jungen nichts passierte. Ich fuhr nicht einfach drauflos, war nicht so experimentierfreudig, drosselte sofort das Tempo, wenn es kritisch wurde. Nur einmal war ich nicht vorsichtig genug.

Eine Woche waren wir da schon in Tanana. Das Wetter sollte umschlagen. Aus dem jetzt noch sonnigen Himmel, so wurde angekündig, würden bald Schneeflocken fallen. Da ich aber nicht weit fahren wollte, beschloss ich Steven mitzunehmen. Die Thermoskanne mit Hagebuttentee war eingepackt, auch ein Rigel Kitkat für Steven.

»Hey Steven, macht es dir Spaß? Frierst du auch nicht?«, rief ich ihm zu.

Aus dem Schlitten hörte ich ein glückliches »Alles klar, Mama«. Während Steven dies sagte, flog ihm schon die erste Schneeflocke in den Mund.

»Mama, fängt es jetzt an zu schneien?«, fragte er weiter, während der Trottel seiner bunten Zipfelmütze hin- und herwippte.

»Ja, und deshalb muss ich die Abdeckung jetzt vom Schlitten zumachen, sonst fällt der Schnee auf dich und ich kann dich nicht mehr sehen.«

»Dann wird es aber so dunkel«. Steven fingt leicht an zu meutern. Kinder und Dunkelheit, das treffen zwei schwierige Dinge aufeinander.

»Stevie, mein Schatz, du brauchst keine Angst zu haben, ich bin doch bei dir.«

Der Schneefall wurde immer heftiger und auf den Seitenhügeln hatte ich mit Steven im Gepäck große Mühe, den Schlitten gerade über den Berg zu bringen. Immer wieder unterhielt ich mich mit Steven, um ihn abzulenken. Schließlich sollte er mir von *Susi geht zur Schule* erzählen, sein momentanes Lieblingsbuch, aus dem ich ihm jeden Abend vorlesen musste.

Plötzlich bog Sultan unerwartet ab, weil er einen Motorschlitten entdeckt hatte und diesem nun unbedingt folgen musste. Ich konnte gar nicht so schnell handeln, wie ich mit Steven im Schlitten umkippte. Da der Schnee abseits des

Trails sehr tief und zudem auch noch weich war, versank ich fast bis zur Brust. Steven war unter der Plane vor jeglicher Nässe geschützt.

»Mama, Mama, was ist passiert?«, schrie er.

»Keine Angst, Spatzi, das ist alles nicht schlimm«, tröstete ich ihn.

Mein Sohn heulte hemmungslos. So schnell ich nur konnte, wollte ich ihn aus seinem dunklen »Zelt« befreien – umgeworfen darin zu liegen, ist sicher kein tolles Gefühl. Gleichzeitig jaulten vorne die Hunde, selbstverständlich hatten sie sich bei ihrer eigenmächtigen Aktion verwickelt.

Mit aller Kraft rutschte ich an dem Schlitten herum, um ihn wieder in eine aufrechte Lage zu bekommen. Es gelang mir einigermaßen. Anschließend ging ich zu meinen Huskys, um sie aus ihrem Leinensalat zu befreien.

»Ich bin gleich bei dir, ist alles okay bei dir?«, rufe ich immer wieder zu Steven.

»Mama, ich will hier raus!«

»Klar, mein Schatz«, jetzt bin ich so weit.« Ich öffnete sofort den Schlittensack, holte meinen kleinen Sohnemann heraus, nahm ihn auf den Arm und zeigte ihm, in welcher misslichen Situation wir uns befunden hatten. Ich wollte, dass er sie versteht und sieht, dass es nicht meine Absicht war, ihn in diesen Schlamassel zu bringen. Er sollte einfach nicht böse auf mich sein.

»So, mein Schatz, jetzt geht es ab nach Hause.«

»Aber nicht die Decke zumachen«, flehte Steven mich an.

Es schneite zwar noch ununterbrochen, aber ich konnte ihn verstehen. Da der Weg nicht allzu weit war, konnte ich ihm den Wunsch erfüllen. Die Schneeflocken, die auf ihm liegen blieben, würden nicht gleich einen Schneemann aus ihm machen.

Nach einer Stunde waren wir wieder glücklich und zufrieden im Kennel, auf dem Versorgungsplatz der Hunde. Wenn man Steven nach einem Ereignis in Alaska fragt, erzählt er diese Geschichte.

Wir sind noch viele Male gemeinsam unterwegs gewesen, bei jeder Fahrt musste ich mir anhören: »Mama, aber nicht wieder umkippen.« Was auch nicht mehr passierte. Mein Sohn wird mir diesen Ausrutscher sicherlich noch in zehn Jahren vorhalten.

Was er wohl gerade macht? Vielleicht sein Lieblingsspiel nach unserem gemeinsamen Alaskaabenteuer? Da nimmt er – ganz der Allgäuer Landbub – seinen Güllewagen und spannt einen von unseren frei herumlaufenden Mischlingshunden davor. Am liebsten würde er noch einen Stuhl dazutun und sich selbst als Schlittenführer draufsetzen.

Stevie ist zu achtzig Prozent behindert. Er bekam während der Schwangerschaft Gehirnblutungen und musste für viele Wochen auf der Intensivstation sein; später noch für mehrere Wochen im Krankenhaus bleiben. Seine linke Gehirnhälfte ist kleiner, sie ist nicht mitgewachsen. Er hört auf dem einen Ohr schlecht, die rechte Kiefernhälfte bildet sich entsprechend seines Alters nicht aus. Die Ärzte befürchten, dass er in der Nacht leichte epileptische Anfälle hat, die wir gar nicht bemerken. Bald muss das rechte Auge operiert werden, auf dem er heftig schielt. Ich kann ihm nichts abnehmen. Sein Leben ist so bestimmt. Mit ihm komme ich an Grenzen, die ich sonst nirgendwo erfahren habe – nicht einmal auf dem Quest. Ein neues Leben kann ich meinem Sohn nicht geben, aber ich kann es ihm verschönern.

Anfangs konnte Stevie auch kaum laufen. Es tat so weh, ihn so hilflos zu sehen. Gleichzeitig wusste ich, ich kann ihn nicht mein ganzes Leben lang herumtragen. Ich meldete uns zur Gymnastik an; eisern zogen wir unsere Übungen durch – manchmal waren wir beide so erschöpft, dass wir nur noch weinten. Die anderen Mütter in diesem Kursus fanden mein Verhalten brutal, aber ich sah darin unsere einzige Chance. Die Mühe hat sich gelohnt. Stevie läuft heute so schnell und wild wie jeder gesunde Junge herum. Nichts deutet mehr auf seine vergangenen Gehprobleme hin.

Mein Antrieb ist, ihn so selbständig wie möglich zu erziehen. Nichts wäre schlimmer für ihn und auch für mich, als wenn er in einem Heim für behinderte Kinder leben müsste. Ich will, dass er eine normale Schule besucht, einen Beruf lernt. Ich gebe ihm deshalb so viel Freiraum wie möglich, zeige ihm einen Weg, auf dem die Natur mit ihren Tieren eine große Rolle spielt. So werden seine Sinne geschärft. Ich glaube, wir kriegen das gut hin. Bis bald, mein Kleiner, es war schön, dass du mit in Tanana warst!

Tanz auf dem Eis

Am späten Nachmittag verlassen wir Carmacks. Unser nächstes Ziel ist eine Hütte am MacCabe Creek, ungefähr vierzig Meilen ist es bis zu diesem Fluss. Trotz der langen Rast wirken meine Huskys nicht wie die großen Welteroberer. Einzig Caruso zeigt sich hochmotiviert. Der Bursche ist einfach zum Laufen geboren. Er schreit geradezu seine Vorfreude aufs Rennen hinaus und springt wie aufgezogen über den neben ihn stehenden Sultan. Der hat zum Glück Verständnis für diese Art, Dampf abzulassen. Little Buddy und Stanley kann ich heute nicht als Leithund einspannen. Eindeutig demonstrieren sie mir, dass sie zum Laufen im Lead keine Lust haben.

»Es macht mir überhaupt nichts aus, wenn du mir Caruso vor die Schnauze spannst, er versperrt mir überhaupt nicht die Aussicht«, geben mir Little Buddys bittende Blicke zu verstehen.

Stanley schaut sich nach einem Mauseloch um, in das er sich am liebsten verstecken möchte. Ich lese ihm diesen Wunsch von den Lefzen ab. Die Entscheidung ist deshalb schnell getroffen: Ich spanne wieder Caruso und Sultan als Leithunde ein. Das bedeutet eine ganz schöne Belastung für die beiden; ein bisschen tun sie mir deshalb auch Leid, aber mir bleibt keine andere Wahl.

Kaum haben wir den Checkpoint hinter uns gelassen und fahren die vorgegebene Straße hinunter, stehe ich schon vor dem ersten Problem. Oder besser gesagt: Ich

105

schlittere darauf zu. Unten befindet sich eine Kreuzung, die wir geradeaus überqueren müssen. Meine Hunde verspüren aber ein großes Interesse, nach links abzubiegen. Ich weiß auch nicht, was sie geradezu magnetisch anzieht. Die Straßenverhältnisse sind jedoch so glatt, dass ich, auf den Kufen stehend, unmöglich entgegensteuern kann. Da hilft alles nichts, ich springe schnell vom Schlitten ab und sprinte zu meinen Leadern, um sie in die richtige Richtung zu ziehen.

»Go ahead! Mein Geradeaus-Kommando ist eigentlich ziemlich eindeutig«, versuche ich meine Leader zu erinnern.

»Schon gut, Silvia, in diesem Fall magst du ja Recht haben, aber es kam auch schon mal vor, dass du die Anweisungen für ›links‹ und ›rechts‹ verwechselt hast. Hätte hier ja auch sein können«, verteidigt sich Sultan unschuldsvoll.

»Das mag mir einmal passiert sein«, weise ich den Schlaumeier zurecht, »jetzt sind mir die Kommandoworte geradezu ins Gehirn gemeißelt, verstanden!« Mit großem Ernst in meiner Stimme will ich klarstellen, Eigentouren sind meinerseits keineswegs erlaubt. Ansonsten denke ich über die kleine Unstimmigkeit nicht lange weiter nach. Ich bin froh, dass die Hunde überhaupt einigermaßen bereitwillig losgelaufen sind. Nicht besonders schnell, aber immerhin sind wir gut auf die alte Mienenstrecke rausgekommen.

Fasziniert schau ich zu, wie uns Bruce Milne mit seinen Huskys überholt. Er ist knapp hinter mir gestartet. Soweit man das jetzt überhaupt schon sagen kann, wird er es mit ziemlicher Sicherheit bis nach Fairbanks schaffen. Seine Hunde rennen mit einer solchen Leidenschaft und Versessenheit, sie werden noch alle Hindernisse mit Bravour zu bewältigen wissen – was aber, wie sich erst später herausstellen wird – mehr Schein als Sein ist. Dass er mich überholt, sollte mein Team eigentlich anstacheln, aber meine Vierbeiner lassen sich nicht wie sonst mitziehen. Immerhin kommen wir ohne besondere Vorkommnisse auf dem Yukon an. Die Sonne will sich nicht so recht zeigen, der Himmel ist von fein gewebten Schleiern überzogen. Überhaupt gibt es hier keine Wolkentürme, keine dicken Wattebäusche; entweder ist es strahlend blau oder eine Spitzendecke überzieht das Himmelsgewölbe.

Nach einer Weile auf dem Fluss führt die Strecke durch einen kleinen Wald. Die Hunde haben jetzt einen Rhythmus gefunden, der die schwächeren zu einer gewissen konstanten Aktivität animiert. Aufmerksame Läufer sind vor allem Caruso, Bebop und Stanley; zu den Bremsern gehören Little Buddy und Friendly. Der grauweiße Goofy, der mit seinen Hängeohren wie ein kleines Schweinchen aussieht (was ich ihm aber nie sagen werde), und der rabenschwarze Midnight entpuppen sich als die typischen Mitläufer, denen jede Verringerung des Tempos willkommen ist. Dennoch laufen sie besser, als ich befürchtet habe.

Immer dann, wenn alles so einigermaßen zu klappen scheint, geschieht etwas, mit dem man in diesem Moment nicht gerechnet hat. So auch jetzt. Kaum haben wir eine Kurve absolviert, werden wir mit dem nächsten Ungetüm konfrontiert. Dieses Mal ist es real: Ein Elch steht mitten auf der Spur und schaut uns unverwandt an. Meine Güte, dieses Tier mit seinen gigantischen Schaufeln ist ein wahres Monster; die Hunde können ja locker unter seinen Beinen durchlaufen! Ich brauche gar nicht zu bremsen, die Huskys sind aus lauter Respekt von allein stehen geblieben.

Diese Urviecher können ein ganzes Team kaputt machen. Von anderen Mushern weiß ich, dass sie mit ihren mächtigen Hufen Hunde tot trampeln, wenn ihnen gerade der Sinn danach steht. Ein einziger Schlag reicht dazu aus. Besonders wenn es sich bei dem Tier um eine Elchkuh handelt, die meint, ihr Kalb verteidigen zu müssen. Zum Glück sehe ich nirgends Nachwuchs.

Was tun? Reden. Ein ehrliches Gespräch unter intelligenten Zeitgenossen hat noch nie geschadet. Also los, Silvia, wenn du mit deinen Hunden quasseln kannst, dann wird es bei einem Elch auch nicht wesentlich schwerer sein, spreche ich mir Mut zu.

»Weißt du was, Elch«, fange ich leicht stotternd an, »ich komme dir nicht in die Quere, also funke auch mir bitte nicht dazwischen. Das Beste ist, du gehst mit Gott, und zwar schnurstracks wieder in den Wald hinein.«

Ich höre aus der Richtung des Elches ein Grunzen. Was hat das bloß zu bedeuten? Schnauben seine Nüstern etwa schon? Rüstet er sich für einen Kampf? Ich kann es kaum fassen, er wendet uns sein breites Hinterteil zu und verschwindet im Tannendickicht. Für einen Augenblick bin ich sprachlos. Aber nur für einen Augenblick. Ich muss ja meine Hunde aus dem Schockzustand befreien, den bei ihnen die unglaubliche Begegnung der tierischen Art ausgelöst hat.

»Hundis, der Elch tat so, als hätte er keine Lust auf eine Auseinandersetzung mit euch, aber im Grunde begriff er, gegen euch hat er keine Chance«, spreche ich auf sie ein.

Caruso schaut sich zu mir um.

»Du kannst uns nicht jeden Mist servieren, das hier hätte ganz schön gefährlich werden können«, sagen seine klugen Augen.

Langsam dämmert es. Inzwischen fahren wir auf einer Straße, die zu einem nicht mehr genutzten Truppenübungsgelände gehört. Sie ist zwar so breit, dass der Schlitten bequem Platz darauf hat, aber als ein Problem stellen sich die tiefer liegenden Stellen der Fahrbahn heraus, die vom Wasser aus den Bergen überschwemmt worden sind. Nun ist es natürlich gefroren und spiegelglatt. Caruso hasst diese Wegpassagen, die auch Overflows genannt werden, und wackelt wie auf Eiern über die wie poliert erscheinenden Oberflächen. Aus diesem Grund ist auch ein Training vor Ort so wichtig, bei dem die Hunde unter anderem lernen, auf unterschiedlichem Eis zu laufen. Und für genau solche lokalen Besonderheiten braucht man Leader, die in Kanada oder Alaska aufgewachsen sind. Ihnen machen die Overflows und das Raffeis des Yukon nichts aus.

Natürlich gibt es auch Ausnahmen. Ich hatte im Training einmal ein Buschhund, der das Eis so sehr hasste, dass er permanent ans Ufer zog, sobald wir mit dem Schlitten auf einen zugefrorenen See oder Fluss kamen. Grundsätzlich ist aber davon auszugehen, dass sich Huskys mit europäischer Abstammung nie so recht an diese hiesigen Verhältnisse gewöhnen können.

So Leid es mir auch für ihn tut, aber ich muss jetzt Caruso aus dem Lead nehmen. Sonst kommen wir einfach zu langsam vom Fleck. Außerdem will ich seine gute Lauflaune, die ich so dringend brauche, nicht wegen ein paar Overflows gefährden. Sultan bleibt als Single vorne, kein anderer Hund ist momentan motiviert genug, um diese wichtige Position entsprechend auszufüllen. Hinter ihm spanne ich Caruso als Swinger ein, er kann auch hier für Tempo sorgen; neben ihm läuft Little Buddy.

Die Straße schlängelt sich noch weitere fünfzehn Meilen bergauf und bergab. Sie ist jetzt sehr schmal geworden, von einem Luxusboulevard kann gewiss nicht die Rede sein.

Das Thermometer muss noch weitere Grade nach unten gerutscht sein, denn plötzlich fangen die Kufen unter den Overflows zu singen an. Zuerst dachte ich, da spricht jemand mit mir. Auch Sultan zeigte sich etwas irritiert. Mehrmals drehte er sich zu mir mit fragendem Blick um. Vielleicht ist der Elch wieder aufgekreuzt, mit geölter Stimme. Man fantasiert sich ja die tollsten Sachen nach so einem Erlebnis zusammen, zumal ich den Wald um uns herum nur noch erahnen kann. Das Gelände ist von der hereingebrochenen Nacht fast verschluckt worden.

Rechtzeitig bevor die Vorstellungen im Kopf zu kraus werden, fällt mir wieder ein, dass ich dieses Geräusch schon einmal beim Training vernommen habe. Nun bin ich beruhigt und lausche dem abendlichen Wildniskonzert.

Die Hunde laufen und laufen. Ich bin ausgesprochen glücklich mit meinen Jungs. Als hätte ich es verschrien, entdecke ich auf einer langen Geraden schon von weitem die Stirnlampe eines Mushers. Offenbar gelingt es ihm nicht, sein Gespann in Bewegung zu setzten. Mit nahezu telepathischen Kräften versuche ich mit meinen Hunden Kontakt aufzunehmen, ihnen zu suggerieren, dass dieses Bild vor ihnen für sie völlig bedeutungslos sei.

»Sorry, Jungs«, raune ich ihnen zu, »da vorne ist weder das Rennen vorbei – nur weil da ein Team auf dem Trail steht –, noch wollen wir jetzt mit den anderen eine gemütliche Pause einlegen. Okay, ihr würdet das vielleicht superklasse finden, aber ich bestimmt nicht.«

»Du gönnst uns gar nichts. Was du wohl getan hättest, wenn wir voll Speed auf den Elch losgegangen wären, dann hätten wir wenigsten etwas Spaß gehabt, aber so ...« Sultan blickt sich mürrisch zu mir um.

Er scheint leicht größenwahnsinnig geworden sein. Umso mehr muss ich meine draufgängerischen Jungs bei der Stange halten.

»Go ahead, doggies! Lauft schön an den anderen Hunden vorbei.« Vielleicht hilft ja ein strenges Kommando.

Leider spricht mich der Musher an. Ich kenne ihn nicht. Er ist lang und dünn und hat einen Vollbart. Normalerweise würde ich mich über jeden kurzen Wortwechsel auf dem Trail freuen, weil man immer wieder ein paar gute Tipps bekommt, zumindest eine menschliche Stimme vernimmt, die auch aufbauend und aufmunternd wirken kann. Bei den weiten Strecken des Quests wird einem manchmal doch sehr einsam ums Herz.

Nun bin ich aber leicht verzweifelt, weil ich denke, das ist auch das Aus für meine Huskys. Ich drossle die Schlittengeschwindigkeit. Keine Frage, ich werde dem Musher helfen. Eine größere Selbstverständlichkeit gibt es unter uns Schlittenführern nicht.

»Ich habe Probleme mit meinem Leader«, erzählt er mir, »sein wahres Ich als Faultier ist zum Vorschein gekommen.«

»Hänge dich an uns dran«, rufe ich ihm zu, »falls sich meiner nicht als ein plötzlich aufgetauchter Verwandter deines Leithundes enttarnt.« Sollte Sultan seine vier Beine nicht mehr in Gang setzen wollen, dann existieren gleich zwei Teams, die keine Lust mehr haben. Ich breche sofort wieder auf, damit meine Hunde gar nicht erst auf den Gedanken kommen, sie könnten mal eine Runde im Doppel aussetzen. Der Musher gibt sein Bestes, um die Hunde anzufeuern. Obwohl es seine eigenen Tiere sind, wie er mir noch erzählt, bekommt er es nicht hin, dass sie sich meinen Hunden anschließen. Es soll einfach nicht funktionieren. Seine Hunde legen sich immer wieder hin, wenn sie gerade eine Pfote vor die andere gesetzt haben.

»Sultan, ich weiß genau, dass du Anstalten machst, dem Beispiel dieser Huskys zu folgen«, pfeife ich meinen Leader zurecht, »aber schlag dir diesen Wunsch aus deinem Hirn. Bei mir wird gelaufen.«

Es wird immer klarer: Jede weitere Anstrengung – sei es

von Seiten des Mushers oder von mir – ist ein Kampf mit den Windmühlen.

»Es hat keinen Zweck, fahr bitte alleine weiter!«, ruft er mir zu.

Mit vielen Dankesbekundungen schickt mich der unbekannte Schlittenführer wieder in die Nacht.

Erstaunlicherweise haben sich meine unlustigen Vierbeiner von ihren Müdigkeitsanfällen verabschiedet. Sie geben Gas und zeigen bei den kommenden Anhöhen und Gefällen keine Erlahmungserscheinungen.

»Was hat dich denn geritten?«, frage ich Sultan, »hängt etwa über deiner Schnauze ein Lachs?«

Sultan tut so, als hätte er mich nicht gehört. »Lauffaul« scheint für ihn ein Fremdwort zu sein – wenigstens für den Moment. In meiner leichten Überdrehtheit fühle ich mich wie eine kleine Schneekönigin. Routiniert und sicher bewege ich mich durch die knirschende Landschaft. Eine unbestimmte Angst vor dem, was mich erwarten könnte, will ich mir in diesem Augenblick nicht erlauben. Die kommt noch früh genug. Wichtig ist jetzt einzig und allein, dass ich auf der imaginären Linie bleibe, die die Trailmarker miteinander verbindet.

In ungewöhnlich kurzer Zeit – wenn ich meinem Gefühl trauen kann – haben wir den Wald durchquert. Vor uns liegt wieder der Yukon, von seinem Ufer aus sieht man schon die Lichter unserer nächsten Station. Hier liegt die Midway Lodge, eine Farm, die einer Familie mit Namen Kruse gehört. Meine Freude über das nahe Ziel versuche ich auf die Hunde zu übertragen.

»Schaut mal, da drüben müssen wir hin, das macht ihr doch noch mit links«, stachele ich sie an. Natürlich verspreche ich ihnen eine weitere warme Mahlzeit und mindestens sechs Stunden Rast.

Die Midway Lodge ist zwar kein offizieller Checkpoint, aber ein Dogdrop. Das heißt, dort können Hunde, die zu krank zum Weiterlaufen sind, abgegeben werden. Mit einem Transporter werden sie dann nach Fairbanks gebracht, wo sie sich wieder erholen können. Außerdem gibt es warmes Wasser, Stroh für die Hunde, einen Schlafplatz für mich und vermutlich auch eine Unterbrechung meiner Powerriegeldiät.

Immer wieder bin ich überrascht über die ungeheuren Ausmaße des Yukon mit seinen unzähligen Nebenarmen. Fast könnte man meinen, Kanada und Alaska bestünden aus einem unendlichen Labyrinth von Flüssen. Zum Glück muss ich jetzt nicht den Faden der Ariadne suchen und aufrollen, sondern einzig das Ufer erreichen. Aber so einfach ist das nun auch wieder nicht; uneingeschränkt regiert hier die Natur, sprich das Raffeis. An manchen Stellen türmt es sich bis zu einem Meter auf – in dem Funzellicht meiner Stirnlampe muten die kristallinen Schollen wie dämonische Eispaläste an. Immerhin erleichtert mich der Gedanke, dass Huskys ein hervorragendes Nachtsehvermögen haben. Ich bin dagegen blind wie ein Maulwurf. Wenn ich mir jetzt den Schlitten durch das höllisch scharfe Eis aufschlitze oder die Kufen breche? Ich will es mir nicht vorstellen. Mir ist das schon einmal passiert. Schuld daran war zwar kein Raffeis, dafür aber ein völlig unter dem Schnee verdeckter Baumstumpf.

Die Geschichte ereignete sich in Tanana, kurz vor Weihnachten, also sechs Wochen bevor es mit diesem Rennen losging. Ich kam gerade aus Fairbanks, wo ich mich für den Quest qualifiziert hatte. Nun war endlich auch dieser Schritt geschafft, die Rennleitung hat mein Team registriert. Jan fuhr aus Spaß, er gehörte durch seine Teilnahme an dem Quest im Jahr 1996 automatisch zu dem Kreis der Startberechtigten. Fairbanks ist mit ungefähr 75 000 Einwohnern die zweitgrößte Stadt Alaskas und war um die vorletzte Jahrhundertwende ein Handelsposten für die Goldsucher. Heute ist die Stadt am Chena Rivers eine Minimetropole mit Einkaufszentren und Fastfoodrestaurants. Wir fanden, für unsere zukünftigen Formel-1-Huskys sei dieser Ort nicht die ideale Übernachtungsstätte.

Also beschlossen wir, westlich von Fairbanks nach Mainly zu fahren, um dort bei Joe Redington zu übernachten. Joe hat schon viele Rennen gewonnen und stammt aus einer berühmten Musherfamilie. Sein Vater war der legendäre Joe Redington sen., der das Iditarod-Rennen gegründet hatte. Dieses startet von Anchorage aus und führt durch eine tausend Meilen lange menschenleere Einsamkeit nach Nome, der Goldgräberstadt am Beringmeer. Das Rennen – es findet einmal im Jahr am ersten Samstag im März statt – wird zu Ehren der tapferen Männer abgehalten, die im Winter 1925 die Stadt Nome vor einer tödlichen Epidemie gerettet haben. Sie brachten in einem mörderischen Rennen gegen die Zeit das Serum gegen Diphterie. Iditarod ist der Name eines kleinen Ortes am gleichnamigen Fluss, an dem unglaubliche Goldvorkommen entdeckt wurden. Obwohl das Iditarod-Rennen noch um mindestens hundert Meilen länger als der Quest ist, gilt trotzdem Letzteres in Musher-Kreisen als der härtere Wettbewerb. Ich habe auch die Gründe herausbekommen: Zum einen gibt es beim Iditarod-Rennen einundzwanzig Checkpoints, beim Quest sind es nur acht. Für viele Musher ist das eine mentale Beruhigung. Auch ist die Anchorage-Strecke weniger anstrengend, weil es insgesamt weniger Berge gibt. Nichtsdestotrotz verdienen alle Respekt, die sich solchen Rennen stellen. Vielleicht werde ich mir selber einmal ein Urteil bilden.

Eine Einkehr bei Joe schien auch deshalb verlockender zu sein, weil dieser Alaskaner sehr gastfreundlich ist und immer ein paar Musher-Anekdoten zum Besten gibt. Außerdem hatten wir es dann nicht mehr ganz so weit, von dort aus zu unserem Trainingsstützpunkt in Tanana zu kommen.

Von Fairbanks bis Mainly mieteten Jan und ich uns einen Truck, in dem wir Hunde und Schlitten sorgfältig verstauten. Ich empfand es als richtige Ehre, Gast in Joes Blockhütte zu sein, über dessen Eingangstür ein riesiges Elchgeweih prangte.

Abends saßen wir eng aneinander um den Ofen herum und lauschten gebannt Joe's Geschichten. Wir konnten nicht genug bekommen, von verhängnisvollen Strecken, furchtbaren Schneetreiben, bei der nicht einmal die Hand vor den Augen zu erkennen ist, von Elchen, die in letzter Minute mit einem einzigen Schuss aus der glücklicherweise mitgenommenen Pistole zur Strecke gebracht wurden. Wer diesen Erzählungen zuhört, begreift, dass Schlittenrennen nichts mit den Winterreisen einer Katharina der Großen zu tun haben, bei der sich die russische Zarin nur zu gern herumkutschieren ließ, eingehüllt in wärmendem Zobel.

Natürlich will ich auch das berühmte Rezept von den »Honigklößen« wissen, die Joes Vater für seine Huskys kreierte, damit sie das Iditarod-Rennen durchstanden.

»Damals wusste man noch nicht viel über die Futterverwertung bei den Huskys«, schmunzelte Joe, »aber mein Vater landete mit seinem Instinkt einen richtigen Volltreffer. Joe Redington sen. vermengte gehacktes Rindfleisch von verschiedenen Lieferanten, Maisöl, Weizenkeimöl, Hefe, Vi-

115

tamine und Volleipulver. Lecker! Aber das Wichtigste war: Bei einer Menge, die für das gesamte Iditarod-Rennen ausreichen sollte, mischte er diesen Zutaten siebenundzwanzig Kilo Honig hinzu – echten Montana-Honig, der nie erwärmt wurde. Der große Vorteil dabei war: Honig verhinderte, dass die ›Bouletten‹ vereisten.«

Wir nahmen das, ohne zu hinterfragen, hin. Langsam wurden wir viel zu müde für weitere Fachsimpeleien. Für den nächsten Tag war ein Wetterumschwung angekündigt und schon jetzt stürmte es heftig. Doch darüber wollte ich mir in diesem Augenblick keine Sorgen machen, ich dachte nur an Steven, der mich sicher schon sehnsüchtig in Tanana erwartet. Jan hatte da schon mehr Bedenken.

»Dieser Wind! Ob wir da überhaupt über den See kommen?«, spekulierte er mit seinen üblichen ausladenden Armbewegungen.

»Das wird schon irgendwie gehen, lass uns doch darüber nachdenken, wenn wir dort sind.« Auf diese Weise wollte ich dem Bedenkenträger Einhalt geben. Das ist überhaupt mein Motto: Warum sich den Kopf über eine Situation zerbrechen, die eventuell gar nicht eintritt. Das ist für mich vergeudet Energie, die ich besser für andere Dinge gebrauchen kann.

Am nächsten Morgen konnte ich das Grundstück von Joe genauer in Betracht ziehen. Auf dem riesigen Gelände befanden sich achtzig Huskys, nicht etwa in hölzernen Hundehütten, sondern in umgekippten Wassertonnen aus blauem Kunststoff. Ein abstraktes Gemälde von Mondrian sieht nicht interessanter aus. In Alaska wird oft verwendet, was man eben gerade hat. Es wird nichts weggeworfen – man weiß ja nie, ob man eine Sache nicht irgendwann wieder für irgendwas benutzen kann. Deshalb sieht es dort oft so aus wie bei uns, wenn gerade Sperrmüll ist. Wahrscheinlich kam Joe zufällig auf diese Idee, eine Tonne als Hundehütte umzufunktionieren, als es sich ein Husky einmal darin gemütlich machte. Zudem: Eine Holzhütte muss erst hergestellt werden, die Tonne war bezugsfertig auf dem Grundstück.

Wir hatten die glorreiche Idee, meine Hunde sehr weit oben auf Joe's Gelände einzuspannen, so dass ich gleich zum Start die steile Einfahrt hinuntermusste, die mit einer scharfen Linkskurve endete. Jan richtete seinen Schlitten etwas unterhalb von mir ein. Ich war mit meinen Vorbereitungen schneller fertig als er, was aber daran lag, dass Jan noch mit jedem einzelnen Hund eine Diskussion darüber führte, wer von beiden das Sagen hätte. Joe kam in der Zwischenzeit zu mir und meinte nur lapidar: »Jans Angst ist, dass er vierzehn Bosse im Team haben könnte. Wenn er so weitermacht, stimmt das sogar auch.«

Nachdem zehn seiner Hunde im Geschirr waren, fing ich mit meinem Team an. Little Buddy kam ins Lead. Schließlich sollte er ja als Leithund fit für den Quest werden. Caruso, meinem Clown der Truppe, wurde der Nebenplatz zugebilligt. Sobald ich mit den beiden fertig war, spannte ich meine weiteren Jungs ein: Friendly und Midnight im Wheel machten den Anfang. Nach etwa zehn Minuten war ich gleichzeitig mit Jan fertig.

Jetzt konnte es losgehen. Jan gab das entsprechende Kommando, schon flog er mit seinem Schlitten und den Hunden davon. Als meine Huskys sahen, wie Jan mit seiner Crew im Schnee verschwand, wollten sie wie gewohnt sofort hinterher. Caruso schrie sich die Lunge aus dem Hals und auch die anderen sprangen in die Geschirre. Mit all ihrer Kraft versuchten sie den Schlitten in Gang zu setzen, konnten ihn aber nur ruckweise nach vorne bringen.

»Hey, was ist denn los? Es wird langsam Zeit, dass wir in die Hufe kommen! Schwerer als sonst kann der Schlitten ja auch nicht sein!« Caruso schaute mich eindringlich ein.

Es dauerte eine Weile bis ich begriff: Ich hatte vergessen, den Schlittenanker aus dem hart gefrorenen Schnee zu reißen. Die hochwirbelnden Eiskristalle wurden sofort vom heftigen Wind verweht. Der Schlitten tat einen Satz nach vorne, hing aber immer noch an einer Leine, die ich zur Sicherheit mit einem Spezialknoten um einen Birkenbaum gelegt hatte. Diese Technik ist für einen Musher wichtig, denn er braucht eine Befestigung, die der Urgewalt von zwölf tobenden Schlittenhunden standhält, aber trotzdem leicht und schnell zu lösen ist – etwa bevor diese Meute den Baum ausreißt. Ich brauchte keine Kommandos zu geben, meine Crew schoss schon von selbst los. Allerdings würde diese Euphorie nur so lange anhalten, wie die Vierbeiner Jan noch sahen.

Ich fuhr die Abfahrt rasant hinunter, eindeutig zu rasant. Mir wurde blitzartig klar, dass ich in diesem Tempo niemals um die Kurve käme.

Aber bevor ich den Satz zu Ende gedacht hatte, flog ich schon mit einem Mordsruck wie eine Turnerin am Barren über die umgedreht U-förmige Schlittenstange, die Handlebar, an der ich mich normalerweise festhalte. Mit großem Schwung landete ich auf dem voll bepackten Schlitten. Hundertfünfzig Kilogramm unter mir. Schnell versuchte ich mich aufzurappeln und zu den Hunden zu schauen, ob mit ihnen auch alles okay wäre. Ich traute meinen Augen kaum: In gestrecktem Galopp sah ich zehn Huskys davonrasen – allerdings ohne Schlitten. Lediglich Midnight und Friendly lagen vor mir im Schnee und schauten genauso belämmert drein wie ich.

Was auch immer diesen Unfall ausgelöst hatte, das Hindernis musste eine gewisse Größenordnung haben. Ich rief sofort nach Joe und seiner Frau Susan, die aber bereits reagiert hatten. Joe war schon auf seinen Motorschlitten gesprungen und raste den Hunden hinterher.

Was da alles passieren konnte, wenn zehn aneinander gebundene Huskys im vollen Tempo allein losstürmen! Das ist schlichtweg der Alptraum eines jeden Mushers. Ich durfte mir nicht ausmalen, was ihnen vielleicht zustoßen würde. Allerdings hatte ich die winzige Hoffnung, dass Jan noch nicht so weit gekommen wäre. Spätestens wenn die Hunde auf ihn stießen, würden sie anhalten. Sofern sie nicht wegen irgendeiner interessanten Witterung eine andere Richtung einschlugen ...

Ich kümmerte mich inzwischen um die beiden mir verbliebenen Vierbeiner. Midnight, der schwarze Alaskan Husky, schien in Ordnung zu sein; er hatte sich wohl nur ordentlich erschrocken. Auch an Friendly konnte ich keine ernsthaften Blessuren entdecken, seine Mimik verriet nur, dass er etwas benommen war. Kein Wunder. Nur sein Halsband war zerrissen, ebenso die Neckleine, was bei diesem Gewusel ein Glück war. Wie leicht hätte er sich selbst drangsalieren können.

Jetzt hatte ich auch Zeit, um nachzuschauen, was den Schlitten so abrupt bremsen ließ. Die Antwort war simpel: Ein spitzer Baumstumpf, der unter dem Schnee verborgen geblieben war, hatte sich zwischen den Schlittenboden und das vordere Gestänge gebohrt. Dieser Keil war nicht nur dafür verantwortlich, dass die Zugleine entzweiging, sondern er war auch die Ursache für einen Bruch des Holzes an der linken Verbindungsleiste des Schlittens – was wir jedoch erst später in Tanana feststellten.

Joe holte die Huskys mit dem Motorschlitten ein – sie waren tatsächlich nur bis zu Jan gelaufen. Zusammen mit ihm packte Joe das Rudel fest an, damit sie sich nicht noch einmal von allein auf die Socken machen würden. Susan kam derweil zu mir zurückgelaufen und rief mir zu, ich sollte mit meinem Schlitten zu ihnen kommen. Das war leichter gesagt als getan. Schließlich hing mein voll bepackter Schlitten immer noch wie aufgespießt an diesem blöden Baumstamm und rührte sich nicht von der Stelle. Ich ruckelte so lang an ihm herum, bis er sich endlich löste. Das abgerissene Ende der Zugleine über der Schulter feuerte ich nun Midnight und Friendly an: »Hey doggies, come on, helft mir mal ziehen!«

Ich freute mich unbändig, als ich sah, dass sie sich tatsächlich ins Zeug legten. Bald näherte ich mich auch den anderen, die eine halbe Meile entfernt warteten. Für sie bot ich mit großer Sicherheit einen erbärmlichen Anblick: Da kam ich nun mit meinem schweren Schlitten an, mühsam gezogen von zwei Huskys.

Jetzt galt es, die Ausreißer wieder im Schlitten einzuspannen. Dazu brauchte ich eine neue Zugleine, denn es wäre wenig sinnvoll gewesen, einfach einen Knoten in die gerissene Leine zu machen und anschließend weiterzufahren. Die Kräfte, denen eine solche Leine standhalten muss, hatte ich ja eben nur zu deutlich am eigenen Leib zu spüren bekommen. Zudem hatten wir keine geringe Strecke vor uns. Ich wusste auch, dass der Trail nach Tanana über mehrere Seen führte und es ganz schön in sich hatte.

»Jan, die Zugleinen für Notfälle hast du eingepackt. Bei mir sind nur die Neckleinen«, gab ich meinem Sportskameraden zu verstehen.

»Silvia, die habe ich ganz unten im Schlitten. Wie soll ich da jetzt rankommen?«, bekam ich zur Antwort.

»Na toll, da gehören sie ja auch hin«, brummelte ich halb laut vor mich hin.

Joe durchwühlte seine Bestände, die er im Snowmobil verstaut hatte. Wir hätten sehr viel Zeit verloren, bis Jan auf den Grund seines Schlittens gestoßen wäre. Joe fand einige Leinenteile, die sich mit den Resten der Zentralleine verbinden ließen. Wir schafften es mit diesem Provisorium, sowohl die Hunde miteinander, als auch den Schlitten wieder mit der Zentralleine zu verbinden.

Trotzdem war mir ziemlich mulmig zumute. Auf einer Strecke von achtzig Meilen waren mir schon nach wenigen Metern zehn Hunde abhanden gekommen und mehrere Leinen gerissen. Und irgendwie beschlich mich auch das Gefühl, dass mein Schlitten schwerer manövrierbar geworden war. Was ich nicht nur auf die Ersatzkonstruktion meiner Zugleine zurückführte. Plötzlich spürte ich den eisigen Wind, der kalt über mein Gesicht strich.

»Ein Spaziergang wird das nicht«, bemerkte ich.

»Hab ich dir doch schon gestern prophezeit«, konterte Jan.

Ich sah die Seen schon als spiegelblanke Eisflächen – perfektere Schlittschuhbahnen wären in diesem Augenblick nicht vorstellbar. Aber für vierbeinig betriebene Schlitten? Und der böige Wind würde sicher jeden Segler glücklich machen! Ich konnte mir unter diesen Umständen schon ausmalen, wie sich der Schlitten immer wieder unweigerlich vor die Hunde schieben würde. Aber hatte ich nicht gerade erst gestern abgelehnt, mir schon im Vorfeld den Kopf zu zermartern, über das, was – von jetzt ab gerechnet in drei Stunden – über mich einbrechen könnte? Normalerweise ist ja der Weg für mich das Ziel, in diesem Fall war es aber Stevie, den ich am Abend unbedingt in den Armen halten wollte.

Allen Widrigkeiten zum Trotz gelang mir dieses auch.

Mit den vereisten Seen kam ich besser zurecht, als ich gedacht hatte. Nur bei einer Abfahrt an einem Seitenhang stürzte ich schwer. Der beladene Schlitten zog mit rasender Geschwindigkeit nach unten, man hatte das Gefühl, im Tal würde sich ein Magnet befinden. Männer sind bei diesen Hängen im Vorteil, weil sie den Schlitten in einem Kraftakt seitlich hochdrücken können. Ich bin dafür viel zu leicht. Die einzige Technik, die ich beherrschte, um das Gefährt auszubalancieren, bestand darin, dass ich mich seitlich wie beim Surfen hängen lassen musste. Dabei stellte ich mich aber so ungeschickt an, dass ich den Abhang herunterfiel. Als Folge davon zog ich mir einen Bandscheibenvorfall zu. Wie ich da mit verzerrtem Gesicht im Schnee lag, fiel mir ein, was mir Joe gestern Abend noch erzählt hatte: »Wenn du einen Musher dabei ertappst, wie er sich verstohlen eine Schulter oder ein Gelenk massiert, dann erwacht da ein alter Schmerz, von dem er kein Wort verrät. Ich kenne einen, der den Spitznamen ›der Mann mit den fünfunddreißig Knochenbrüchen‹ hat.«

So weit war es jetzt noch nicht. Nur mit Jans Hilfe kam ich noch an diesem Tag in Tanana an. Als wir später entdeckten, dass der Schlitten zudem gebrochen war, bekam ich nachträglich noch weiche Knie vor Schreck. Wäre dieser Schaden von einem von uns auf dem Gelände von Joe Redington bemerkt worden, jeder hätte mir wohl dringend von einer Weiterfahrt abgeraten – zu Recht.

Auf dem rauen und scharfkantigen Untergrund wie hier auf dem Yukon ist es wichtig, dass die Hunde nicht in Eislöcher treten. Schon die kleinste Schnittwunde an den Pfoten kann zu einer Entzündung führen, die den Vierbeiner schwächt und seine Laufmotivation einschränkt. Bei diesem Tanzwirbel übers Eis versuche ich mit meinen Augen überall gleichzeitig zu sein: auf der vor uns liegenden Strecke, bei jedem einzelnen Hund und immer wieder auch bei den flirrenden Lichtern unseres Ziels.

Soweit ich kann, verlagere ich das Gewicht im Schlitten, um das schwere Gefährt so gut es geht in Ideallage zu halten und möglichst sanft über Buckel und Eiskanten zu steuern. Den Huskys gefällt der Trailabschnitt. Sie scheinen zu ahnen, dass ihnen eine Rast winkt.

Während wir laut rumpelnd über den zugefrorenen Fluss fegen, registriere ich etwa zehn Meter neben uns fließendes Wasser. Zu Anfang des Rennens hätte mich das wahrscheinlich in leichte Panik versetzt – jetzt nehme ich es nur noch zur Kenntnis. Dabei handelt es sich nicht um ein vereinzeltes Loch in der Eisdecke. Nein, das hier ist offen dahinfließendes Gewässer. Ein dunkler Abgrund. Mehr als einen verstohlenen Blick aus den Augenwinkeln kann ich dafür nicht erübrigen. Mir bleibt einfach keine Zeit, mich zu fürchten, weil ich mich auf die nächsten harten Sprünge übers Raffeis konzentrieren muss. Ein gebrochener Schlitten lässt sich zur Not irgendwie zusammenflicken – auch wenn es sehr ärgerlich wäre –, bei einem verletzten Hund geht das nicht so leicht. Deshalb gehört meine Aufmerksamkeit jetzt vor allem den Hunden. In der Art, wie ich die Gefahren mental abwäge, merke ich, dass ich mich schon fast wie ein »alter Hase« fühle.

Auf Raffeis scheinen die Vierbeiner immer noch einen Zahn zulegen zu wollen. Vielleicht empfinden auch sie diese Gegebenheit als eine besondere Herausforderung. Mir macht das Dahinrasen jedenfalls Spaß, obwohl es enorm viel körperliche Anstrengung kostet. Ich muss den Schlitten hoch- und runterdrücken, ihn gegen die unverwüstlichen Kräfte der Natur ausgleichen.

Die Farm kommt immer näher.

»Gleich habt ihr es geschafft, Jungs«, rufe ich meiner Mannschaft übermütig zu. »Wunderbarst gefüllte Näpfe warten auf euch Topfschlecker!«

Es ist nicht möglich, direkt auf das Anwesen zuzufahren. Mit aller Wahrscheinlichkeit liegt vor uns offenes Wasser. Also legen wir noch zwei große Bögen aufs Eisparkett und nähern uns der Einkehr quasi im Zickzack. Riesige Weiden umringen die Farm in einem Halbkreis, hier hat jemand einen ganz eigenen Geschmack. Auf dem großen Platz vor dem Wohnhaus werden wir von Martin Kruse, dem Hausherrn, freundlich in Empfang genommen. Er führt mich auch zu einem Lagerplatz für meine Hunde. Wer mag wohl vor mir hier seine Hunde versorgt haben?

»Wir sehen uns beim Essen wieder«, verabschiedet sich der gemütlich aussehende, etwas zur Korpulenz neigende Mann mit den für diese Region ungewöhnlich weichen Gesichtszügen.

Anschließend absolviere ich mein typisches Rastprogramm: Booties ausziehen – heute trugen wir Rot –, Snacken, Pfotenkontrolle, Futter zubereiten. Das alles mache ich inzwischen in einer festen Reihenfolge, von Mal zu Mal optimiert, ohne noch großartig darüber nachzudenken. Erst als meine Hunde versorgt sind, gehe ich in die Küche des Wohnhauses.

Listen sind hier ausgehängt, auf denen die Musher eingetragen sind, die vor mir hier waren; selbst wie lange sie gerastet haben, kann ich an diesen nachlesen. Acht Stunden Pause machten Frank Turner und William Kleedehn – es beruhigt mich, dass die Superprofis sich so viel Zeit nahmen. »Okay, dann kann ich das guten Gewissens auch tun«, sage ich mir. Die erfahrenen Musher wissen vermutlich, dass die nächste Etappe ein hartes Stück Arbeit sein wird, für die die Hunde alle verfügbaren Energien brauchen.

Mein Doghandler ist mal wieder nirgends zu sehen. Langsam wird mir Curt ein Rätsel. Bevor ich weiter darüber grübeln kann, tritt der Tierarzt an mich heran. Er hat gerade meine Hunde untersucht; sein erfreuliches Urteil lautet: »Alle sehen sehr gut aus. Mit ihnen sind in nächster Zeit keine Probleme zu erwarten.« Dass er sich in diesem Punkt irrt, kann zu dem Zeitpunkt noch niemand ahnen. Ich bin erst mal überglücklich, dass ich schon so weit gekommen bin.

»Wie wäre es jetzt mit einer wunderbar heißen Suppe?« Martin Kruse hält mir einen dampfenden Teller vor die Nase. Dankbar löffle ich die Stärkung auf, während er mir Gesellschaft leistet. Er lebt seit zwanzig Jahren auf dieser Farm, zusammen mit seiner Frau und vier Kindern − meist sehr abgeschieden, wenn nicht einmal im Jahr ein paar verrückte Musher bei ihm reinschneien. Mit seinem blau karierten Hemd und den knallgrünen Hosenträger sieht er fast wie ein Märchenonkel aus − der sauerkrautartige Bart verstärkt diesen Eindruck noch −, doch seine Denkweise finde ich wunderbar.

»Warum lebst du hier draußen so einsam?«, will ich von ihm wissen.

»Meine Frau und ich haben uns bewusst für diese Lebensweise entschieden«, bekomme ich zur Antwort. »Wir möchten nicht, dass unsere Kinder in der Stadt aufwachsen, mit zwei berufstätigen Eltern. Sie versäumen dabei so viel, ohne dass es ihnen überhaupt klar wird.«

»Du sprichst mir da aus dem Herzen. Ich habe ein behindertes Kind, Steven heißt es, das immer nur draußen bei uns auf dem Land herumspielt. Ich habe beobachtet, dass er sich zu einem richtig selbständigen Menschen entwickelt, der nicht so schnell resigniert, auch wenn er merkt, dass er nicht so ist wie die anderen Kinder um ihn herum.«

»Es stimmt, was du sagst. Die Natur verändert die Menschen. Ich erlebe selten, dass meine Kinder quengelig sind, sie kennen kaum Langeweile. Immer müssen sie sich um etwas kümmern, um unsere Tiere, das Holz und um sich selbst. Aber dir wünsche ich viel Kraft für dein Kind.«

»Im Sommer lade ich oft Kinder aus der Stadt auf meinen Bauernhof ein. Es ist einfach toll zu sehen, wie sie aufwachsen und kaum noch im Haus zu halten sind, wo sie doch vorher in ihrer Freizeit nur vor dem Fernseher gehockt haben.«

»Vielleicht ziehen meine Kinder einmal nicht von hier fort, wie all die anderen Jugendlichen aus dieser Gegend. Den meisten ist es hier zu öde.« Martins Stimme ist melancholisch geworden. »Das ist jedenfalls mein größter Wunsch. Es ist schrecklich, wenn auf den Farmen nur alte Menschen sind.«

Martin und ich sind uns in unseren Einstellungen gegenüber Kindern und Natur sehr ähnlich. Es ist doch immer wieder erstaunlich, was für ungewöhnliche Menschen ich auf diesem Quest begegne.

Martin räumt meinen Teller ab, währenddessen rolle ich meine Isomatte auf und mache es mir auf ihr in einer hinteren Ecke gemütlich, um ein, zwei Stunden zu schlafen. Bei einer Dauerbelastung wie dem Quest denkt man immer, man wäre eigentlich so müde, dass man locker acht Stunden durchschlafen könnte. In der Praxis schafft man das aber nicht, selbst wenn man – wie ich bei dieser Rast – die Zeit dazu hätte. Offenbar steckt einfach zu viel Adrenalin im Körper. Oder es ist die pure Lust am Rennen, wie bei den Hunden ...

Ich schlafe etwa eineinhalb Stunden und stehe dann

wieder auf. Der Musher mit dem streikenden Leader, dem ich auf dem Weg hierher nicht helfen konnte, ist inzwischen eingetroffen. Bruce Milne will aber nach der Suppe sofort weiter. »Die Hunde hätten unterwegs schon genug gerastet«, meint er ironisch. Das kann ich verstehen, denn manchmal muss man es einfach ausnutzen, wenn die Vierbeiner einen guten Rhythmus haben, auch wenn man selbst eine Verschnaufpause vorziehen würde.

»Warst du schon mal Vegetarierin?«, fragt mich Bruce, der voller Genuss die Rindfleischbrocken aus der Suppe löffelt?

»Nein, niemals«, sage ich. Wie kann man darauf kommen, wenn man Hunde hat und sie mit Fleisch füttert? Oder sollen sie dann auch nur noch Flocken essen?«

»Ich war zwei Jahre Vegetarier. Die schlimmste Zeit meines Lebens. Immer diese Tofusteaks. Grässlich.« Von dieser Erinnerung überwältigt, verstummt der große, hagere Kerl für einige Momente. »Jetzt esse ich wieder Rind und Schwein, obwohl es noch genüg Fleischskandale gibt.«

Ich bleibe dem Alaskaner eine Antwort schuldig, weil in dem Moment Connie auf mich einstürmt.

»Lass mal fühlen! Bist du noch dünner geworden?«, Connie knufft mich in die Rippen. »Ich kanns einfach nicht fassen, dass du Hering diese Tour mitmachst. Aber Spaß beiseite, ist alles bei dir gut gelaufen?«

»Optimal«, erwidere ich, »für mich hätte es nicht besser sein können.«

»Na, dann wollen wir uns mal den wirklich wichtigen Dingen im Leben zuwenden.« Connie lacht.

»Und das wäre?«

»Du denkst nur ans Fahren und an deine Hunde. Es gibt aber auch Männer. Und die Liebe beispielsweise.«

»Sag bloß, du hast dich in einen dieser Musher verguckt?

Ist es etwa der Vietnamveteran? Oder der kanadische Trapper mit den feuerroten Strohhaaren? Gar dieser Waldschrat aus Anchorage?«

»Wie kommst du darauf? Bei mir ist in dieser Hinsicht alles gelaufen. Das mit meinem Mann hat mir gereicht. Na ja, fast alles. Gerade habe ich einen Typen kennen gelernt, der seine stinkigen Socken sogar selber wäscht und nicht nur sich, sondern auch mir ein Bier holt.«

Das war wohl auch das Stichwort für Bruce zu verschwinden. Mit einem Winken verabschiedet er sich von uns.

»Also, was dann? Welcher Klatsch kursiert gerade?«, will ich nach dieser kleinen Unterbrechung wissen.

»Du hast doch in Whitehorse diese Kyla Boivin kennen gelernt. Dieses junge Ding mit den weizenblonden Haaren, die einer Barbie alle Ehre machen würde. Sie muss gerade achtzehn sein. Unsere jüngste Teilnehmerin am Quest.«

»Ja, und? Was ist mit der?« Neugierig bin ich nun doch geworden.

»Na, die hat so eine heftige Affäre mit Hughes Neff.«

»Etwa der, der wie Che Guevara aussieht, nur ohne Bart? Ist ja auch nicht so ungewöhnlich, eine Liebschaft auf dem Trail. Der eine ist einsam, der andere ist einsam ... Da passiert halt so was in der freien Wildbahn.«

»Ob das freiwillig war, bezweifle ich. Unter normalen Umständen hätte sie diesen Amerikaner mit seinem Stirnband und den langen strähnigen Haaren bestimmt nicht angelacht. Auch könnte er fast ihr Vater sein; immerhin ist er sechzehn Jahre älter. Nun hat sie zusätzlich den Salat, dass sie ihn mitziehen muss, sonst kommen seine Hunde überhaupt nicht voran.«

Connies erfrischende Ehrlichkeit ist besser als jeder Energieriegel.

»Jetzt muss ich mich aber eine Runde hinlegen«, meint sie, »so komfortabel mit Heizung und Toilette werde ich es in der nächsten Zeit nicht haben.«

Auch ich verziehe mich wieder auf meine Isomatte. Zufrieden gehe ich die vergangene Strecke noch einmal in Gedanken durch. Keine Minute möchte ich davon missen.

Viele Tränen und ein Mord

Es ist für mich Zeit, diesen kommunikativen Ort zu verlassen. Ich war jetzt sieben Stunden am McCabe Creek – das muss reichen. Meine Hunde sind da anderer Ansicht, vor allem Friendly. Selbst beim Klappern der Futterschüsseln zeigt er keinerlei Reaktion, tief bleibt seine Nase im Schwanz vergraben. Er ist eben kein echter Rennhund, sondern eher der Typ »Komm ich heute nicht, komm ich eben morgen, und schaff ich mein Ziel mal nicht, macht es auch nichts«.

»Friendly, es hilft alles nichts, du musst wieder in die Puschen«, gebe ich ihm mit Nachdruck zu verstehen.

Würde ich ihn hier lassen, dann wären es nur noch zehn. Sollte ich aber quasi freiwillig, das heißt ohne Anordnung oder Empfehlung eines Vets auf einen weiteren Hund verzichten? Ein Hund weniger, das hat natürlich Auswirkungen auch auf das gesamte Gespann, zumal Friendly ein kräftiger Bursche ist. Wenigstens jetzt noch. Wenn er weiterhin sein Futter verächtet, dann kann sich das aber schnell ändern. Und ein schwächelnder Läufer kann ein ganzes Team demoralisieren. Was wäre schlimmer?

Ich entscheide mich, ihn mitzunehmen: »Come on, boys! Go! Weiter geht's!« Wir kommen ganz gut raus, vor dem Haus von Martin verläuft eine Landstraße, aber schon nach fünfhundert Metern fängt Friendly extrem an zu bremsen. Das bleibt nicht ohne Konsequenz bei Goofy, meinem zweiten Wheeler. Heute sieht der weiße Alaskan Husky mit seinen Schlappohren wie ein zu klein geratener ungarischer Hirtenhund aus. Vorher hatte er mich ja mehr an ein Schweinchen erinnert. Da Goofy sich auch nicht durch einen besonders starken Charakter und großen Leistungswillen auszeichnet, sind ihm Friendlys Störmanöver höchst willkommen. Schon lässt er sich gleich mit hängen.

Was für eine Chance habe ich da? Caruso ist wie immer ein Ausbund an Lauffreude, aber ein motivierter Hund macht den Kohl nicht fett. Ich merke, dass ich mich herausgefordert fühle. Auf keinen Fall will ich nach ein paar hundert Metern gleich wieder aufgeben. Das wäre doch gelacht. Noch weitere fünfhundert Meter, dann fängt ein Waldgebiet an und der Dogdrop wird nicht mehr zu sehen sein. Wenn ich die Rasselbande bis dahin gebracht habe, müsste sie eigentlich wieder laufen, spekuliere ich. Jetzt renne ich erst mal nach vorne, um die Hunde der Reihe nach wieder hochzuziehen. Inzwischen sind sie nämlich wie die Dominosteine einer nach dem anderen auf den kalten Boden geplumpst. Sogar meine Leader, Caruso und Sultan, muss ich mit Engelszungen davon überzeugen, dass Laufen das Allertollste ist. Zu dumm, es geht an dieser Stelle nicht einmal bergab! Vielleicht hilft das: Ich packe Goofy kurzerhand in den Schlitten. Soll er doch im Logenplatz mitfahren, vielleicht spornt das meine Hunde wieder an, keinen Miesepeter mehr unter sich zu haben. Eine Hundecrew ist nur so schnell, wie der langsamste Hund im Gespann es zulässt.

Ich hätte auch Friendly nehmen können; mein inneres Gefühl entschied sich aber für Goofy. Am liebsten würde ich beide aus dem Gespann nehmen, aber zusammen haben sie keinen Platz auf dem Schlitten. Das bedeutet für die anderen Huskys, fünfundzwanzig Kilo mehr ziehen, mit einer »Hundestärke« weniger. Zumindest ist jetzt Friendly in einer isolierteren Position und ich bleibe nicht mehr auf dem Fleck kleben. Weil es mehr denn je auf den einzelnen Hund ankommt, will ich auf der vor uns liegenden Etappe versuchen, noch genauer auf die kleinsten Anzeichen einer körperlichen Erschöpfung zu achten. Bei Schlittenhunden, die müde werden, fängt die Tugleine an durchzuhängen. Man sollte ihnen dann eine Auszeit gönnen, eine längere Rast ist deshalb aber noch nicht notwendig.

Es ist auch vollkommen in Ordnung, wenn ein Vierbeiner sich mal für eine halbe Stunde nicht voll ins Zeug legt. Danach sollte er sich allerdings so weit erholt haben, dass er wieder mit ganzer Kraft zieht. Hängt allerdings die Tugleine extrem durch, muss man dem jeweiligen Hund eine richtige Pause gönnen. Steht gerade keine Rast an, gibt es nur eine Maßnahme: den Erschöpften aus dem Team zu nehmen und ihn in den Schlittensack einzubetten. Nun hat er das Glück, für eine Weile Taxi zu fahren und sich richtig auszuruhen. Eine solche Verschnaufpause für einen Husky ist für den Musher noch kein Grund zur Sorge; bedenklich wird es erst, wenn ein Hund von einem Moment auf den anderen einfach zu straucheln anfängt. Auch bei bestens trainierten Vierbeinern kann es mal passieren, dass ihr Kreislauf rapide in den Keller absackt. Bei einem solchen Notfall muss man sofort handeln. Gott sei Dank ist mir dieses in sechzehn Jahren Hundeschlittenfahren erst einmal untergekommen. Ich hielt damals auf der Stelle an, kontrollierte, ob die Lefzen rosig waren – was auf Kreislaufprobleme hingedeutet hätte –, und fühlte den Puls unter den Achseln der Vorderbeine. Anschließend träufelte ich auf einen Snack ein Kreislaufmittel, das man als Musher immer dabeihaben sollte. Für diesen Husky hieß es dann: Ab in den Schlitten und erst mal wieder zu Kräften kommen.

Wir fahren unermüdlich weiter. Mensch und Hund geben bei diesem Rennen ihr Äußerstes. Manche Tierschützer kritisieren den Quest, was ich aber nicht nachvollziehen kann. Im Mittelpunkt steht einzig und allein das Wohl des Hundes; nie habe ich beobachtet, dass ein Husky gequält wird.

Links von uns verläuft die Landstraße, der Trail wie ein Fahrradweg parallel daneben. Die schneebedeckte Fahrbahn wirkt unberührt, kein Auto hat seine Reifenspuren in ihr eingegraben. Kleine weiße Flocken wirbeln umher, die sich in meinen dunklen Locken verfangen. Meine Parkakapuze habe ich nur sehr halbherzig über meinen Schopf gezogen, mir ist einfach zu warm. Von hinten höre ich nun einen Truck herankommen. Unmittelbar neben meinem Schlitten fährt er langsamer. »Willst du uns einen Hund mitgeben?«, fragt mich der Fahrer.

Offenbar ist ihm nicht entgangen, dass ich Probleme habe. Jetzt schon? Mein erster Gedanke ist ein klares »Nein«. Oder sollte der Truck ein Zeichen für mich sein? Ich stehe vor einer verdammt schweren Entscheidung.

»Danke, aber ich kriege das schon hin«, schreie ich zurück und hoffe im Stillen, mich nicht zu irren. Goofy ist doch gerade vom Tierarzt für okay befunden worden, auch kann ich keine Krankheitssymptome an ihm entdecken. Der Fahrer zuckt die Achseln und winkt mir noch einmal kurz zu, bevor er wieder einen schnelleren Gang einlegt. Zu diesem Zeitpunkt kann ich noch nicht wissen, dass Goofy die gesamte Etappe über im Schlittensack zurücklegen wird – er ist tatsächlich nicht gesund.

»Come on! Come on, Friendly!« Mit lauten Zurufen versuche ich meinen psychisch geschwächten Wheeler zu motivieren. »Mit jedem Bären kannst du es aufnehmen, wenn du nur wolltest. Die Muskeln von Arnold Schwarzenegger sind gegen deine geradezu Pudding.«

Ob das nun geholfen hat, sei dahingestellt, jedenfalls scheinen auch seine Teamkollegen ihn auf ihre Art anzuspornen.

»Lass uns nicht im Stich, wir müssen schon Goofy mit auf unsere Schultern nehmen; so leicht ist der auch nicht«, brummt ihn Sultan bittend an.

»Das habe ich auch schon kapiert«, knurrt Friendly zurück. »Der zappelt und rutscht da hinten rum; jede Futterkiste hat bessere Manieren und bleibt wenigstens ruhig auf ihrem Platz.«

»So weit soll es ja auch nicht mehr bis Pelly Crossing sein«, ermuntert Sultan weiter seinen Schlittengefährten, »das sagt wenigstens unsere Chefin.«

»Hat die ne Ahnung«, mault Friendly. »Mich würde nicht wundern, wenn die Dame da hinter die Strecke unterschätzt.«

»Sei nicht so hart mit ihr. Möchtest du lieber im Gespann von irgend so einem verrückten Vietnamveteranen sein?«, mischt sich Caruso ein. »Der würde mit uns durch den Busch preschen, als ginge es jede Minute um Leben und Tod. Nein, danke.«

Friendly hat Recht, ich habe wirklich nicht die geringste Vorstellung davon, wie wir die Strecke nach Pelly Crossing in den Griff kriegen sollen. Ein gewisser Trost ist für mich die gerade anbrechende Morgendämmerung. Bei Licht sieht vieles nicht mehr ganz so dramatisch aus, wie es einem im Dunkeln vielleicht noch erschien. Sicher ist zumindest: Der Tag wird wieder traumhaft schön, mit Sonne und knallblauem Himmel. Vor uns flattern Schneehühner auf, man erkennt sie kaum im Schnee, so weiß sind sie. Meine Vierbeiner ziehen mit Geheul hinterher, vielleicht könnte man mit dem einen oder anderen das Frühstück abwechslungsreicher gestalten. In den Wipfeln der Tannen, die den

Straßenrand säumen, zwitschern kleine Vögel. Ich weiß nicht, wie sie heißen, aber eine Ähnlichkeit mit unseren Spatzen ist nicht zu leugnen. Beim Snacken haben sich diese Artgenossen schon des Öfteren in unsere Nähe gewagt, Reste vom Lachs scheinen sie besonders gern zu mögen. Die Welt ist doch so wunderschön, denke ich. Und stelle mit Erstaunen fest: Ich habe Frühlingsgefühle – und das bei minus zwanzig Grad.

Nach einigen Meilen verlassen wir die Straße und biegen rechts in ein Waldgelände ein. Plötzlich ändert sich meine Stimmung schlagartig. Dieser Wald ist nicht so wie die anderen, die wir bislang durchquert haben. Ich fühle zum ersten Mal in einer nordischen Landschaft so etwas wie Beklommenheit. Keine Spur von Grün ist zu entdecken. Das hier ist ein Geisterwald. Die Bäume stehen wie Scherenschnitte vor dem hellen Himmel, nirgendwo an den Ästen sind Nadeln.

»Guten Tag«, sage ich zu den unheimlichen Gestalten. Eine freundliche Ansprache hat schon manchen Menschen vor dem Tod gerettet. Ob dies auch in unwirtlichen Mondlandschaften seine Gültigkeit hat, ist mir bislang nicht bekannt geworden. Man muss wenigstens den Versuch unternehmen. Zum Glück bin ich nicht allein, sondern in Begleitung von zehn ausgewachsenen Huskyrüden, deren Ohren wie Weltraumantennen funktionieren – das jedenfalls will ich mir jetzt einreden.

Aufmerksame Hunde sind an ihren Ohren zu erkennen. Beim normalen Lauf ohne etwaige Vorkommnisse sind sie angelegt. Sobald ich ein Wort wie »okay« sage, heben meine Hunde ein Ohr, wohlgemerkt nur eines. Spreche ich meine Leader mit Namen an, richten sie auch das zweite Ohr auf. Anschließend gebe ich das Kommando für einen Richtungswechsel oder zum Stehenbleiben. Haben die Vierbeiner das gewünschte Manöver ausgeführt, lauschen sie mit nach wie vor aufgestellten Ohren dem obligatorischen Lob. Erst danach werden die Ohren wieder angelegt.

Sobald ich sehe, dass ein Husky ohne für mich erst mal erkennbaren Grund die Lauscher spitzt, muss ich den Hund mit Namen ansprechen und ihn fragen, was los ist. Je besser ich meine Vierbeiner kenne, umso eher weiß ich Bescheid, ob uns in der nächsten Kurve ein Mensch oder ein Hase erwartet.

Sämtliche Huskyohren deuten auf nichts Ungewöhnliches hin. Später erzählte man mir, dass in diesem Waldstück im vergangenen Sommer ein furchtbares Feuer gewütet hat. Angesichts der jetzigen Temperaturen kann ich mir das nur schwer vorstellen.

Auch wenn mir die Umgebung hier ausnahmsweise nicht gefällt, ist der Trail gut zu fahren. Nur hin und wieder tauchen kleine Senkungen mit Overflows auf, über die aber mein Schlitten ohne Schwierigkeiten hinüberrutscht. Wenn nur dieser tote Wald endlich ein Ende nehmen würde! Kein Leben ist zu entdecken, nicht ein einziger Käfer scheint in diesen toten Baumrinden zu überwintern. Endlich ändert sich das Gelände. Das Gruselkabinett liegt hinter uns, vor uns präsentieren sich zwei vereiste Seenflächen, die wir zu überqueren haben. Ich bin richtig erleichtert, in eine offene und freie Landschaft treten zu können und von glitzernden Schneekristallen geblendet zu werden. Aber meine Huskys sind da vermutlich ganz anderer Ansicht. Und schon registriere ich die ersten Unmutszeichen.

»Mann, ist das hier wieder ätzend langweilig, Meilen über Meilen nur endlose, öde Ebene«, murrt Sultan.

»Guck doch in den Himmel, dann hast du einfach mehr Perspektive«, erwidert Caruso.

»Du nun wieder mit deiner Romantik: Ich seh es eben

pragmatisch; hier verirrt sich einfach nichts, was meiner Nase Freude bereiten könnte.«

Bevor Sultan weiter herumquengelt, stoppe ich den Schlitten und tausche ihn gegen Little Buddy im Lead aus. Mit dieser Auswechslung hege ich auch die Hoffnung, dass das Team einen besseren Rhythmus finden wird. Dem ist aber nicht so. Jetzt kann ich nur noch das Tempo drosseln. Dennoch muss ich verhindern, dass die Jungs auf dumme Gedanken kommen und sich den Bauch am hart gefrorenen Schnee kühlen. Wenn es wenigstens so weiterläuft wie bisher, komme ich früher oder später nach Pelling Crossing – und das wäre ja auch schon was.

Über Stunden höre ich nur das Hecheln der Hunde, das Knirschen von Schnee und Eis und hin und wieder die eigene Stimme. Manchmal meine ich, das Motorengeräusch von einem Snowmobil zu vernehmen, aber so ganz traue ich meinen Hörerlebnissen nicht mehr. Jetzt ist die Stille im eigenen Kopf dermaßen unerträglich laut, dass ich einen Schrei von mir geben muss.

»Hey, hey, hey!«

«Was ist denn da los?« Sämtliche Schnauzen meiner Vierbeiner drehen sich schlagartig zu mir um.

»Alles okay, doggies«, schicke ich schnell hinterher. Keiner von den Jungs soll auf die Idee kommen, ich könnte schwache Momente haben.

Mein Blick wird jetzt von einer Blockhütte angezogen, die am Ufer steht. Das Dach ziert eine weiße Schneehaube, davor blinkt das Eis in der Sonne – ein perfekteres Symbol für Freiheit kann ich mir nicht vorstellen. In Ermangelung einer Fotokamera versuche ich mir das idyllische Bild in mein Gedächtnis zu speichern.

Während ich über das ideale Leben nachsinne, probt meine Mannschaft mal eben den Aufstand. Es geht alles sehr schnell: Little Buddy legt sich hin, obwohl Carusos Pfoten noch Richtung vorwärts programmiert sind. Aber nicht mehr lange, schon liegt auch er und mit ihm die restliche Crew.

»Selbst du willst nicht mehr weiterlaufen?«, frage ich meinen Leader Caruso.

Leicht geknickt schaut mich mein Lieblingshund an. Ich kann ihn sogar verstehen. Warum soll er sich alleine abmühen? Ich würde ihn mit hoher Wahrscheinlichkeit wieder in die Rennposition bringen, nur hilft mir der Laufwille eines einzigen Hundes nichts. Also spanne ich wieder Sultan neben ihm ein. Hätte ich dabei eine Hand frei, ich würde mir die Haare raufen. So mache ich mir wenigstens mit Worten Luft.

»Mensch, Jungs, was soll denn das nun wieder für eine Nummer sein?«, raunze ich meine Hunde an, die davon total unbeeindruckt in die Sonne blinzeln und sich die Eiskrusten vom Fell lecken. Also verlege ich mich aufs freundliche Bitten.

»Schaut mal, es ist gar nicht mehr so weit. Und wenn wir den Rest noch prima hinkriegen, dann sollt ihr Leben wie im Schlaraffenland, mit Stroh und allem, was dazu gehört.«

Keine Reaktion. In einem letzten, eher halbherzigen Versuch ziehe ich jeden Husky einzeln auf die Pfoten und will die beiden Leader ein Stückchen führen. Aber auch mit Sultan ist kein Staat zu machen. Er bleibt entschlossen auf seinem Fleckchen Eis stehen, als wäre der Streik seine größte Passion. Buddy lässt sich sofort wieder auf seinen Allerwertesten plumpsen, Friendly ist ihm in dieser Hinsicht der getreueste Gefährte. Ich könnte mich auf den Kopf stellen, nichts würde laufen. Hundenaturen wie Bebop, Midnight und Stanley, das weiß ich genau, wollen unter keinen Umständen zu den Streikbrechern gezählt werden. Also sind auch sie aus dem Rennen.

Silvia, sage ich zu mir, du darfst jetzt nicht die Nerven verlieren. Du musst einsehen, dass du vorläufig keine Chance hast, dich durchzusetzen. Also ruhe ich mich ebenfalls aus – immerhin im schönsten Sonnenschein. Meine einzige Hoffnung ist, dass bald ein anderes Gespann vorbeirast und meine Hunde mitreißt. Denn eines ist klar: Meine Vierbeiner sind nicht kaputt, nicht fertig, nicht ausgelaugt, sondern wollen nur einfach nicht. Hätte ich doch nur meine eigenen Huskys mitgenommen! Sie sind leichter zu motivieren, weil sie mir mehr vertrauen – sage ich, es ist nicht mehr weit, dann wissen die Hunde, dass das auch stimmt. Sultan kennt mich nicht gut genug, vielleicht hat er auch zu viele leere Versprechungen hinunterschlucken müssen anstatt der in Aussicht gestellten Lachs- und Heilbuttstücke.

Zufrieden dösen die Huskys vor sich hin, eingerollt wie eine Lakritzschnecke. Ich schaue gebannt auf den Trail. Na, wer sagts denn? Nach gerade mal einer halben Stunde sehe ich ein Team näher kommen. Am Laufstil erkenne ich Jan – und an der schon in der Entfernung erkennbaren Sonnenbrille. Er bleibt bei uns stehen und snackt seine Hunde, während ich ihm mein Leid vortrage.

»Du musst mir noch einmal helfen und vorausfahren, vielleicht erheben sich dann meine Faulpelze«, bitte ich ihn.

»Es ist auch sowieso besser, wenn wir zu zweit fahren, in der Gegend soll es Wölfe geben.« Jan schaut mich ganz ernst an.

»Du willst mich nur verkohlen«, gebe ich ihm zur Antwort. »Die Tiere kommen nicht in die Nähe von Menschen. Sie würden die Hunde auch nur angreifen, wenn sie allein wären.«

»Da bin ich mir nicht so sicher«, erwidert er. »Du siehst aber auch nicht gerade fit aus.« Abrupt wechselt Jan das Thema und zeigt auf Goofy, der kläglich im Schlittensack kauert.

»Ich weiß auch nicht, was er hat. Goofy ist schlagartig krank geworden. Bei den letzten Pausen hatte er Durchfall, noch dazu blutigen«, erkläre ich die Hundelage.

»Willst du ihn in Pelly Crossing droppen?«

»Eine andere Wahl habe ich wohl nicht. Eventuell lasse ich auch Friendly zurück. Ich kann einen notorischen Bremser überhaupt nicht in meinem Team gebrauchen.«

Aber erst einmal müssen wir dorthin gelangen.

Doch sobald Little Buddy die Rückenpartie von Jan vorbeiziehen sieht und seine dröhnend laute Stimme hört, springt er auf und mit ihm all die anderen Jungs. Die Hunde laufen wieder, und nicht einmal langsam. Von Erschöpfung ist keine Rede mehr.

Die Seen haben wir nun hinter uns gelassen und fahren durch eine hügelige Gegend. Die weißen Buckel sehen aus wie eingeschneite Riesenhuskys. Die Temperatur muss deutlich gefallen sein, weil mein Atem sofort am Kapuzenrand gefriert. Die Hunde ziehen richtige Rauchfahnen hinter sich her. Gut, dass in der Ferne schon die Häuser von Pelly Crossing auszumachen sind. So kurz vor dem Checkpoint möchte ich noch mal versuchen, ob meine Crew auch ohne Lockvogel läuft.

»Ich würde es gerne mal ausprobieren, ob ich an dir vorbeifahren kann«, rufe ich Jan zu.

»Kannst du nicht einmal nur ruhig hinter mir herfahren, ohne irgendwelche Experimente?« Jan ist leicht genervt von meinem Aktionismus. Er stört sein Sonntagsfahrerverhalten.

»Goofy geht es so schlecht, ich muss ihn so schnell wie

möglich zum Tierarzt bringen.« Mit diesem Argument kann ich Jan überzeugen.

Schweren Herzens lässt er mich vorbei.

Das Überholmanöver klappt und die Hunde ziehen mühelos an Jans Gespann vorbei. Sie wittern wahrscheinlich, dass der Napf bald gefüllt werden wird. Tatsächlich sind wir im Nu am Kontrollposten. Bevor ich noch einen endgültigen Platz für den Schlitten und die Hunde gefunden habe, wird Goofy schon untersucht. Sein Hundekörper hat in den letzten Stunden viel Wasser verloren, was der Tierarzt am Felltest erkennt: Er nimmt einen Büschel Haare in die Hand, zieht daran und lässt es wieder los. Weil sich der Pelz nicht sofort wieder am Körper spannt, ist das ein untrügliches Zeichen für eine beginnende Austrocknung. Ich suche auch gleich nach einem zweiten Vet, der sich Little Buddy anschauen soll. Bei der letzten Pause habe ich bemerkt, dass er auch leichten Durchfall hat, was im Prinzip nichts Schlimmes bedeuten muss, vielleicht hat er nur zu viel Schnee gefressen. Aber ich will keinesfalls einen Hund zum Laufen zwingen, der vielleicht krank ist. Auch bitte ich die Tierärzte, Friendly aufs gründlichste durchzuchecken.

Unruhig schaue ich von einem Hund auf den anderen.

»Richtige Kummerkinder seid ihr mir«, spreche ich leise vor mich hin.

Jeder Hund weniger bedeutet weniger Futter und dadurch auch weniger Gewicht auf dem Schlitten – das ist aber auch schon der einzige positive Aspekt an der Sache.

Das Untersuchungsergebnis werde ich noch früh genug erfahren, ich muss mich erst einmal um meine anderen Vierbeiner kümmern. Wie eine Fata Morgana steht plötzlich Curt vor mir, mein Doghandler. Seine Erklärungen, warum er erst jetzt den abgesprochenen Dienst antreten konnte, will ich nicht hören. Schweigend füttere ich meine eigensinnigen Jungs.

Ich sehe noch zwei andere Musher bei ihren Tieren, den Amerikaner Sig Stormo und den Kanadier Eric Nicolier. Von ihnen höre ich, dass noch ein paar andere erwartet werden: Dario Daniels, Connie und die beiden Amerikanerinnen Keli Mahoney und Kirsten Bey. Die Vorstellung ist beruhigend, nicht aus einem Konkurrenzdenken heraus, sondern weil ich dadurch das Gefühl habe, nicht allein zu sein. Was wäre mit mir heute geschehen, wenn ich die Letzte im Rennen gewesen wäre?

Gleich nachdem meine Hunde versorgt sind, gehe ich Jan suchen, um mich noch einmal bei ihm zu bedanken. Anschließend setze ich mich in unsere Herberge, um einen Teller Nudelsuppe und heißen Tee zu mir zu nehmen. Pelly Crossing, so habe ich in unserem Plan gelesen, ist eine kleine Indianersiedlung mit zweihundertneunzig Einwohnern; sie liegt am Pelly River, ein sehr wasserreicher Zufluss des Yukons. Es soll hier ein Polizeirevier, eine Krankenstation, einen Einkaufsladen und eine Tankstelle geben. Aber davon werde ich kaum etwas mitbekommen, weil meine Gedanken wieder zu meinen Hunden abschweifen.

Ich komme nicht zur Ruhe, ich muss wieder nach draußen. Erneut beäuge ich jeden einzelnen Hund, dann den Proviant und das übrige Gepäck, das meine geschrumpfte und geschwächte Rasselbande noch viele Meilen transportieren soll. Plötzlich heule ich Rotz und Wasser. Ich weiß einfach nicht, wie ich mit einem so voll bepackten Schlitten zum nächsten Checkpoint nach Dawson kommen soll. Diese Strecke ist die längste im gesamten Rennen, der eigentliche Test für einen Musher beginnt erst hier. Nur zwei Buschhütten säumen den Trail, Stepping Stone und Stewart River, sonst erwartet mich nur die Wildnis ...

Unentwegt fließen die Tränen, mit meinen salzigen Sturzbächen könnte ich Eisschollen zum Schmelzen bringen. »Das kann ich nicht, das schaffe ich nicht«, hämmert es unentwegt in meinem Kopf. Ich bin völlig verzweifelt. Eigentlich will ich nur noch in den Arm genommen und getröstet werden. Wie ein Häuflein Elend stehe ich vor meinen mich erstaunt anblickenden Hunden.

Anscheinend ist mein Zusammenbruch nicht unbemerkt geblieben.

»Das geht hier vielen nicht anders.« Mel Kramer sagt diese wenigen Worte schlicht und beruhigend. Er ist ein Quest-Mitarbeiter, der die Musher psychologisch betreut und sie mit Ratschlägen gegebenenfalls wieder aufbaut. Ich bin jetzt so ein Fall. Im Moment fühle ich mich so entmutigt, wie auf der gesamten vergangenen Strecke nicht. Am absoluten Tiefpunkt.

»Ich gebe jetzt auf, ich pack das alles nicht mehr«, flenne ich weiter.

»Schau dir da drüben Sig an, der ist auch ganz fertig. Der möchte auch scratchen, am liebsten in der nächsten Minute alles hinschmeißen. Aber wäre das nicht schade, nachdem ihr bislang so viel Willen gezeigt habt?«

»Sig hat bestimmt noch mehr Kraft als ich; ich kann nicht einmal einen Fuß vor den anderen setzen.«

»Komm Silvia, du brauchst jetzt Ruhe. Trink mit mir einen Kaffee, dann legst du dich für ein paar Stunden hin. Anschließend wirst du sehen, dass du es auf einmal wieder packen willst. Du wirst mir dann nicht glauben, dass du jemals aufgeben wolltest.«

Weil ich ohnehin nicht wüsste, was ich sonst tun sollte, lasse ich mich von Mel in die Hütte führen. Dieser kleine, stämmige Mann mit den nougatbraunen Wuschelhaaren, dem Vollbart und den warmen Augen schafft es, dass mein

143

Tränenfluss versiegt. In kleinen Schlucken trinke ich den süßen Kaffee hinunter; ich merke noch meine totale Erschöpfung, fühle aber wieder etwas Boden unter meinen Füßen.

Mel bringt auch Sig an den blank gescheuerten Holztisch. Seltsam, was man in solchen Augenblicken alles bemerkt. Sigs Augen liegen in dunklen Höhlen – er sieht aus, als hätte er seit Tagen nicht geschlafen. Seine wild wuchernden Bartstoppeln tragen zu dem furchterregenden Anblick bei. Ein echter Einsiedler ist dagegen eine gepflegte Erscheinung.

Vor dem Start erzählte mir Connie, dass Sig für seine Tochter Samantha fährt, deren Lebenstraum es war, an diesem Quest teilzunehmen. Viele Monate hatte sie schon für das Rennen trainiert, dann ist sie ermordet worden. Sie wäre im nächsten Monat achtzehn geworden. Jetzt ist ihr Vater mit ihren Hunden auf dem Trail und möchte ihren Wunsch im Nachhinein erfüllen. Mehr wusste Connie auch nicht. Lange Zeit ging mir diese Geschichte nicht aus dem Kopf.

»Mein Arsch geht auf Grundeis«, stößt Sig aus, während er sich zu mir auf die Bank setzt.

»Da geht es mir nicht anders«, gebe ich ihm zur Antwort.

»Meine Hunde sind krank, geschwächt und wollen nicht laufen. Und ich habe meine Nerven auch nicht mehr ganz unter Kontrolle.«

»Manchmal fragt man sich, warum man den ganzen Stress mitmacht.« Nachdenklich schüttelt Sig seinen Kopf mit den dichten aschblonden Haaren.

»Bist du nicht für deine Tochter hier?«, frage ich zaghaft.

»Ja, du hast Recht. Deshalb muss ich auch durchhalten, obwohl ich mir vorhin kaum vorstellen konnte, nur noch eine Meile zu schaffen.«

»Das muss schlimm für dich gewesen sein, das mit Sa-

Am Start des Yukon Quest in Whitehorse: Bei »Go!« werfen sich meine Hunde mit ungestümer Lauflust nach vorne, die Zuschauer rauschen im Augenwinkel an mir vorbei.

Eingepackt in meine Trapperkappe aus Biberfell – ein wichtiger Schutz bei Temperaturen bis 50 Grad unter Null und schweren Schneestürmen.

Gefährliches Raffeis: »An manchen Stellen türmt es sich bis zu einem Meter auf – in dem Funzellicht meiner Stirnlampe erscheinen die kristallinen Schollen wie dämonische Eispaläste.«

Der Yukon – der mächtige und breite Strom ist mit Raffeis überzogen. »Durch dieses gestaute und geriffelte Eis mutet der Fluss wie ein Scherbenhaufen an.«

Goofy und Friendly am Checkpoint in Carmacks:
Erwartungsvoll schauen sie zu, wie ich ihre Mahlzeit zubereite.

Vor dem Schlafengehen bekommt jeder Hund seine Streicheleinheiten.

Auf dem Yukon: »Mit einem Hundeschlitten in der endlosen Weite Alaskas unterwegs zu sein ist eine der schönsten Möglichkeiten, sich mit der Natur eins zu fühlen.«

Mein Dogtruck – Bebop, Midnight, Lonesome, Caruso, Salt und Sultan (v.l.n.r.) warten darauf, eingespannt zu werden.

Eine glitzernde Schneelandschaft – die Kulisse des Yukon Quest: »Der Sonnenschein lässt den Schnee wie die scharfe Klinge eines Messers aufblitzen; dazu der unglaublich azurblaue Himmel. Das gefrorene Weiß knirscht unter zwei Kufen und vierundvierzig Hundepfoten.«

»Ich fahre gerade durch einen eigenwilligen Tannenwald. Durch die langen Frostperioden, dem Permafrost, werden die Bäume niemals so groß wie bei uns, auch sind sie seltsam verkrüppelt.«

Nach jeder Stunde lege ich eine Snackpause ein: Hier genießen Little Buddy und Sultan ihren Leckerbissen.

Einbruchgefahr: »Offenes Wasser ist neben wilden Tieren wie Wölfen, Bären oder Elchen das Gefährlichste, was einem passieren kann.«

Während meiner Trainingszeit lebten mein Sohn Steven und ich in einer einfachen Holzhütte: Baden konnte er nur im Spülbecken. Er fand das klasse, auch wenn er sich darin so gut wie nicht bewegen konnte.

Eine einsame Holzhütte in der Wildnis. Während des Yukon Quest können die Musher hier ein paar Stunden schlafen.

Mein Trainingswagen zu Hause im Allgäu.

Meine Leidenschaft: Huskys.

mantha!« Mit seiner einfühlsamen, aber dennoch starken Stimme scheint Mel genau das Richtige zu sagen.

»Furchtbar. Sie war das Einzige, was mir im Leben noch etwas bedeutete. Und nun ist mir auch das noch genommen worden. Meine Frau hat uns beide früh verlassen. Von heute auf morgen ist sie mit ihrem Liebhaber durchgebrannt. Sie hat sich später kaum gemeldet, nur zu Weihnachten eine Karte und ein Päckchen für Samantha geschickt.«

»Du hast sie ganz alleine großgezogen?«, frage ich Sig.

»Ja. Ich wollte keine andere Frau mehr haben. Mir hat das alles gereicht. Ich fand, ich hatte nun schon genug im Leben mitgemacht. Aber Samantha war immer ein fröhliches Kind, hat den ganzen Tag nach der Schule mit unseren Hunden herumgespielt. Auf der High School wurde es dann ernst mit den Huskys, sie wollte unbedingt eine Musherin werden.«

»Es ist nach der Schule passiert!« Mel geht direkt auf den wunden Punkt zu. Ich hätte mich nie getraut, zu fragen, wie seine Tochter ums Leben gekommen ist.

»Es war nach der Schule. Sie musste mit dem Bus fahren und anschließend noch eine Strecke durch einen Wald gehen, bis sie unsere abgelegene Farm erreichte. Als junges Mädchen hatte ich sie immer von der Busstation abgeholt, aber als Teenager fand sie das zu blöd. Ihre Mitschülerinnen hätten das ja beobachten können. Eines Tages habe ich dann auf sie gewartet. Stunde um Stunde, aber Samantha erschien nicht. Anfangs machte ich mir keine allzu großen Sorgen, ich dachte, sie hätte sich noch mit einer Freundin beim Eisessen in der Stadt verquatscht. Aber als es schon lange dunkel war, hielt ich es nicht mehr aus. Ich rief die Polizei an.«

Sig schluckt tief. Mel fragt nach, ob er überhaupt weiter-

145

erzählen möchte. Aber Sig fährt, ohne eine Antwort zu geben, fort.

»Wir haben den ganzen Wald durchgekämmt. Schließlich hat ein Polizeihund sie gefunden. Man hatte sie vergewaltigt und ihr die Kehle zugeschnürt; sie hat keine Luft mehr bekommen. Was hat sie in dieser Zeit durchmachen müssen. Und ich konnte ihr nicht helfen.«

Ich nehme Sig in den Arm. Er tut mir schrecklich Leid. Was würde ich tun, wenn das meiner Tochter passieren würde? Ich kann es mir nicht vorstellen.

»Hat man den Mann geschnappt?«, frage ich.

»Er hat ein weiteres Mädchen angefallen. Sie konnte ihm die Kapuze vom Kopf reißen und sich in diesem Moment von ihm loswinden und weglaufen. Er war aus unserer Ortschaft; ein Mann, der mit seinen vierzig Jahren noch bei der Mutter lebte.«

»Es ist schwer, über so etwas hinwegzukommen«, sage ich. »Ich kann gut begreifen, warum du dieses Rennen fährst. Du bist ihr dadurch nahe.«

»Ich weiß, ich bin völlig auf meine Tochter fixiert. Aber wie soll ich sonst das Ganze in den Griff bekommen?«

»Das Beste wird jetzt sein«, greift Mel ein, »wenn ihr euch beide für eine Weile hinlegt. Und anschließend fahrt ihr zusammen los, das wird euch beiden helfen.«

Weder Sig noch ich spüren den leisesten Widerstand. Wir nehmen Mels Rat an und legen uns in den Ruheraum. Der Heizgenerator dröhnt ungemein laut, aber ich nehme das kaum wahr.

Beim Einschlafen denke ich noch, ich bin froh, dass mich Mel und nicht mein Mann aufgemuntert hat. Jürgen hätte beim Anblick meiner Tränen nur hilflos gestammelt: »Silvia, wenn es dir nicht gut geht, dann lass es sein.« Er kann mich nicht weinen sehen. Sofort denkt er, er muss mich bemitlei-

146

den. Gerade das aber kann ich nicht ertragen. Letzten Endes möchte ich durch das Weinen nur wieder Mut fassen, gestärkt werden. In dieser Hinsicht sind Jürgen und ich völlig entgegengesetzt.

Mel hat in dieser Situation genau das Richtige gesagt. Er hat mir zu verstehen gegeben, wenn man so k.o. ist wie ich in diesem Augenblick, dann ist es kein Wunder, wenn man flennt; andere Musher hätten das vor mir auch schon getan. Wenn selbst gestandene Männer zusammenbrechen, dann ist meine Reaktion nichts Unnormales. Mit diesem tröstlichen Gedanken muss ich ins Reich der Träume hinübergeglitten sein, denn ich kann mich an weitere Überlegungen nicht erinnern. Doch: Ich musste noch an Samantha denken – und an Raffaella, die hoffentlich immer ein Taxi nehmen wird, wenn sie von der Disko nach Hause will.

Nach drei Stunden wachen Sig und ich auf, als hätte uns eine gemeinsame innere Uhr geweckt. Meine Stimmung ist tatsächlich besser und erfreut stelle ich fest, dass alle meine Sachen trocken sind – anscheinend sind meine Nervenzellen wieder auf ein Weiterfahren eingeschossen. Sig wärmt seine Hände an einem Becher Tee und seine Augen haben einen versessenen Ausdruck angenommen. Auch er will weiter, das ist nicht zu übersehen.

»Ich geh schon mal raus, um mit dem Packen anzufangen.« Schon ist Sig aus der Tür verschwunden, die Fellmütze über die aschblonden Strähnen gestülpt.

»Ich komme sofort nach«, rufe ich hinter ihm her.

»Beeil dich nicht. Wir haben noch Zeit.« Nur noch schwach ist seine Antwort zu hören.

Jetzt habe ich auch die nötige Energie, um mir meine Sachen für den Schlitten noch mal genau durchzuschauen. Was ist wirklich entbehrlich? Worauf kann ich zur Not verzichten?

Um unsere Schlitten herum sieht es aus wie bei Hempels unter dem Sofa. Wir beide müssen über unser Chaos lachen. Die Axt muss mit, wer weiß, was für Hürden noch zu bewältigen sind. An den Futterrationen kann ich auch nichts reduzieren, aber auf ein paar Ersatzteile für den Schlitten kann ich wohl verzichten.

Goofy wird definitiv hier bleiben. Ich habe einfach zu große Angst, dass er nur drei Meilen läuft, dann Durchfall bekommt, kotzt und für den Rest der Etappe ein Fall für den Schlittensack ist. Bei Friendly geben die Vets ihr Okay. Anscheinend ist er »nur« mental geschwächt. Allerdings steigert eine schlechte psychische Verfassung – wie auch beim Menschen – seine Anfälligkeit für körperliche Krankheiten. Ich nehme mir deshalb vor, ganz besonders auf ihn zu achten. Die Unlust nehme ich diesem Husky nicht einmal übel, denn schließlich hat er sich für den Quest nicht freiwillig gemeldet. Die Rennmöglichkeiten eines Hundes sind nicht nur von einem ausgeklügelten Training abhängig, der jeweilige Charakter eines Hundes darf dabei nicht unterschätzt werden.

Auch wenn es mir vor ein paar Stunden noch unmöglich erschien, jetzt habe ich alles auf dem Schlitten verstaut. Er ist immer noch viel zu schwer, aber das lässt sich eben nicht ändern. Während ich noch ein wenig mit mir und der Welt hadere, kommt Mel vorbei. Stets zur rechten Zeit. Er klopft mir aufmunternd auf die Schulter.

»Silvia, du schaffst das schon«, meint er, während seine weichen Lippen sich zu einem Lächeln verziehen.

»Ich hoffe, du hast Recht«, gebe ich noch leicht zweifelnd zur Antwort.

»Schau dir doch meine Mannschaft an, ich bin mir einfach nicht sicher, ob meine Jungs das packen werden.«

»Leg dich noch einmal für eine halbe Stunde hin und

denke darüber nach, was du alles schon hingekriegt hast, um überhaupt bis hierher zu kommen!«

Ob Mel einen Kursus über positives Denken mitgemacht hat? Eigentlich stimmt das, was dieser Mann mit seiner beruhigenden Ausstrahlung angedeutet hat, vor allem wenn ich an meine Qualifikation für den Quest denke. Diese erwarb ich mir – zusammen mit Jan – kurz vor Weihnachten beim Henry-Hahn-Rennen in Fairbanks, ungefähr nach einem Monat Buschtraining in Tanana. Dieser Wettkampf über zweihundert Meilen mit Start am Samstag und Ankunft am Sonntag gilt für hiesige Verhältnisse als ein Klacks. Für mich war das Sprintrennen aufregend genug. Ich brauchte dafür schon ein anderes Training als in Europa üblich. Schließlich musste ich mit meinem Team acht bis neun Stunden über ungewohnte Eisformationen durchlaufen und in dieser Zeit die Hälfte der Strecke bewältigen, ganz gleich ob die Sonne schien oder der Blizzard tobte. Anschließend war eine Pause von sechs Stunden vorgesehen, danach ging es die hundert Meilen wieder zurück. Es gab unterwegs keine Hilfe, man musste sich selbst versorgen. Das hieß, Futter, Stroh für die Hunde, Brennstoff und die übrige Ausrüstung führte man auf dem Schlitten mit. Eine Landkarte dabeizuhaben war nicht erlaubt, aber es gab Trailmarker und man bekam Orientierungspunkte für die Strecke genannt, etwa eine Tankstelle fünfzig Meilen nach dem Start. Ansonsten verlässt man sich bei so einem Abenteuer stark auf die Instinkte und die bisherigen Erfahrungen. Für mich hätte es ohne Qualifikation keinen Quest gegeben – dann wären alle meine Anstrengungen der letzten Monate umsonst gewesen.

Dabei hatte ich kurz vor dem Henry-Hahn-Rennen beim Training meine Finger erfroren. Noch immer konnte ich die Schlittenleinen nicht richtig festhalten, was ein ernst zu nehmendes Problem war. Aber deshalb aufgeben? Das kam für mich schlicht und ergreifend nicht in Frage, obwohl ein so erfahrener Musher wie Frank Turner wegen eines ähnlichen Vorfalls schon mal den Quest aufgeben musste. Nun stand ich also kurz vor meinem ersten Schlittenhunderennen in Alaska, sollte testen, wie ich ganz auf mich allein gestellt in der Wildnis zurechtkäme. Darauf konnte ich nicht verzichten.

Mein Start verlief wider Erwarten recht gut; gleich ging es hinaus aufs Eis des Chena-Rivers. Ich hatte jedoch kaum Gelegenheit, mich darüber zu freuen, denn schon nach fünf Minuten erregte eine Ranch am linken Flussufer die Aufmerksamkeit meiner Hunde. Wie wild gewordene Hausschweine rasten sie darauf zu und drehten erst einmal eine Runde um das Grundstück. Ich schrie mir derweil die Kehle aus dem Leib, aber das kümmerte mein Team herzlich wenig. Mit Mühe gelang es mir schließlich doch, sie wieder auf den Fluss zu manövrieren.

Dort kam uns unglücklicherweise jedoch ein Gespann entgegen. Wieder übernahmen meine Vierbeiner die Führung und kannten nur ein Ziel: den anderen hinterher! All meinen Protesten zum Trotz kehrten sie einfach um und wollten in die falsche Richtung lospreschen. Geistesgegenwärtig warf ich mich auf Little Buddy, meinem Leithund, als er bei seiner 180-Grad-Wende an mir vorbeikam und zog ihn auf den eigentlichen Pfad zurück. Jetzt stimmte zwar die Orientierung wieder, dafür aber fiel ihm gleich darauf eine Farm am rechten Gestade ins Auge.

»Schaut! Da waren wir noch nicht gewesen«, motivierte mein Single-Leader sein Team. »Also, nichts wie los!«

»O ja, klasse! Das Gelände muss auch inspiziert werden.« Ohnmächtig hörte ich dem Hundechor zu.

Wäre mir Zeit dazu geblieben, ich hätte mich für diesen kopf- und ziellos im Zickzack herumsausenden Hühnerhaufen vor meinen Schlitten sicher in Grund und Boden geschämt – zumal sich viele Zuschauer am Anfang der Flussstrecke postiert hatten. Wirklich fassungslos war ich jedoch, weil keines meiner Kommandos zu meinem Leithund durchdrang. Als hätten wir nicht schon wochenlang zusammen trainiert! Im Unterschied zu den einsamen Trails rund um Tanana, gab es hier wohl einfach zu viele Verlockungen und Ablenkungen. Wir waren ja immer noch am Stadtrand von Fairbanks. Anscheinend wollte Little Buddy mit seiner Crew alle Möglichkeiten austesten, wobei ihnen ihre Sprunghaftigkeit völlig egal war. Fahren wir doch mal hier lang, nein da, oder vielleicht doch dort drüben? Hauptsache, es gab etwas Neues zu entdecken.

Jan war drei Startnummern hinter mir und sah mich verzweifelt auf dem Chena River herumeiern. Er kam auf unsere Höhe und rief mir im Vorbeigleiten zu: »Deine Hunde laufen sicher hinter mir her. Häng dich einfach dran!« Von wegen. Ich hatte noch eine halbe Stunde mit meinen Spaßvögeln zu kämpfen, bis wir endlich auf dem richtigen Kurs waren.

Nach kurzer Zeit erreichten wir einen Deich. Statt auf diesem nun zu bleiben, hatte Little Buddy nur wieder Mätzchen im Sinn. Neben dem Deich verlief nämlich ein Highway, gesäumt von diversen Farmen mit dem interessantesten Federvieh. Und schon ging es ohne großes Nachdenken den Abhang scharf nach rechts hinunter. Plötzlich spürte ich im Geist den Asphalt unter den Kufen und sah vor mir eine furchtbare Kollision meiner Hunde mit einem Truck oder sonstigem Fahrzeug. Um das Schlimmste zu vermeiden, tat ich das, was ein Musher tun muss, damit der Schlitten so schnell wie möglich anhält: Ich schmiss den Schlitten um und hechtete mit einem Sprung auf ihn zu.

Als wir wieder auf dem Deich fuhren, nahm ich mir meine Hunde zur Brust.

»Was ist denn heute in euch gefahren? Habt ihr denn in euren Huskyhirnen alles vergessen, was ich euch beigebracht habe?«

»Eigentlich nicht, aber es ist hier so lustig. Es gefällt uns gut.« Little Buddy, dem man geradezu ansehen kann, dass er ein Frechdachs ist, war um keine Ausrede verlegen.

»Aber so kann es doch nicht weitergehen«, schimpfte ich, während ich versuchte, an meiner Handlebar wieder die Oberhand zu gewinnen.

»Das siehst nur du so. Deine Rechnung machst du ohne uns. Wir sind heute eben ganz anders drauf«, versicherte mir mein Leader.

Bevor ich weiter darüber nachdenken konnte, was das zu bedeuten hatte, steuerte er nach unten auf den Fluss zu, mitten durchs dickste Dornengebüsch – ein anderes Hundegespann war in sein Blickfeld geraten, das lieber auf dem vereisten Chena River vorankommen wollte.

»Mach doch, was du willst«, rief ich Little Buddy zu und klammerte mich mit aller Kraft an die Schlittenhalterung, bis wir auch dieses Manöver überstanden hatten. Leichter wurde es dann außerhalb des Stadtgebietes, im Busch. Hier gab es nur noch eine Piste – da konnte selbst mit einem Team wie meinem nicht mehr viel passieren.

Snackpause! Ein Musher sollte in dieser seine Hunde loben. Mir fiel das an diesem Tag verdammt schwer.

»Ihr seid ganz tolle Hechte, super seid ihr gelaufen«, quetschte ich aus mir raus, wobei ich mir einen ironischen Unterton nicht verkneifen konnte.

»Finden wir auch«, strahlt Caruso mich an. »Dabei lange nicht mehr so viel Tolles erlebt.«

Menschen brauchen ja auch ihre Abenteuer. Wer konnte das besser verstehen als ich. Jetzt musste ich doch liebevoll über die Köpfe meiner Pionierhunde streichen. Nachdem wir unsere Anfangsschwierigkeiten gemeistert hatten, ging es im weiteren Verlauf verhältnismäßig gut voran. Vielleicht ist Little Buddy ja doch ein Leader und hat endlich begriffen, was ich von ihm will? Ich grübelte gerade darüber nach, als ich hinter mir ein fremdes Geräusch hörte. Ich drehte mich um, aber da war nichts.

Dabei hätte ich schwören können, eine Stimme vernommen zu haben. Bildete ich mir etwa schon Geräusche ein? So lange war ich schließlich noch nicht mit mir und den Hunden allein. Und ähnliche Situationen hatte ich doch beim Training auch erlebt. Konnte das die Anspannung sein, weil es hier zum ersten Mal, seit ich in Alaska war, um etwas ging?

Ich runzelte die Stirn und nahm mich selber ins Gebet. Wenn ich einen unbekannten Laut nicht aushalte, dann kann ich den Quest gleich streichen, ermahnte ich mich.

Aber nein, da war das fremde Geräusch schon wieder! Ich orientierte mich an den Hunden, auch sie schienen etwas gehört zu haben. Das konnte ich an den minimalen Bewegungen ihrer Ohren und den leicht angehobenen Schnauzen erkennen. Sie schienen etwas zu wittern, von dem aber, wie ich mich selbst überzeugte, weit und breit nichts zu sehen war. Was auch immer das sein mochte – ein Wolf, ein Elch oder ein kleines grünes Männchen, ich würde mich erst dann weiter darum kümmern, wenn ich es mit eigenen Augen sah. Vorher hatte ich mich und diese zwölf Huskys zu motivieren und dieses Rennen erfolgreich zu beenden. Mit einer Portion Gottvertrauen und dem

Schlachtruf: »Da müssen wir jetzt irgendwie durch, doggies!«, kamen wir unbehelligt von weiteren Einflüsterungen weiter.

Für den Trailabschnitt kurz vor der Tankstelle war uns eine Strecke mit Overflows angekündigt worden. Was ich jedoch sah, als ich an die besagte Stelle kam, war kein Eis mit einer knöcheltiefen Wasseroberfläche, sondern fließendes Nass, das bis zum Knie reichte. Vor mir standen schon zwei andere, ebenso ratlose Teams. Zu dritt halfen wir uns gegenseitig und führten unsere widerspenstigen Huskys durch diese bachartigen Rinnsale. Kaum zu glauben, wie wasserscheu diese Nordlandhunde sind. Und als ob das nicht gereicht hätte, ging es gleich darauf eine total vereiste Stichstraße hinauf. Unter solchen Bedingungen verwandeln sich Pfoten mit rapider Geschwindigkeit in Eisklumpen.

Und wie erging es meinen Händen? Die Finger schmerzten nach wie vor. Ich konnte mit ihnen nirgends richtig zupacken. Immer wieder prüfte ich die Temperatur der Fingerkuppen an meinen Wangen. Weil ich bei Rennen immer zu wenig esse, ist ein gewisses Absinken der Körpertemperatur auf Grund von Kalorienmangel normal. Also bewegte ich die Finger in den Handschuhen permanent, klopfte und wedelte mit ihnen herum, damit sich ihr Zustand nicht noch verschlechterte. Irgendwann war ich sogar so weit, dass ich mit ihnen redete: »Kommt schon, es ist doch gar nicht so kalt! Wo bleibt das Gefühl? Na, ihr fühlt doch was?! Los, los, immer schön in Bewegung bleiben. Wie beim Klavierspielen.«

Einmal fuhr mir ein besonders starker Schmerz so plötzlich in die Finger, dass ich einen richtigen Tarzanschrei losließ. Wie angewurzelt blieben daraufhin meine Hunde mitten auf der Piste stehen. Sultan drehte sich mit fragender

Miene zu mir um. Das Kommando kannte er noch nicht. Auch die übrigen Hunde wendeten ihre Köpfe.

»Jetzt ist die Alte wohl völlig übergeschnappt! Buschkoller oder was?«, konnte ich in ihren Blicken lesen.

»Nein, nein, es ist nichts. Lauft nur schön weiter. Das waren nur meine Finger«, beeilte ich mich, sie zu beruhigen.

Den Rest der ersten hundert Meilen absolvierten wir ohne weitere Störungen. Vielleicht, weil die Hunde gut drauf waren. Oder sie waren so gut drauf, weil alles so glatt ging. Was hier Ursache und was Wirkung war, kümmerte mich herzlich wenig.

Nach der wohlverdienten Pause von sechs Stunden machten wir uns wieder auf den Weg, um dieselbe Strecke zurückzufahren. Im Unterschied zum Hinweg zog sich der Trail auf dem Deich endlos dahin – Seitensprünge waren dieses Mal schlichtweg tabu. Ich redete meinen Hunden unermüdlich zu und schwindelte auch ein bisschen: »Wir sind bald da, Jungs, nach der nächsten Kurve.« Was die Lüge etwas relativierte, war die Tatsache, dass es auf dem Deich mehr oder weniger schnurstracks geradeaus ging. Von richtigen Kurven konnte kaum zu sprechen sein. Aber auch die anderen Musher hatten Mühe, ihr Team auf dieser Strecke von vierzig Meilen bei Laune zu halten.

Mein Team hatte sich das genau gemerkt: Sobald es wieder auf dem Chena River kam, war es nicht mehr weit bis zum Napf. Da wurden die Schritte immer kürzer und langsamer, die Blicke gingen häufiger nach hinten zu mir.

»Uns ist so elendig mopsig«, quengelte Buddy. »Sind wir bald da-haa?«

Kinder auf langen Autofahrten reagieren nicht anders. Es war eindeutig keine Frage der Kondition, sondern die pure Langeweile.

»Ich versteh euch ja, meilenweit nichts zu schnüffeln. Welch eine Qual für euch!«, mit strategischen Worten versuchte ich mich in ihre Seelen einzuschleichen. Kurz vor dem Ziel konnte ich ein Schlappmachen nicht akzeptieren.

Wie sehr die Konzentration und der Arbeitseifer nachgelassen hatten, konnte ich auch genau an den Schwänzen meiner Hunde erkennen. Ein Husky, der ganz bei der Sache ist, hat seinen Schweif beim Laufen immer unten. Ist er oben, trödelt der Hund rum und schaut sich die Gegend an. Die einzige Ausnahme, die ich von dieser Regel kenne, ist eine meiner Allgäuer Hündinnen. Mikik hat eine etwas hochnäsige Art und trägt passender Weise auch ihren Schwanz permanent oben. Das kann sie sich allerdings leisten, weil sie eine tolle Läuferin ist. Könnte sie jetzt doch bloß dabei sein!

Sobald ich mit meinen Hunden sprach, schien ihnen die Ödnis nicht so sehr auf die Beine zu schlagen. Also blieb mir nur eines übrig: Ich musste meine Jungs über die Ziellinie quatschen.

»Glaubt ja nicht, Hundis, dass ihr nur das eine Leben habt. So mühsam das hier jetzt euch erscheinen mag, es gibt immer noch ein besseres. Eines Tages findet ihr euch vielleicht als Musher wieder, oder als Katze, die ständig faul auf dem Sofa herumliegen darf.« Etwas irritiert schienen die Nordlandhunde über meine Gedanken zur Seelenwanderung zu sein, aber die Gefahr, dass ihre Gelenke zur Schlummerkugel einknicken könnten, ließ sich dadurch bannen.

»Auch ich werde viele Leben haben. Möglicherweise bin ich in meinem nächsten Dasein ein Husky und einer von euch heizt mir dann ein.« Diese locker von mir dahingeworfene Vorstellung wurde mit einem verschärften Tempo begrüßt. Oder sie hatten einfach nur genug von meinen spirituellen Überlegungen.

Meine Ansprache an alle war gehalten, nun kam das Einzelgespräch an die Reihe.

»Buddy, du bist der geborene Sprechhund, wenn du es nicht schaffen solltest – was ich nicht glaube –, ein Superleader zu werden, dann kannst du für deine Kameraden einen Rhetorikkurs abhalten.«

»Und du mein abgöttisch geliebter Caruso, ich hätte dir gern mehr heimatliche Unterstützung gegeben. Aber neben den blöden Kosten konnte ich das alles hier noch gar nicht einschätzen. Beim nächsten Mal machen wir es besser.«

»Na, mein kleiner Dicker! Aufwachen Friendly! Träumst du wieder von einer hundsteuflisch gut schmeckenden Wurst?«

»Lonesome! Du bist das Duplikat von Salt. Der einzige Unterschied ist, dass du der jüngere Bruder bist und im Gegensatz zu Salt braune Augen hast. Ist es eigentlich klasse, einen älteren Bruder zu haben? Oder weißt du gar nicht mehr, dass ihr Geschwister seid? Schau mich nicht so an, ich weiß, dass du kein Leader bist.«

»Midnight, als ich dich das erste Mal sah, da dachte ich, mein Gott, du sieht aber gefährlich aus, an dich darf ich Steven nicht so nah ran lassen. Deine Augen waren so dunkel, dass einem angst und bange werden konnte. Das einzig Helle an dir waren die Zähne, wenn du das Maul aufmachtest. Bei vielen Huskys ist der erste Eindruck entscheidend; nicht so bei dir. Du entpupptest dich als ein ganz lieber Rüde, der überhaupt nicht dominant sein wollte.«

Ich hatte mir den Mund fusselig geredet. Alles, was mir so einfiel, kam über meine Lippen. Wahrscheinlich war es der größte Schwachsinn, doch wir erreichten das Ziel. Da-

nach war mir eines klarer denn je: Ich bin eine Musherin.
Ich kann das. Diesen Sport habe ich irgendwie im Blut.

Was mich wirklich erstaunte: Ich war sogar schneller als
Jan gewesen. Und es hatte auch Teams gegeben, bei denen
die Motivation der Hunde nicht ausreichte.

Die Lokalzeitungen von Fairbanks und Umgebung
schrieben in aller Ausführlichkeit über dieses Rennen. Dadurch erfuhr ich, Menschen hätten Wetten darauf abgeschlossen, dass ich wegen meiner erfrorenen Finger aufgeben würde. Tatsächlich waren meine Hände von dem
Rennen mehr mitgenommen als ich. Bei der Rückfahrt
hatte ich sicherheitshalber Handwärmer in meinen Finger-
lingen untergebracht. Das sind handygroße Kissen, die ihre
Wärme durch Schütteln von Körnchen entfalten, also mittels einer chemischen Reaktion. Handwarmer können ungefähr sechs Stunden Wärme abgeben; man muss aber aufpassen, dass sie im Handschuh nicht zerbrechen. Leider trat
dieser Fall ein. Anfangs wunderte ich mich nur, warum es
an meinem kleinen Finger so heiß wurde. Als ich nach-
schauen wollte, was da los war, sah ich, dass in meinem
Handschuh ein Loch gebrannt und mein Finger bereits
schwarz vor Ruß waren. Später platzte er sogar komplett
auf. Das gute Gefühl, die Qualifikation für den Quest in der
Tasche zu haben, entschädigte mich dafür.

Immer noch am Checkpoint in Pelly Crossing. Inzwischen
habe ich tatsächlich eine weitere halbe Stunde geschlafen
und mein Optimismus ist jetzt wundersamerweise wieder
komplett da. In dieser deutlich besseren Stimmung gehe ich
wieder zu meinen Hunden. Ich widme mich jedem Tier
einzeln, massiere es und schaue mir seine Pfoten genau an.
Dabei rede ich leise und aufmunternd in die gespitzten Ohren. Besonders eindringlich spreche ich mit Little Buddy

und Friendly, meinen Problemkindern, Hoffnungsträger für die nächste Etappe sind Midnight und Stanley. Ich setze auf ihre unerschütterliche Lauffreude. Stanley will ich auf dem Weg in die alte Goldstadt Dawson zum ersten Mal im Lead einspannen – neben Caruso.

»Stanley, wenn es nicht anders geht, läufst du auch mal vorne. Selbst wenn du kein Leader bist, okay?« Vorsichtig führe ich Stanley an seine neue Aufgabe heran.

»Na ja, ich mach das schon. Du wirst schon wissen, was du tust.« Stanley schaut mich ernst, aber auch verständig mit seinen sanften dunklen Augen an.

Vor uns liegt ein wirklich schwieriger Abschnitt des Trails. Mel tritt noch einmal an mich heran und gibt mir eine genaue Beschreibung der bevorstehenden Strecke. Weil der Yukon an zu vielen Stellen offen und damit lebensgefährlich ist, geht es teilweise über Straßen, die durch ein hügeliges Landesinnere führen. Das Auf und Ab wird für die Hunde sehr anstrengend sein, in unserem Fall wäre mir Raffeis auf dem Fluss lieber gewesen.

»Hundis, wir müssen jetzt durch die Black Hills. Das sind keine allzu steilen Hügel, aber die Hänge sind viele Meilen lang, haben also endlose Steigungen und Talfahrten, die an euren Muskeln zehren werden. Anschließend geht es durch die Geröllhalden der Goldgräberclaims, die, weil sie verlassen sind, mit vielen Overflows überzogen sind. Nicht, dass es bis Pelly Crossing ein Kinderspiel für euch gewesen wäre, aber ab jetzt fängt der richtig anspruchsvolle Teil des Trails an. Jungs, ich zähle auf euch, ohne euren Willen bin ich verloren.«

Als ich mich und die Hunde startklar mache, gehe ich in Gedanken noch einmal die vor uns liegende Strecke durch: Nach einer langen Fahrt auf einem Highway soll ein Stoppschild kommen; dort keinesfalls geradeaus fahren, sondern rechts abbiegen. Danach geht es weiter über baumlose Tundren zu den Black Hills; nach einer kurzen Strecke auf dem Yukon müssten wir zur Hütte an einer Flussgabelung kommen. Stepping Stone ist kein offizieller Checkpoint oder Dogdrop, aber alle Questteilnehmer machen hier eine längere Pause von mindestens sieben Stunden. Das habe ich auch vor. Jetzt ist es später Nachmittag, wenn alles gut läuft, könnte ich gegen Mitternacht dort eintreffen.

Jan will noch nicht mit mir und Sig fort. Er braucht noch eine weitere Stunde, um sich dieser Tour gewachsen zu fühlen. Meine Hoffnung ist Sig, der mir freundlich zuwinkt.

»Bist du so weit, Silvia?«, fragt er mich.

»Ja, von mir aus kann es losgehen«, rufe ich zurück, wobei ich mir aber nicht ganz so sicher bin, wie es vielleicht klingt.

»Viel Glück!« Mels Wünsche gehen aber im Geschrei der Hunde unter. Wir beide werden es brauchen können.

Auch die Liebe gehört dazu

Eigentlich will ich sofort hinter Sig Stormo lospreschen, aber die Sache verzögert sich etwas, weil die Checker mich nicht gleich rauslassen. Als wir endlich wegkommen, gibt es gleich die nächste Hürde zu bewältigen. Statt nach der Straßenkreuzung links abzubiegen, rasen meine Huskys geradeaus. Die Ursache für ihren Eigensinn ist schnell geklärt: Vor ihnen liegt eine kleine Farm, die von einem bellenden Hund bewacht wird. Ein Besuch bei dem Artgenossen könnte vielversprechend sein – das oder Ähnliches mögen die Gehirne meiner Leader signalisiert haben. Und wer lässt sich schon so eine Chance entgehen, besonders wenn es sich bei dem Kläffer um eine aufreizende Hundedame handelt.

Ich lamentiere vor mich hin, während ich meine widerwilligen Leader aus der Farmeinfahrt rausführe.

»Jungs, das fängt ja schon wieder gut an«, sage ich laut zu meinen männlichen Hitzköpfen, »auf diesem Trail sind Frauen eine Sackgasse, also lasst die Pfoten davon. Ist das klar?« Ich stelle mir gerade vor, ich hätte eine läufige Hündin im Team ...

Gleichzeitig halte ich angestrengt Ausschau nach Sig, kann ihn aber nirgends entdecken. Zunächst läuft es aber auch ohne ihn ganz gut.

In solch einer baumlosen Tundra, wie ich sie hier vorfinde, verläuft die Grenze zwischen Kanada und Alaska. Aber erst hinter der legendären Goldgräberstadt Dawson City.

Die ungeheuren Ausmaße der alaskanischen Halbinsel von über 1,5 Millionen Quadratkilometern kann man sich gar nicht vorstellen. Alaska ist der 49. Bundesstaat der USA und der größte. Er ist sogar größer als Westeuropa, wobei nur rund 600 000 Menschen auf dieser Fläche leben. Im Jahr 1867 verkaufte der russische Zar das Land an die Vereinigten Staaten. Die finanzielle Situation Russlands war durch den Krimkrieg bedrohlich geworden, mit der Landübergabe kamen 7,2 Millionen Dollar in die leeren russischen Haushaltskassen – angesichts der Vermögen, die später durch Gold und Erdöl gemacht wurden, war das aber ein Spottpreis. Das einzige Geschäft, das damals blühte, war der Handel der Pelztierjäger mit Fellen.

Es dämmert bereits und wir fahren nun im weichen Zwielicht den ersten Hügel hinauf – mitten auf einer Straße, die im Winter nicht von Autos benutzt werden darf. Oben habe ich Sig eingeholt. Kurz bleiben wir nebeneinander stehen.

»Wann werden wir wohl wieder auf den Yukon dürfen?«, will er wissen.

»Eine Weile wird es noch dauern.« In dieser Unendlichkeit scheint eine genauere Wegbestimmung wenig zu helfen.

Inzwischen ist es so dunkel geworden, dass wir beide unsere Stirnlampen aufsetzen. Die Hunde brauchen solche Hilfsmittel nicht, sie sehen im Dunkeln nicht viel schlechter als bei Tageslicht. Wie geplant sind meine Hunde durch den jetzt vor uns fahrenden Sig ungemein motiviert.

Wir sind jetzt schon vier Stunden auf diesem Highway. Nach der Beschreibung des Trailmarshals müssten wir bald auf das angekündigte Verkehrsschild stoßen, wo wir rechts abbiegen sollen. Das ist schon eine seltsame Vorstellung: Da ziehst du über tausend Meilen mit einem Schlitten durch die Wildnis und bekommst zwischendrin eine so detaillierte Beschreibung wie für den Stadtverkehr in einer Großstadt. Es fehlt nur noch, dass Ampeln erwähnt werden. Und das Beste ist, wenn die Angaben dann auch noch stimmen. Darauf kann man sich bei einem professionellen Rennen wie dem Yukon Quest zum Glück eigentlich immer verlassen. Nach einer ziemlich rasanten und kurvenreichen Abfahrt starre ich hochkonzentriert in die Dunkelheit. Vielleicht ein oder zwei Kurven noch und wir müssten das Ende der Straße erreicht haben. Plötzlich steht in einer engen Biegung direkt vor uns ein Gespann. Der Musher scheint es sich in seinem Schlitten behaglich gemacht zu haben. Fast hätte Sig das Gefährt gerammt; es geht aber noch mal glimpflich aus. Ich streife mit meinen Kufen um Haaresbreite am Schneeanker vorbei und will gerade aufatmen, als dieser losgelöst in der Luft herumwirbelt und sich in meinem Schlitten verhakt. An eine Vollbremsung brauche ich gar nicht erst zu denken, das erledigt sowieso der Anker für mich: Mit einem unglaublichen Ruck komme ich zum Stehen. Ich fliege mit voller Wucht über die Handlebar und lande nahezu zirkusreif auf meinem Schlitten.

Der Musher ist von meiner Flugrolle offenbar aufgewacht. Es ist Bruce Milne. Im ersten Impuls erhebt er drohend die Faust und will wohl schon losschimpfen, aber ihm genügt ein Blick, um einzusehen, dass der Fehler bei ihm lag. Sein Schlitten steht nämlich nach wie vor schräg auf dem Trail. Ohne sich in Erklärungen zu ergehen, beeilt er sich, seinen Schneeanker von meinem Schlitten loszumachen und sein Gespann etwas weiter an den Straßenrand zu manövrieren.

Als ob das nicht schon genug Aufregung wäre, sehe ich beim Umschauen von fern auch noch ein Licht näher kommen. Viel zu hell für eine kleine Stirnlampe. Vielleicht ein Snowmobil? Aber nein! Auf der angeblich für Autos gesperrten Straße fährt ein Ford auf uns zu. Ich sitze immer noch etwas benommen auf meinem Schlitten und traue meinen Augen nicht. Was um Himmels willen macht dieses Auto hier? Es hätte uns überfahren können!

Ich habe aber keine Zeit, lange darüber nachzudenken. Auch wenn es mir auf der Zunge liegt, ich schaffe es nicht, Bruce zu fragen, warum er an dieser denkbar ungeeigneten Stelle sein Nachtquartier suchte – wichtiger ist, den Anschluss an Sig nicht zu verpassen. Also schiebe ich – kaum ist mein Schlitten befreit – ordentlich an, springe auf die Kufen und beeile mich, meinen Weggefährten wieder einzuholen.

Relativ bald nach dem Beinahe-Zusammenstoß kann ich die Umrisse meines Vorfahrers erkennen. Meinen Hunden scheint die akrobatische Nummer nichts ausgemacht zu haben, denn sie tippeln gut. So gegen zweiundzwanzig Uhr stoßen wir endlich auf besagtes Stoppschild. Jetzt kann es bis zur Hütte Stepping Stone nicht mehr weit sein. Wir biegen von der Haupt- auf eine Nebenstraße, suchen ein weiteres Verkehrsschild und fahren dann auf dem Yukon weiter. Auf dem Fluss schlägt uns eine richtige Kältewelle entgegen. Ich schätze, dass es hier auf einen Schlag um mindestens zehn Grad kälter ist. Demnach müssten es minus 35 Grad sein. Durch einen unangenehmen Fallwind fühlt sich die Luft allerdings noch kälter an. Meine Finger, die die Schlittenstange umklammern, geben mir deutlich zu verstehen, dass es Zeit für die Hütte ist. Die eisige Kälte kriecht trotz meiner vielen wärmenden Schichten bis unter die Haut.

Ängstlich versuche ich mir die Empfindungen in Erinnerung zu rufen, die ich hatte, als mir die Finger vor einigen Monaten abgefroren sind. So etwas darf mir auf keinen Fall noch mal passieren! Aber wenn ich meinem Gefühl trauen kann, brauche ich noch nicht beunruhigt zu sein.

Wenn ich Sig ziemlich genau auf seiner Linie folge, so mein Gedanke, muss ich kaum offene Stellen im Eis fürchten.

Hin und wieder dreht sich mein Vordermann zu mir um. »Jetzt müssen wir doch bald da sein! Was meinst du?«, ruft er mir zu.

»Das glaube ich auch!«, schreie ich zurück. Schließlich sind es von Pelly Crossing nach Stepping Stone nur dreißig Meilen, aber durch die Verlegung des Trails können es natürlich etwas mehr geworden sein.

Gegen halb zwölf verlassen wir den Yukon und fahren auf eine Landzunge. Rechts ragt steil eine Böschung auf, soweit ich das im Schein meiner Stirnlampe erkennen kann. Ich friere immer noch ganz fürchterlich, aber zumindest sind wir aus dem Kälteloch des Flusses herausgekommen. Eines wird mir jetzt klar. Entweder wir kommen in der nächsten halben Stunde in Stepping Stone an oder ich muss auf dem Trail rasten. Meine Hunde, so ausdauernd sie auch sind, sie brauchen dringend eine Pause. Zu einer Rast im Freien habe ich bei diesen eisigen Temperaturen ehrlich gesagt nicht die geringste Lust, aber das ist hier nicht die Frage.

Vor mir ist ein kaum noch wahrnehmbarer Schatten – Sig. Bei dem Tempo, das er gerade vorlegt, wird er uns bald abgehängt haben. Ganz nah an der Uferböschung holpern wir durch ein ziemlich unwegsames Gelände, eine Art Unterholz mit Gebüsch, umgestürzten Bäumen und herumliegenden Ästen. Meine Hunde schlagen sich tapfer, so als hätten sie geahnt, was ich als Nächstes entdecke. Wieder ein Schild, vielleicht auch eine Werbetafel. Als der Lichtkegel meiner Stirnlampe darauf fällt, meine ich, eine Erscheinung vor mir zu haben. Aber da steht wirklich: »Drei Meilen: Heißes Wasser – Heißer Kaffee – Pizza«. Ein Jubelschrei.

»Doggies, nur drei Meilen noch. Dann gibts warme Suppe für euch und Pizza für mich. Das klingt doch super, oder?« Mit jedem einzelnen Hund könnte ich einen Freudentanz aufführen. Vielleicht einen Foxtrott?

Als wollten die Hüttenbetreiber, dass uns das Wasser im Mund zusammenläuft, denn nach wenigen Minuten taucht eine weitere Tafel auf: »Zwei Meilen: Heißes Wasser – Heißer Kaffee – Pizza«. Hier weiß jemand offenbar ganz genau, was die Herzen von Musher höher schlagen lässt. Demnach scheint es zu stimmen, was man sich unter Schlittenfahrern über diese Station erzählt: Stepping Stone sei die netteste Rast auf dem ganzen Trail. Eine Meile später leuchte ich das dritte Schild an; kurz darauf sind schon Lichter zu erspähen. Fackeln im Schnee weisen uns die letzten Meter zur Unterkunft. Mir wird richtig warm im Bauch vor Erleichterung und Vorfreude. Kaum zu glauben, aber sogar ein Funken sprühendes Lagerfeuer knistert in der Kälte. Zum Glück bin ich zu erschöpft, um in aufwallender Gefühlsduselei über diese Wildnisromantik Kullertränen zu vergießen.

Der Empfang ist aufmerksam und freundlich. Sofort zeigt man mir, wo meine Hunde sich hinlegen können. Ich erhalte heißes Wasser, um das Fressen vorzubereiten; allein das ist schon eine ungeheure Erleichterung, weil es einem das mühselige Schneeschmelzen erspart.

»Versorgt erst mal eure Hunde und dann kommt rein in

die Hütte. Der Ofen ist warm, Essen gibt es genug«, bekommen Sig und ich zu hören.

Hier ist alles so gut durchdacht und wohl organisiert, dass es mir fast unwirklich vorkommt.

In der einladenden Hütte liegen auf den Holztischen handgeschriebene Speisekarten mit mehreren Gerichten zur Auswahl: Ungarische Gulaschsuppe, Pizza und Spaghetti. Ich bestelle mir eine Pizza mit Schinken und Käse, dazu Kaffee und Orangensaft. Schöner kann ich mir kein Schlaraffenland oder ein Siebengängemenü im feinsten Gourmetlokal vorstellen. Auch hier hängen, überall wo Platz ist, feuchte Handschuhe, Mützen, Pullis und Strümpfe zum Trocknen.

Sig und ich sitzen mit einigen anderen Mushern gedrängt, aber gemütlich an einem Tisch. Gemeinsam wird die Liste der Teilnehmer studiert, die schon vor uns an diesem Ort pausiert haben. Alle wichtigen und favorisierten Musher sind schon längst durchgekommen, haben sieben bis acht Stunden Rast eingelegt. Danach wäre mir auch zumute, aber ich will mich unbedingt nach Sig richten.

Während wir auf das Essen warten, bekommen wir auch zu hören, warum Bruce sich ausgerechnet den Schlafplatz in der Kurve ausgesucht hatte. Eine freiwillige Entscheidung war das für den Alaskaner nicht, sondern eher eine erzwungene. Sein Leader Jerry hatte mit aller Entschiedenheit gebockt – als wir vorbeikamen, schon seit sechzehn Stunden –, nachdem er keine Chance sah, Mascha, die läufige Hündin im Gespann, zu decken. Anscheinend ist heute der Tag der Hundedamen!

Bruce wird nichts anderes übrig bleiben, so wird uns berichtet, als zu warten, bis es dem Rüden zu dumm und seine Lust am Laufen stärker als der Fortpflanzungstrieb wird. Das kann noch dauern!

»Klar, dass Bruce hart bleiben musste«, kommentiert Dario Daniels mit einem Grinsen, »wenn er auch ansonsten Jerry das Vergnügen mit Sicherheit gegönnt hätte.«

Die Weltsicht der Männer kann ganz schön eindimensional sein, denke ich mir im Stillen.

»Man male sich das nur aus, mit einem Deckakt wäre das sicher nicht getan gewesen. Das hätte alle anderen Rüden in Aufruhr versetzt, die dann auch ihre Rechte eingefordert hätten.« Sigs Stimme hat einen düster vibrierenden Unterton, als könne er das Liebesleben der Hunde nicht ganz von dem der Menschen unterscheiden. Vielleicht denkt er an das Schicksal seiner Tochter.

»Das wäre dann in ein Treiben ohne Ende ausgeartet. Huskys sind ja bekanntermaßen sehr ausdauernde Liebhaber. Sie alle wollen ziemlich lang und ziemlich oft«, wirft der Kanadier Jack Warbelow ein.

Zum Thema läufige Hündin fällt mir immer wieder mein einprägsamstes Erlebnis mit meiner Huskydame Raika ein. Meine geliebte »Tochter« – sie war für mich so besonders, weil man sie wie einen normalen Haushund frei herumlaufen lassen konnte – sollte zum ersten Mal gedeckt werden. Als ihre vierte Läufigkeit bevorstand, hatte ich mir schon unglaublich viele Gedanken über einen angemessenen Partner gemacht. Mein eigener Rüde Chan war zwar zur Zucht zugelassen, passte aber meiner Ansicht nicht so gut zu ihr. Irgendwie stellte ich mir was Besseres als »Schwiegersohn« und Welpenvater vor. Deshalb fuhr ich auch eines Nachts mit dem Auto bei strömenden Regen von unserem damaligen Zuhause in Friedrichshafen am Bodensee bis in den Schwarzwald. Ich wusste in Villingen-Schwenningen von einem Deckrüden, den ich vor einem halben Jahr genau unter die Lupe genommen hatte.

Die Nachtaktion war notwendig, weil man den Moment, wo die Hündin steht, genau abpassen muss. Wir kamen um Mitternacht bei dem Besitzer des Rüden an, der sein Einverständnis für den Akt gegeben hatte. Aber statt sich decken zu lassen, versuchte die emanzipierte Raika den für sie Auserwählten selbst in die Mangel zu nehmen. Der Rüde war von der weiblichen Führerschaft derart deprimiert und geschockt, dass er im wahrsten Sinn des Wortes den Schwanz einzog. Sämtliche Lockungen Raikas blieben ergebnislos, keine physische Regung kam mehr zustande.

Quasi als Ersatz bot der gleich mit geknickte Hundezüchter den Bruder des sensiblen Pechvogels an; aber auch der hatte es nicht leicht mit Raika.

Der Kandidat mühte sich redlich, warb von allen Seiten, so gut er nur konnte. Mein Hündin schien aber keine Lust auf ihn zu haben. Sie legte sich einfach immer nur demonstrativ hin, als wollte sie sagen: »Du kannst einen Pfotenstand machen oder mir den Hundestern vom Himmel holen, ganz gleich, aus uns wird nichts. Ich mag dich nämlich nicht.«

»Wahrscheinlich steht deine Hündin noch nicht richtig«, war die Meinung des Rüdenbesitzers, der sich übermüdet durchs Haar fuhr.

Eine andere Erklärung konnte ich ihm auch nicht geben.

Um zwei Uhr morgens traten meine standhafte Hündin und ich die Rückfahrt an. Endlich wieder zu Hause, ließ ich sie zu Chan. Raika war ja offenbar noch nicht bereit. Ich war noch gar nicht richtig im Haus, da hörte ich schon Schreie aus Chans Hundehütte, die durch das ganze Dorf hallten.

Erschrocken stürzte ich wieder hinaus, sicher, dass meiner Hündin gerade ein furchtbares Leid geschähe. Aber nichts da – es handelte sich nur um heftigstes Liebesgetose. Was genau vor sich ging, entzog sich meinen Blicken. Die beiden in sich verklammerten Huskys hatten sich in die Hütte verzogen, regelrecht eingekeilt waren sie. Dass Raika sehr wohl auf dem Höhepunkt ihrer Läufigkeit gewesen und außerdem mit Chans Liebeskünsten mehr als zufrieden war, merkte ich daran, dass die beiden noch drei Tage und Nächte nicht voneinander lassen konnten.

Die dreiundsechzig Tage später geborenen Welpen waren übrigens entzückend. Ich konnte meinen Stolz als »Großmutter« nicht verhehlen.

Bei meinen eigenen zwanzig Huskys in Argenbühl schaue ich mir jeden Hund genau an, bevor ich ein Liebesverhältnis zulasse. Was haben die beiden zukünftigen Eltern für einen Charakter? Wie laufen sie? Wie verhalten sie sich im Rudel? Wenn alles das weitgehend meinen Vorstellungen entspricht, dürfen die Auserwählten ihrer Lust freien Lauf lassen. Was ohnehin nur klappt – wie man ja an Raika gesehen hat –, wenn die Hunde sich auch riechen können.

Aber manchmal sind die perfektesten Überlegungen keine Garantie für einen idealen Wurf. Ungeplante Welpen haben mich dagegen schon völlig überrascht. Aus ihnen können die tollsten Huskys hervorgehen.

Ich bekomme meine noch dampfende Pizza serviert.

»Sig, was meinst du, können wir morgen wieder zusammen fahren?«, vorsichtig frage ich meinen Cheerleader. Bevor ich einen Bissen essen kann, muss für mich das schwierigste Problem geklärt sein.

»Kein Problem. Das geht in Ordnung«, brummt Sig

freundlich, wobei er sich eine Gabel mit Spaghetti und Tomatensauce in den Mund schiebt.

Mir fällt ein Stein vom Herzen und die Pizza schmeckt gleich doppelt gut.

»Silvia, erzähl uns doch eine von deinen Lieblingsgeschichten! Es muss auch keine Liebesgeschichte mit Huskys sein.« Daniel Dario möchte noch, so scheint es wenigstens, stundenlang Musher-Gesprächen lauschen. Es ist ja auch so angenehm warm hier.

»Ich musste gerade an Raika und Chan denken, meine ersten beiden Huskys. Die hatten mir mal einen gehörigen Schrecken eingejagt. Es passierte vor vielen Jahren, da wohnte ich in einer Dachgeschosswohnung in Friedrichshafen, einem kleinen Städtchen nahe der schweizerischen und österreichischen Grenze. Chan war damals schon ausgewachsen und recht cool drauf; Raika dagegen noch jung und verspielt. An einem heißen Sommertag kam ich mit Tüten beladen vom Einkaufen zurück. Ich hatte die Balkontür offen gelassen, damit die Hunde ihre Schnauze auch mal in die frische Luft halten konnten. Während ich nun die Straße entlanggehe, schaue ich zufällig zur Wohnung hoch und traue meinen Augen nicht: Da klettern meine zwei Hunde auf dem Dach des dreistöckigen Hauses herum. Augenblicklich ließ ich meine Einkaufstaschen fallen, raste ins Haus und die Treppen hinauf. Himmel, lass die beiden da nicht runterfallen, betete ich. Insgeheim hoffte ich, dass sie – weil sie mich gehört hatten – von selbst wieder auf den Balkon gesprungen waren und mir mehr oder minder schuldbewusst entgegenlaufen würden. Hektisch sperrte ich die Tür auf – nichts. Ich zwang mich, nicht schreiend auf den Balkon zu rennen. So ruhig wie möglich trat ich nach draußen und schaute nach oben. Da standen sie nach wie vor seelenruhig auf der Kante des Daches, offenbar erfreut, mich zu sehen. Betont unaufgeregt rief ich als Erstes nach Chan: ›Mein kleiner Ausreißer, komm bitte her!‹ Lässig schlenderte er am Abgrund entlang und landete mit einem eleganten Satz vor meine Füße. Ich hatte jetzt keine Zeit, ihn für diese Dummheit zu schimpfen. Erst musste ich Raika von ihrem Trip als Hochseiltänzerin herunterholen. Wahrscheinlich wartete sie auf Applaus, denn sie wedelte wie verrückt mit ihrem Schweif und wackelte dabei mit dem ganzen Körper. Ich konnte kaum hinsehen, dennoch lockte ich sie, als würde ein neues Spiel auf sie warten: ›Raika, du Süße, es ist ganz toll hier. Ich zeige dir was, du musst nur kommen!‹ Das ließ sie sich nicht zweimal sagen und nahm regelrecht Anlauf von dem Dachfirst, um auf mich zuzuspringen. Leider war ihr Absprung falsch bemessen. Sie sprang zu weit. Ich konnte nicht schnell genug reagieren, um sie zu packen. Und so musste ich mit ansehen, wie sie erst übers Dach und anschließend über die Dachrinne rutschte. Zuletzt hörte ich nur noch ein dumpfes Plumpsen.«

»Oje, ist das schrecklich«, stöhnt Sig auf. »Man weiß nicht, was schlimmer ist, ein Kidnapping deines Hundes für Laborversuche oder das hier.«

»In Windeseile schoss ich die Stockwerke nach unten«, erzähle ich weiter. »Mein einziger Gedanke: ›Bitte, lieber Gott, mach, dass Raika auf dem Rasen gelandet ist und nicht auf dem knallharten Beton.‹ Als ich um die Ecke des Hauses lief, war ich auf den denkbar furchtbarsten Anblick gefasst: einen völlig zerschmetterten Hund, der mich nie wieder anschauen wird. Aber wer saß da, lebendig, wedelnd und leicht schuldbewusst? Meine Raika. Sie war leicht geschockt, aber offenbar unversehrt – abgesehen von vier ausgeschlagenen Vorderzähnen.«

»Damit waren ihre Chancen für einen ersten Platz bei der Miss-World-Wahl zwar gefallen, nicht aber als zukünftige liebreizende Huskydame«, bemerkt Dario, der Italiener.

»Ganz recht«, lache ich, »Raikas späteres Liebesleben war nicht ohne.«

Hundegeschichten hin, Musher-Latein her – schließlich sind wir nicht zum reinen Vergnügen hier. Angenehme Gespräche bauen zwar auf, aber Schlaf ist nicht minder wichtig. Weil wir den alle brauchen können, richten wir uns, so gut es geht, in der freundlichen Herberge für die Nacht ein. Wir können sogar vor dem Einschlafen angeben, wann wir geweckt werden wollen. Wie schön, einmal nicht die innere Uhr stellen zu müssen. Luxuriöser geht es kaum noch.

Pünktlich nach sechs Stunden Schlaf werde ich wieder geweckt. In meinem Kopf spuken noch ein paar liebestolle Huskyjongleure herum – die Reste von nächtlichen Traumbildern. Draußen dämmert es schon. Verführerisch duftet es nach Kaffee, doch vor dem Frühstück muss ich zu meinen Hunden, nachsehen, ob bei ihnen auch alles okay ist. Am Himmel ist weit und breit kein Wölkchen zu sehen – der Tag verheißt wieder klar und sehr sonnig zu werden. Das stimmt mich fröhlich und ich versuche, meine Hunde bei der persönlichen Morgenbegrüßung mit meinem Optimismus anzustecken.

Bei Ahornwaffeln mit Sirup erzählt mir Connie den neuesten Klatsch vom Quest.

»Weißt du schon? Der Liebhaber von der Barbie-Beauty Kyla wurde disqualifiziert.«

»Haben sie sich mehr um sich selbst als um die Hunde gekümmert?«, frage ich, überhaupt nicht neugierig.

»Man könnte es fast so nennen. Wenigstens hatte der Typ nicht genug Futter für seine Hunde dabei, eine Überprüfung bei den Checkpoints ergab das. Er soll schon jeden Musher, der gerade vorbeikam, angeschnorrt haben.«

»Und Kyla, ist die nun traurig?«

»Meinst du etwa, ihr Hughes hat diese Entscheidung der Quest-Leitung akzeptiert?«, weiß Connie weiter zu berichten. »Der fährt nun auf eigene Faust weiter und Kyla darf ihn beziehungsweise seine Hunde durchfüttern.«

»Vielleicht erwächst daraus noch einmal die große Liebe?«

»Eher das große Fressen. Wenn Kyla ihre Hunde liebt, dann wird sie einen Mann, der die seinen nicht fürsorglich behandelt, eines Tages ablehnen.« Connies Ton ist sehr bestimmt geworden. Ich kann ihr nur beipflichten.

Weil es so gemütlich und warm ist, verquatschen wir noch ein wenig die Zeit. Keiner mag so recht zum siebzig Meilen entfernten Stewart River aufbrechen. Unter uns ist auch keiner, der sich realistische Chancen auf einen der vorderen Plätze ausrechnet. Alle wollen einfach nur dabei sein und irgendwann ins Ziel einfahren. Da kommt es auf die eine oder andere Stunde nicht an.

Als die Sonne endlich über den Horizont gekrochen ist und die Schneelandschaft in die schönsten Gelb- und Orangetöne taucht, raffen wir uns schließlich doch auf. Erst jetzt bei Tageslicht bemerke ich überhaupt die malerische Umgebung, der sich in großen Bögen schlängelnde Yukon, rechts und links davon sanft ansteigende Hügel mit herrlich unberührt aussehenden Schneekuppen. Die perfekte Kulisse für die Verfilmung eines Jack-London-Romans.

Sig ist mit seinem Team schon startklar. Ein Hund bereitet ihm Sorgen, da er sich immer wieder hinlegt. Wenn hier ein Dogdrop wäre, würde Sig den Husky zurücklassen, schon im Interesse des Hundes. Wir wissen nur von einer Ranch, die zwei, drei Meilen entfernt liegt, wo er vorläufig bleiben könnte. Sig bittet einen Stationshelfer, diesen Hund mit seinem Snowmobil dorthin zu bringen – auch auf die Gefahr hin, für diese Hilfe später disqualifiziert zu werden. Aber das muss er jetzt riskieren. Der Hund geht einfach vor. Dieser Meinung sind wir alle und wollen – falls nötig – beim Racemarshal ein gutes Wort für Sig einlegen.

Ich starte ohne Probleme. Wie sollte es auch anders sein, Sig fährt unmittelbar vor uns. Mein altes Problem wird jedoch offensichtlich, sobald er aus ihrem Blickfeld verschwindet: Schlagartig verlangsamen mein Hunde dann das Tempo. Aber nicht nur Little Buddy und Friendly zeigen sich demonstrativ lauffaul, auch Salt hat sich diesem Duo angeschlossen. Der weiße Husky mit seinen leuchtend blauen Augen gehört zu den Veteranen in meinem Team. Bei Langstreckenrennen wie dem Quest oder dem Iditarod ist es keineswegs ungewöhnlich, mit älteren, aber dafür umso erfahreneren Hunden an den Start zu gehen. Auf Routine und Sicherheit habe ich auch bei Salt gesetzt. Es heißt sogar, er sei vor vielen Jahren einmal den Quest gelaufen. Ob das wirklich stimmt, weiß ich nicht. Im Moment würde er jedenfalls wie meine anderen »Touristenhunde« am liebsten auf das nächste Schlittenteam oder ein Snowmobil warten. Mir bleibt also nichts anderes übrig, als das müde Trio so lange anzufeuern, bis wir wieder dicht hinter Sigs Gespann sind. Und hier muss ich auch bleiben, wenn ich weiterkommen will. Auf der anderen Seite ist mir klar, dass ihn meine ständige Nähe irgendwann nerven wird, wie es jeden von uns nerven würde. Mich inklusive. Dennoch: Ich brauche ihn oder ein anderes Gespann, um überhaupt bis Dawson zu gelangen.

Immerhin wird das Wetter so schön wie erwartet und wir fahren in einen anbrechenden Bilderbuchtag hinein. Von der Hütte aus müssen wir noch einmal den Yukon, dieses Kälteloch, überqueren, anschließend führt der Trail wieder die Uferböschung hoch. Das Gelände ist eigentlich ideal für die Hunde: leicht hügelig, so dass sie sich nicht langweilen, aber auch nicht zu steil, so dass sie sich bergauf nicht zu sehr anstrengen und ich sie bergab nicht bremsen muss. Für den hiesigen Permafrost ist die Vegetation ziemlich üppig: gedrungene Tannen, Schwarzfichten und mehrere Straucharten, die ich unter den Schneedecken nicht ausmachen kann.

Wir sind schon sechs Stunden ziemlich flott unterwegs, als ich zu Sig nach vorne rufe: »Ich glaube, die Hunde haben sich eine Rast verdient.«

Seltsamerweise hat Sig seine Huskys in der Zeit nicht ein einziges Mal gesnackt. Jeder hat da seinen eigenen Rhythmus, aber ich will meinem Team diese notwendige Pause nicht vorenthalten. Schon gegen meine Gewohnheit habe ich auf den stündlichen Stopp verzichtet und den »Pausenriegel« während des Fahrens mit einem Handgriff aus dem Schlittensack geangelt. Ich hielt nur so lange an, wie die Hunde benötigten, um den Happen aufzufangen und herunterzuschlingen. Ich durfte keine Minute verlieren, weil ich den Anschluss an Sig nicht verlieren wollte. Ich will nicht auf das nächste Team warten müssen, um meine Huskys wieder in Gang zu bringen. Weil das Anfahren am einfachsten ist, wo es leicht bergab geht, habe ich mir angewöhnt, zum Snacken nur an solchen Stellen des Trails anzuhalten. Von dort kommt der Schlitten schneller wieder in Fahrt und auch ich kann auf diese Weise besser meine Hunde unterstützen, indem ich mit anschieben helfe.

Sig ist zu einer Rast bereit. Wir versorgen unsere Huskys, zünden unsere kleinen Öfen an und genießen das schöne Gefühl, bei Tageslicht vor einem wärmenden Ort zu sitzen.

»Hast du auch die Kotspuren gesehen?«, fragt Sig.

»Sind die von Wölfen?«

»Das ist ein einsamer Wolf, der nicht vom Rudel akzeptiert wurde; immer die Hucke voll gekriegt hat, wenn er sich den anderen näherte«, erklärt mir der Alaskaner.

»Manche Menschen müssen da ähnliche Erfahrungen machen«, konstatiere ich und wärme mir die Hände an einem Becher heißen Wassers, in dem ich eine Nährstofftablette auflöse.

»Kann der Wolf gefährlich für uns werden?«

»Er ist menschenscheu, er wird sich nicht zeigen. Aber wir werden ihn in der nächsten Zeit spüren. Er wird immer in der Nähe sein. Du wirst es noch merken.«

»Hast du schon einmal Todesangst verspürt?« Nur einen kurzen Moment denke ich über Sigs Frage nach.

»Ja, das war bei einem Rennen in den Pyrenäen. Zwölf Tage ging es bergauf, bergab, alles auf Pisten mit hartem, altem Schnee, aus dem du keinen Schneemann mehr bauen konntest. Die Tour war kein Zuckerschlecken, aber für mich ein gutes mentales Training für den Quest. Es passierte auf der neunten Etappe auf dem Plateau de Beille. Am späten Nachmittag erklärte unser Racemarshal Jo Runnin – du kennst diesen legendären Musher bestimmt, er fuhr die Quest und das Iditarod-Rennen – den Trail. Er warnte uns vor den Abfahrten auf dem harschen, dreckigen Schnee: Die schwarzen Pisten auf dieser über dreißig Kilometer langen Strecke seien besonders gefährlich. Zudem gebe es an einigen Stellen fast überhaupt kein Schnee mehr.

Die Nacht kroch langsam über die Berge. Endlich war es Zeit für den Start. Der Mond war noch nicht aufgegangen, also musste ich meine Stirnlampe anmachen. Meine acht Hunde rasten los, als wollten sie mir zeigen, dass der kommende Weg nur ein Klacks für sie sei. Was für sie auch stimmte, wohl aber nicht für mich ...

Nach einem Kilometer ging es los. Eine Abfahrt mit vielen engen Kurven tauchte auf. Ich schaffte gerade die eine Biege auf dem knüppelharten Eis, schon folgte die nächste – permanent kam ich ins Schleudern. Ich wusste nicht, wie lange ich mich noch auf dem Schlitten würde halten können. In der nächsten Kurve geschah es dann: Ich kippte seitlich und riss den Schneeanker hoch. Dabei verhakte sich dieser in meine Startnummer, die auf dem Rücken meiner Daunenjacke befestigt war. Irgendwie musste ich mich aus dieser Situation befreien. Es ging immer noch talabwärts, ich sah aber nichts mehr, da sich durch den Zug des Ankers meine Jacke über den Kopf gestülpt hatte. Meine Hunde rannten wie verrückt weiter. Irgendwie schaffte ich es, den Klettverschluss der einen Ärmelseite, anschließend den der anderen zu lösen und mich aus der Zwangsjacke regelrecht herauszuschütteln. Dabei wurde ich wie eine Feder im Sturm herumgewirbelt, bis ich abrupt auf der Piste liegen blieb. Der Sturz auf dem harten Eis, das die Struktur von Fossilien hatte, tat ziemlich weh. Aber an Schmerz war nicht zu denken, ich musste mich beim Aufstehen beeilen, um meine Hunde einzuholen. Glücklicherweise hatten sie sich um einen Baum gewickelt. Was sollte ich nun tun? Würde ich den Schlitten ohne eine Sicherung lösen, meine Hunde würden wie von der Tarantel gestochen davonpreschen, den ständig an uns vorbeischießenden Gespannen folgend. Das aber wollte ich auf keinen Fall. Mein Adrenalinspiegel war schon derart in die Höhe geschossen, auf einen weiteren Schub konnte ich liebend gern verzichten. Also löste ich einen weiteren Schneeanker von meinem Schlitten, während ich meinen Huskys gut zuredete: ›Doggies, mir wäre es jetzt recht, wenn ihr euch ein wenig zügeln könntet – danach dürft ihr gleich wieder lossprinten.‹ Meine Stirnlampe hatte ich bei dem Sturz verloren, aber da der Mond zwischenzeitlich aufgegangen war, konnte ich genügend erkennen.

Schon wieder war ein Team im Anmarsch, ein Ruck ging durch den Schlitten.

›Hey, doggies, ich hab euch gerade um etwas gebeten. Und so wie ich euch verstanden hatte, wolltet ihr auch geduldig abwarten!‹, rief ich meinen Hunden zu. Gelassenheit ist nicht gerade eine Stärke von Huskys.«

»Das kannst du wohl laut sagen«, wirft Sig ein, der bislang schweigend, aber konzentriert lauschte – so wie ich der Geschichte von seiner Tochter Samantha zuhörte.

»Endlich, der Schneeanker war los!«, erzähle ich weiter. »So konnte ich ihn jetzt von der Zentralleine aus im Schnee befestigen. Mit voller Kraft zog ich nun den Schlitten um den Baum herum. Wie ich vermutet hatte, wollten meine Hunde sofort abhauen, aber der Schneeanker bremste sie gleich wieder aus.

›Rick, weißt du was‹, sagte ich zu meinem damaligen Leader, ›ich lasse gleich die Tugleine los und ihr lauft gemächlich den Berg runter, ist doch eine gute Idee, oder?‹

›Nee, nicht mit uns. Wir finden es super, diesen harten Trail bergab zu düsen. Es gibt nichts Tolleres!‹ Ricks Blick war verräterisch. Anschließend stupste er mich aber mit der Nase an und sagte mir damit: ›Chefin, das war nur ein Witz.‹

Wir standen wieder auf dem Trail. Meine Daunenjacke und meine Startnummer hatte ich verloren, aber den Berg wieder rauf, um sie suchen, dazu hatte ich keine Lust. Mein Ersatzpulli musste reichen.

Nach zwanzig Minuten war ich endlich am Biwakplatz angekommen. Ein anderer Musher übergab mir meine Jacke, er hatte sie unterwegs aufgesammelt. Jetzt sah ich erst richtig, was passiert war. Der Schneeanker hatte mit seiner Spitze den Stoff aufgerissen, überall kamen die Daunen heraus. Als mich Henk Rozemar, ein holländischer Musher, fragte, was geschehen war, brach alles aus mir heraus. Ich heulte hemmungslos. Mir wurde bewusst, dass ich vorhin zu Tode erschrocken war. Was hätte alles eintreten können, wenn ich mich nicht von dem Schneeanker hätte befreien können? Wenn sich dieses Monsterteil in meinen Rücken gebohrt hätte?«

»Du konntest froh sein, dass du heil davongekommen bist«, bemerkt Sig leise. »Bei diesem Sport gibt es immer ein Restrisiko. Wer das nicht akzeptiert, sollte keine Schlittenhunderennen fahren.«

»Ich habe das Gefühl, dass ich mit meinen Gedanken über das Leben durch diese Erfahrung weitergekommen bin. Der Tod ist nicht so grausam, wie wir gemeinhin glauben. Wir werden weiterleben, wie auch die Huskys ewig leben und stets ihr wunderschönes Geheul von sich geben werden. Und Samantha wird wissen, was du jetzt für sie machst, und stolz auf dich sein.« Zu gern würde ich Sig ein wenig über seinen Schmerz hinweghelfen.

»Wir müssen weiter«, ist seine einzige Reaktion.

Bis wir alles verstaut und die Hunde startklar gemacht haben, ist es Mittag. Erfreulicherweise sind meine Hand-

180

schuhe durch die Wärme des Ofens trocken geworden. Auf unserem Rastplatz hinterlegt Sig ein paar Snacks.

»Für den Wolf«, sagt er, »damit er uns wohl gesonnen ist.«

Kein Fluss oder See ist zu entdecken, nur sanfte Hügel, so weit das Auge reicht. Wir kommen gut voran und haben nur hin und wieder Overflows zu überqueren. Als es schon dämmert und von Stewart River noch nichts zu sehen ist, beginne ich zu zweifeln. Können sich die siebzig Meilen von Stepping Stone derart hinziehen? Oder sollte Sig sich etwa verfahren haben? Aber auch wenn er zum ersten Mal an dem Quest teilnimmt, Sig ist ein »Eingeborener«, für ihn muss der Busch doch eine Selbstverständlichkeit sein!

»Hey, Sig, sind wir richtig?« Bei einer Snackpause frage ich ihn vorsichtig. Inzwischen ist es schon stockfinster. »Hätten wir die Abzweigung von vorhin nicht nehmen müssen?«

»Es kann nur hier entlang gehen, Silvia. Eine Alternative gibt es nicht. Vertraue mir.«

Das will ich auch tun. Mir bleibt auch gar nichts anderes übrig. Dennoch ist meine Erleichterung groß, als ich den nächsten Trailmarker mit meiner Stirnlampe anleuchte. Nachdem wir erneut eine ganze Weile gefahren sind, hören wir hinter uns in der Ferne ein knatterndes Geräusch. Das muss ein Snowmobil sein. Immer wieder blicken wir uns um und warten darauf, von dem motorisierten Gefährt eingeholt zu werden. Wir halten an, als der Snowmobilfahrer auf unserer Höhe ist. Das ist auch eine günstige Gelegenheit, um zu fragen, wie weit es noch bis Stewart River ist.

»Maximal noch acht Meilen«, schätzt der Fahrer, während er auf seinen beleuchteten Meilenzähler schaut.

Das bedeutet, noch mindestens eine Stunde, wenn Sigs Hunde so gut weiterlaufen und meine brav hinterher. Nicht nur wegen der Müdigkeit und der Kälte sehnen wir uns die Rast in der Hütte herbei, wir sind auch enorm durstig. Bei meiner Thermoskanne ist der Verschluss zerbrochen, so dass wir uns das Wasser von Sigs Wärmhalteflasche teilen mussten. Natürlich ist diese nun leer. Ich habe das Gefühl, ich könnte einen ganzen Eimer Wasser in mich hineinschütten. Sig ergeht es noch schlimmer, denn er fragt den Snowmobilfahrer, ob er etwas zum Trinken dabeihätte. Um nicht gierig zu erscheinen, reichen uns zwei, drei Schlucke aus dem angebotenen Behälter.

Da wir noch einige Meilen zu bewältigen haben, entscheiden wir uns für eine kurze Rast. Sig wirkt ziemlich frustriert. Das ist aber auch verständlich, denn er hat wieder mit einem Hund zu kämpfen, der nicht mehr richtig läuft. Ich rate ihm, Daisy in den Schlittensack zu setzen, weil sie sonst nur das gesamte Team bremst. Die Entscheidung fällt Sig schwer, wohl wissend, dass der Schlitten dadurch schwerer zu lenken ist.

Aber letzten Endes ist auch für Sig klar, Daisy muss in den Sack.

Inzwischen sind wir wieder am Yukon unterwegs. Wie ein nicht aufzuhaltender Riesenkäfer krabbelt diese furchtbare Kälte erneut von der gigantischen Eisfläche zu uns herauf. Sie durchdringt Mark und Bein. Jetzt weiß ich wirklich, was dieser Ausdruck bedeutet.

Stewart River! Wann wirst du aus der Dunkelheit auftauchen? Wir sind mit nichts anderem beschäftigt, als uns einen brennenden Ofen vorzustellen, über den wir unsere nassen Sachen zum Trocknen hängen können. Auch warmes Wasser fürs Hundefutter schwirrt in unseren Köpfen herum. Wer es nicht selbst erlebt hat, kann sich kaum vorstellen, wie sehr sich ein Musher über die kleinen Dinge des Lebens freut. Bei einem angezündeten Ofen spart man beispielsweise den Feuerstarter, weil man den eigenen Kocher nicht anheizen muss. In lausig kalten Momenten ist das der größte Luxus.

Sig denkt sicherlich auch an Daisy. Da Stewart River ein offizieller Ort zum Droppen der Huskys ist, kann er hier seine schwächelnde Hündin in die Obhut seines Doghandlers geben.

Keiner von uns beiden möchte am eisigen Ufer kampieren. Bloß nicht! Zwar soll es in Stewart River auch nur ein Zelt als Übernachtungsstätte geben, aber eingekuschelt im Schlafsack kann es nur wärmer sein als die vielleicht minus vierzig Grad, die wir hier gerade erleben. Außerdem entdecken wir in unmittelbarer Nähe auch kein gutes Brennholz, um ein wärmendes Feuer zu entfachen, das uns in der Nacht vor Erfrierungen schützt. Das Gesetz der Gemeinheit tritt immer dann in Kraft, wo man es nicht brauchen kann.

Die Strecke kommt uns endlos vor. Jetzt müssten wir nur noch eine halbe Stunde vor uns haben – sollte der Snowmobilfahrer mit seiner Einschätzung nicht völlig danebenliegen. Da hören wir von hinten zwei Teams, die sich uns nähern. Mittlerweile ist mein Gehör so ausgezeichnet trainiert, dass ich auch auf größere Entfernungen ziemlich genau zwischen einem Snowmobil, wilden Tieren und einem oder mehreren Hundegespannen unterscheiden kann. Auch selektiere ich keine Geräusche mehr, wie ich es im Alltag tue, um die wichtigen von den weniger wichtigen herauszufiltern. In der Natur gibt es keine unwichtigen Laute. Trotzdem höre ich natürlich längst nicht so gut wie der schwerhörigste unter meinen

Hunden. Ich vermute, dass Jan dabei ist, weil er sich kurz nach uns von Stepping Stone auf den Weg machen wollte.

»Wann ist denn dieser fucking Trail zu Ende?!« Kein Zweifel, da ist Connie im Anmarsch. Im Hintergrund höre ich noch eine tiefe brummelnde Stimme – die von Jan. Auf einmal befinden sich vier Teams in der nächtlichen Wildnis auf einem Haufen. Aber die Hunde sind allesamt viel zu müde, um in ein aufgeregtes Freudengeheul auszubrechen. Sie kühlen sich rasch die Bäuche im Schnee und lassen große Atemwolken aus ihren hechelnden Schnauzen aufsteigen, während wir Musher darüber diskutieren, ob es sich überhaupt noch lohnt, weiter vorzupreschen.

»Ich bin davon überzeugt, dass wir kurz vor Stewart River sind«, werfe ich in die Runde, obwohl ich davon ausgehe, dass meine Stimme als Anfängerin bei dem Quest nicht viel Gewicht hat.

»Wir müssten schon längst angekommen sein«, klagt und jammert Jan, während er sich die rote Nase reibt.

»Vielleicht ist der Trail verlegt worden«, meint Connie. »Das wäre mal wieder der größte Mist.«

»Es sind bestimmt nur noch zwei Meilen bis Stewart River, mein Gefühl sagt es mir«, hartnäckig poche ich auf meinen Standpunkt. »Aber ich kann mit meinen Hunden nicht alleine weiterfahren.«

»Silvia, bleib lieber hier. Denk an die Hunde! Sollten es doch mehr als zwei Meilen sein, dann kannst du sie vergessen.« Im Chor überreden mich Sig und Connie zum Rasten an Ort und Stelle.

Jan beschließt, allein das Wagnis auf sich zu nehmen. Er will partout nicht hier draußen nächtigen. Leicht wehmütig sehe ich, wie er von der Finsternis verschluckt wird.

184

Aber mit Connie habe ich ein bisschen Abwechslung und Unterhaltung, auch wenn anfangs jeder vor allem mit sich und den Hunden beschäftigt ist. Eingemummelt in unseren Schlafsäcken, ist Sig sofort weggedämmert. Ich liege im Schlitten, Connie neben dem ihrigen.

»Meine dummen Witze darüber will ich dir heute ersparen«, fängt Connie unser Zweiergespräch an. »Wenn ich aber Sig so anschaue: Es ist schon eine verdammt traurige Geschichte, das mit seiner Tochter Samantha.« Der Tonfall in Connies Stimme hat sich völlig geändert, ganz viel Mitgefühl schwingt nun mit.

»Sein Schicksal kann man sich nicht aussuchen, auch wenn es schwer ist, es zu akzeptiere«, antworte ich.

»Aber ein Kind zu verlieren ...«

»Ich musste das auch schon mal erleben«, sage ich. »Nick war schon in meinem Körper zu spüren. Ich freute mich riesig auf ihn. Doch eines Tages – ich war im sechsten Monat – ging ich zum Arzt, weil ich so ein komisches Gefühl hatte. ›Na, was macht denn das Butzele‹, fragte er mich. Nach der Untersuchung stellte sich heraus, dass das Butzele nicht mehr machte. Es war tot. Sein Herz schlug nicht mehr. Anschließend wurden die Wehen eingeleitet, ich musste das tote Kind normal zur Welt bringen. Seine Seele war nicht für mich bestimmt gewesen, sondern für eine andere Frau, die sie nötiger hatte als ich.«

»Es ist schön, wie du das sagst. Du hättest darüber auch ein hartes Herz entwickeln können.«

»Manchmal streichle ich über den Kopf eines Huskys und denke, dass es Nick sein könnte. Das macht mich sogar richtig glücklich. Wahrscheinlich denkst du, ich sei verrückt.« Ich würde es Connie nicht übel nehmen.

»Überhaupt nicht. Jeder Mensch braucht seinen Schutz.

185

Sig fährt das Rennen; ich schimpfe wie ein Rohrspatz, aber nur, um mich dahinter zu verbergen«, antwortet Connie. »Aber jetzt lass uns ein wenig schlafen, damit auch wir zu Kräften kommen.«

Nach vier Stunden wachen wir zähneklappernd wieder auf. Wir müssen weiterfahren, sonst könnten wir Erfrierungen davontragen. Die Hunde bekommen noch eine Runde Snacks und ihre übliche Suppe, anschließend brechen unsere drei Gespanne in der beginnenden Dämmerung auf. Schon nach wenigen Minuten stoßen wir auf Jan. Seine Hunde hatten keine Lust auf einen Alleingang gehabt. Nach weiteren fünf Minuten begegnen wir Dario Daniels, dem es ähnlich wie uns ergangen ist. Und keine zehn Minuten später – wer sagt's denn? – der Dogdrop. Wir alle müssen nur lachen, es hätte auch gar keinen Sinn, sich oder den anderen Vorwürfe zu machen. Das sind unvermeidliche Erfahrungen, die auch die besten Musher immer mal wieder machen.

Wir richten uns für eine Pause ein und die Hunde freuen sich sichtlich, schon wieder eine warme Suppe vorgesetzt zu bekommen. Aber schließlich haben sie letzte Nacht auch mehr Kalorien als sonst verbrannt, um ihre Körpertemperatur zu halten. Die Kontrolle der Tierärzte passieren alle meine Hunde einwandfrei. Von hinten höre ich, wie ein Musher die anderen um Futter für seine Hunde anfragt. Mein erster Gedanke: Jetzt lerne ich endlich Kylas Lover Hughes kennen. Als ich mich aber umdrehe, ist es der Kanadier Bill Steyer. Da er zwei ungeplante Zwischenstopps einlegen musste, kann so etwas schnell passieren. Viel kann keiner erübrigen, weil wir alle noch weiter müssen. Aber da Sig seine Daisy zurücklässt, bekommt Bob das Futter, das für ihre nächste Strecke berechnet war. So müssen also die Huskys des Kanadiers nicht hungern.

In der kleinen Holzhütte präsentiert sich mir das übliche Bild: Rund um den Bullerofen hängen feuchte Handschuhe und Socken zum Trocknen. Kaum habe ich »Hallo« gesagt, kommt schon eine Questhelferin auf mich zu.

»Du kommst gerade recht. Das Frühstück ist fertig«, verkündet sie fröhlich um neun Uhr morgens. Hoffentlich etwas Deftiges! Das würde zu dieser neun Quadratmeter großen »Erlebnishütte« passen. Vielleicht Eier mit Speck und Würstchen, denn es duftet hier köstlich. Als wir uns noch zu acht um den Tisch zwängen, wird schon serviert: Für jeden ein dickes Rumpsteak mit Kartoffelpüree und Bohnen. Dazu gibt es Kaffee. Mit einem richtigen Essen haben wir gar nicht gerechnet, vergnügt stürzen wir uns auf das saftige Fleisch.

Zwischendurch hört man draußen den Buschflieger landen. In Alaska kommt alles Gute immer von oben, da das Land sommers wie winters zum großen Teil aus der Luft versorgt wird. Nirgendwo auf der Welt sind mehr, oftmals museumsreife Flugzeuge täglich im Einsatz. Ohne diese läuft hier gar nichts, ganz gleich ob sie Windeln oder Wasserhähne bringen. Offenbar wird der Buschtransporter Daisy ausfliegen, die sich nun in Fairbanks gründlich ausruhen kann. Ich sauge die Atmosphäre in mich auf. Nicht zuletzt wegen dem Zusammengehörigkeitsgefühl, das man hier mit Händen greifen kann, tue ich mir diese ganzen Strapazen an.

»Rücke ich dir nicht manchmal zu nah auf die Pelle?«, frage ich Sig. »Ich würde gern mehr Abstand halten, aber meine Hunde laufen nur, wenn sie Blickkontakt mir dir haben.«

»Ich weiß schon. Mach dir deswegen keinen Kopf. Du kannst so nah hinter mir bleiben, wie es für dich richtig ist«, antwortet Sig, während er sich mit der linken Hand am Kopf kratzt.

Dafür bin ich ihm unendlich dankbar und sage ihm das auch.

Indianer, Goldgräber und Hundeflüsterer

Sig und ich brechen am frühen Nachmittag von Stewart River auf. Bill Steyer ist schon seit einer Weile fort. Jan will auch langsam los, nur Connie beschließt noch zu bleiben. Unser nächstes Ziel ist die Hütte am Scroggie Creek. Diese Etappe wird hart, hat man mich gewarnt. Sie soll ziemlich gebirgig sein. Ich weiß nicht genau, ob ich mir tatsächlich Sorgen machen soll, denn Berge bin ich ja schließlich aus dem Allgäu gewöhnt. Aber natürlich ist Berg nicht gleich Berg. Wer selber keine besteigt, weiß dies immerhin aus den Erlebnissen eines Reinhold Messner.

Jan, der die Strecke ja schon kennt, hat mir diesen Abschnitt beschrieben, als würden wir bald Protagonisten eines Horrorfilms sein. Wäre ich mit meinen eignen Hunden unterwegs, sähe ich in einer Gebirgstour überhaupt kein Problem, denn die kennen zumindest die Gipfel bei uns Zuhause. Caruso liebt Berge sogar über alles. Von den anderen Huskys hier in meinem Gespann weiß ich es einfach nicht. In meinem Trainingsgebiet um Tanana gab es nur ein paar Hügel, die aber mit richtigen Höhenzügen nicht zu vergleichen sind.

Immerhin steht die Sonne hoch am Himmel in Alaska, es ist kalt, aber für diesen extremen Fleck Erde geradezu angenehm, da will ich mir die Stimmung nicht durch irgendwelche vage Befürchtungen verderben lassen. Noch dazu, wo mein Team ganz gut mit Sigs Gespann mithält.

Die Gegend, durch die wir fahren, erzählt von einer einstmals glorreichen Geschichte dieses Landes: Rechts und links vom Trail befinden sich verlassene Goldgräberclaims, worauf schrottreife Bagger und andere riesige Maschinen herumstehen. Die rosten einfach mitten in der Wildnis vor sich hin, umrankt von krüppeligen Sträuchern. Hin und wieder ist auch ein Autowrack zu entdecken, wie zufällig scheint es in der Eislandschaft vergessen worden zu sein. Als ich eine verlassene Hütte erspähe, fühle ich mich sofort in die Zeit der großen Goldschürfer zurückversetzt. Wahrscheinlich kommt gleich ein Mann mit wuchtigem Bart, versessenem Blick und einem Sieb in der Hand um die Ecke.

Es ist schon eigentümlich, sich vorzustellen, dass Tausende von Menschen von heute auf morgen ihre Geschäfte und Familien im Stich ließen, um ihr Glück in einem der entlegensten Winkel der Erde zu suchen. Kein Ort auf der Welt besaß um die vorletzte Jahrhundertwende eine magischere Anziehungskraft. Die Kunde von sagenhaften Goldfunden am Klondike löste eine wahre Massenwanderung aus. Jeder träumte davon, sich ein Vermögen schürfen zu können. Zehn Millionen Dollar sollen allein in den Bächen des Klondike herausgesiebt worden sein. Für die damalige Zeit eine unglaubliche Summe. Kein Wunder, dass sich das Goldfieber wie eine ansteckende Krankheit ausweitete. Nicht wenige Menschen fanden dabei den Tod. Im Sommer ging es über die vor uns liegenden Pässe nach Dawson, über Geröllhalden, Sumpfgebiete, Schlammlöcher, steile Schluchten, im Winter über Gletscher und Eiswüsten. Menschenzüge, angekettet wie Galeerensklaven, passierten die unwegsame Natur. Wer nicht abstürzte, den raffte oft das brutale Klima dahin.

»Caruso, wenn ich es mir hier so anschaue, dann finde ich, dass du es ziemlich gut getroffen hast!«, rufe ich meinem Leader zu.

»Wie meinst du das denn? Ich ackere mich für dich ab und du hältst das für ein klasse Hundeleben? Darunter könnte ich mir etwas anderes vorstellen.« Caruso schaut leicht verwundert in meine Richtung.

»Stell dir vor, die Huskys, die früher in dieser Gegend lebten, mussten Tag für Tag schwere Lasten ziehen, Kranke und Tote transportieren, ohne dass sie einen einzigen Snack bekamen oder gar gestreichelt wurden.« Diese Alternative scheint meinen Leithund wenig zu beeindrucken.

»Warum müsst ihr Menschen bloß immer Vergleiche zur Vergangenheit ziehen. Die Goldgräber interessieren mich so wenig wie ein abgenagter Knochen. Das einzig Interessante ist die nächste Suppe, selbst dein ewiger Snack kann mir gestohlen bleiben.« Caruso schüttelt leicht sein Haupt. Weitere Ausführungen hält er für sinnlos. Mir bleibt nichts anderes übrig, als meine Ansichten für mich zu behalten.

Doch lange kann ich nicht weiter über Nuggets und die Glücksvorstellungen von Menschen sinnieren, denn plötzlich fangen Sigs Hunde in dieser gottverlassenen Gegend an, sich an meinem Team zu stören. Sie haben Probleme damit, dass wir so dicht hinter ihnen fahren. Immer wieder schauen sie zu uns zurück, sobald sie meine Hunde hecheln hören. Was Sigs Nerven zu diesem Zeitpunkt zusätzlich strapaziert, sind zwei weitere schwächelnde Huskys in seinem Gespann. Es läuft einfach nicht mehr so rund bei ihm. Wir bleiben stehen und überlegen, was zu tun sei. Ich würde zwar gerne weiterhin hinter ihm bleiben, kann seinen Unwillen angesichts der neuen Situation aber gut verstehen.

»Es gibt nur zwei Möglichkeiten«, stellt mich Sig vor die Wahl, »entweder du fährst voraus oder ich. Einer von uns muss hier zurückbleiben und eine Weile warten; anders komme ich mit meinen Hunden nicht weiter.«

»Fahr du weiter. Ich snacke meine Hunde in der Zwischenzeit«, lautet mein Vorschlag. Für mich ist klar, dass ich ihm den Vortritt lasse. »Wenn wir uns dann doch wieder treffen sollten, weil meine Hunde euch eingeholt haben, versuche ich eben, dich zu überholen.«

Dieses Problem sehe ich schon auf mich zukommen, denn Sigs Huskys sind im Moment nicht besonders schnell, meine erstaunlicherweise wieder ziemlich flott unterwegs. Vielleicht ist bei ihnen endlich der Groschen gefallen. Oder haben sie doch darüber nachgedacht, dass ihr Hundelos weit schlechter hätte ausfallen können?

Sig prescht davon und ich schaue auf die Uhr. Nach zwanzig Minuten, einem Happen und viel Vorschusslob für jeden einzelnen Hund, steige ich wieder auf die Kufen und rufe extra fröhlich: »Go, doggies, go!« In meinem Inneren aber beschwöre ich sie: Bitte Caruso, Sultan und ihr anderen Jungs, lasst mich jetzt nicht hängen! Ihr könnt rennen, da bin ich mir ganz sicher.

Ich weiß nicht, ob sie meine Gedanken gelesen haben, jedenfalls rasen sie ohne Zögern los – ohne ein Snowmobil oder ein anderes Schlittengespann in Sichtweite vor ihnen. Ich bin wahnsinnig erleichtert und auch ein bisschen stolz, dass es mir offenbar gelungen ist, sie wieder zu motivieren. Das Gelände, durch das wir nun dahingleiten, hat wieder einen ganz eigenen Charakter. Wie beim Kohletagebau veränderte sich die Oberfläche der Landschaft durch die Goldgräberei enorm: Riesige Flachseen haben sich da durch das aus der Erde hochgedrückte Grundwasser gebildet. Seltsamerweise ist der Boden nicht hartgefroren, sondern durch das immer wieder aufsteigende Wasser eher glitschig; manche Overflows sind sogar mehr als einen Meter tief. Stellenweise habe ich Mühe, den Trail überhaupt zu sehen. Trotzdem kommen wir einigermaßen gut durch, bis ich für einen Moment nach vorne aufschaue und vor

Schreck fast erstarre: ein entgegenkommendes Team! Für ein Gespann wie das meinige ist das im Augenblick der schlimmste anzunehmende Vorfall. Alles andere wäre mir lieber gewesen. Ich kann mir ausmalen, wie Sultan darauf reagieren wird – mit einer 180-Grad-Biege. Und dann nichts wie hinterher. In seinen Augen ist das in diesem Augenblick die einzig wahre Richtung, die vorherige muss entschieden falsch gewesen sein. Sultan glaubt mir sowieso nicht. Er akzeptiert mich nicht als diejenige, die weiß, wo es langgeht. Und er traut auch seinem eigenen Instinkt nicht so, wie es bei einem Leader eigentlich der Fall sein sollte. Fieberhaft überlege ich, wie ich Sultan zuvorkommen kann.

So schnell will mir nichts Kluges einfallen. Noch bevor der andere Musher meine Höhe erreicht, erkenne ich, dass es Eric Nicolier ist. Den Frankokanadier mit dem schmalen Gesicht traf ich schon in Stewart River, aber er hatte sich von uns anderen fern gehalten, weil er stark erkältet war und fieberte. Er wollte aus diesem Grund schon dort aufgeben, aber er scheute die Entscheidung, weil ihm die Angelegenheit zu kostspielig erschien. Da es von Stewart River keine Straßenverbindung nach Fairbanks gibt, hätte er seine Huskys für fünfzig Dollar pro Tier ausfliegen lassen müssen. Als ich davon hörte, nahm ich mir vor, dass das Geld nicht maßgeblich sein sollte, wenn ich zur Aufgabe gezwungen wäre.

Eric fährt langsam näher, der Trail ist für zwei Gespanne, die in vollem Tempo aneinander vorbeirauschen, ohnehin zu eng. Leider fühlt er sich auch noch verpflichtet anzuhalten und mir sein Problem zu erklären. Ich kann sein Bedürfnis verstehen, ich hätte es in seiner Situation genauso getan, nur habe ich dabei Sultans Eigensinn im Kopf.

»Ich fahre zurück und scratche in Stewart River«, lässt mich Eric wissen. Seine Augen sind glasig und fast zugeklebt, die Wangen eingefallen und die Haut sieht erschreckend käsig aus.

»Tut mir Leid für dich. Aber wenn es nicht anders geht, ist das sicher das Beste für dich und deine Hunde«, antworte ich – und hoffe insgeheim, dass mir das nicht auch bald blüht. Etwas erschrocken über meine Kälte, füge ich hinzu: »Du musst erst einmal wieder gesund werden.«

»Es ist ja nicht nur die Grippe, ich habe dummerweise von Pelly Crossing aus zu wenig Futter für meine Hunde mitgenommen, meint Eric. »Damit käme ich nie bis nach Dawson.«

»Ich kann dir leider auch nicht helfen. Ich habe aus Gewichtsgründen meine Rationen so knapp bemessen, dass ich gerade selbst hinkomme.« Ich bin recht einsilbig, weil ich wider besseres Wissen hoffe, dass meine Huskys sich von diesen Umkehrern nicht beeindrucken lassen. Und weil ich das so schnell wie möglich wissen will, schenke ich Eric nicht die nötige Aufmerksamkeit.

Doch als der Frankokanadier endlich an uns vorbeizieht, setzt Sultan sofort zum Wenden an. Der Schelm ist so berechenbar! Ich sprinte ohne weitere Überlegungen blitzschnell zu meinem Leithund und zerre ihn zurück.

»Go on by, Jungs. Go ahead!«, rufe ich mit lauter Stimme. Ich weiß, wie schwer ihnen dieses Manöver fällt, und könnte mich schwarz ärgern, weil es bis zu diesem Zwischenfall einigermaßen gut gelaufen ist. Aber Jammern nützt ja nichts. Vor uns erheben sich die Black Hills. Da warten erst noch die richtigen Herausforderungen auf uns. Und ob das alles nicht genug wäre, geht es gerade an dieser Stelle bergauf.

Mit mir selbst geheim gebliebenen Künsten gelingt es mir, meine Hunde zum Weiterlaufen zu bewegen – und zwar in die von mir angepeilte Richtung. Sig hat offenbar seinen Vorsprung ausgebaut, denn ihm begegnen wir nirgends. Dafür treffen wir auf einer Anhöhe Bruce Milne. Der schlaksige Kanadier mit den ausgeprägten Stirnfalten rastet gleich neben dem Trail. Da Bruce im Begriff ist, seine Hunde zu füttern, finden sie dies derart verlockend, dass sie sich augenblicklich neben dem anderen Gespann in den Schnee fallen lassen. Bruce wirft mir nur einen kurzen Gruß zu, er hat sofort verstanden, dass ich so schnell wie möglich an ihm vorbeiwill. Also renne ich wieder nach vorne zu meinen Leadern, ziehe sie unter gutem Zureden auf die Füße und schaffe es, sie für einen Abgang zu motivieren. Dass mir auch dieser schwere Akt gelungen ist, lässt mich für die Zukunft hoffen.

Weiter geht es in engen Serpentinen auf dem alten Posttrail zwischen Whitehorse und Dawson – für Snowmobile ist es heute immer noch die einzige Verbindung. Als der Schlitten um die Kurve biegt, sehe ich weiter vor mir Sig auf der Piste stehen. Es scheint, als hätte er Probleme. Meine Vermutung stimmt, denn als ich ihn eingeholt habe, bittet er mich, unbedingt rasch weiterzufahren.

»Du weißt, ich will auch nichts anderes«, antworte ich ihm knapp und versuche mein Bestes, um mein Team an seinem vorbeizulotsen. Doch es will mir einfach nicht gelingen. Sicher wäre ein Überholmanöver leichter, wenn Sigs Hunde laufen würden. Und noch leichter wäre alles, wenn da überhaupt kein Team außer uns wäre. Während ich noch schwitzend und keuchend mit Sultans Geschirr jongliere, höre ich von hinten ein Snowmobil herankommen. Meine Gedanken überschlagen sich. Helfen darf uns natürlich niemand, aber da meine Hunde auf die motorisierten Schlitten konditioniert sind, könnte das eine Chance sein ...

Ich muss einfach meine Huskys von Sig wegbringen,

sonst kriegt der arme Mann noch einen Silvia-Koller. Außerdem sehen seine Hunde im Gegensatz zu meinen noch sehr fit aus – aber das sage ich wohlweislich nicht laut.

Glücklicherweise stoppt der Snowmobilfahrer neben uns.

»Kann ich irgendetwas für euch tun?«, fragt er. »Die Hunde mühen sich so vergeblich ab, das kann man gar nicht mit ansehen.«

»Fahr einfach langsam an uns vorbei. Meine Jungs sind so versessen auf den Motorschlitten wie einst die Goldschürfer auf das glänzende Metall. Sie lassen sich davon ohne nachzudenken mitreißen«, bitte ich ihn.

Sig und der Snowmobilfahrer schauen mich an, als hätten sie gerade einen Yeti vor sich. Ich sehe ihnen an, dass sie meine Idee für vollkommen aussichtslos halten.

»Ich glaube ja nicht, dass das funktioniert«, sagt Sig, »aber mir fällt keine Alternative ein und zu verlieren haben wir auch nichts.«

»Auf einen Versuch können wir es auf jeden Fall ankommen lassen«, unterstützt mich nun auch der Fahrer.

»Ihr müsst mir schon vertrauen, ich kenne meine Querköpfe«, erwidere ich ein wenig schnippisch, weil ich das Gefühl nicht loswerde, dass sie nur gönnerhaft einen Gefallen machen wollen.

Ungünstigerweise ist der Trail an dieser Stelle ziemlich eng und es stehen immerhin schon unsere zwei Gespanne nebeneinander. Das Snowmobil quetscht sich mühsam an uns vorbei und fährt mit langsamem Tempo weiter. Und siehe da! Sultan und Little Buddy, der jetzt im Lead ist, aber auch alle anderen Huskys ziehen brav an, ohne Sigs Team noch eines Blickes zu würdigen. Wie hypnotisiert folgen sie dem knatternden Motorschlitten. Ich stoße einen tiefen Seufzer der Erleichterung aus.

»Hab ich es nicht gesagt!«, rufe ich so laut heraus, dass sowohl Sig hinter mir und der Fahrer vor mir es hören können. Ich weiß aber nicht, ob ich mich über den Beweis für meine Theorie über diese Touristenhunde wirklich freuen soll. Für den Rest der Strecke, die noch vor uns liegt, verheißt das ja wirklich nichts Gutes. Zumindest wird mir immer klarer, woran ich mit meinen Widerspenstigen bin.

Der Snowmobilfahrer dreht sich zu mir um, grinst übers ganze Gesicht, winkt noch mal und gibt dann ordentlich Gas. Wenig später ist er aus unserem Blickfeld verschwunden. Offiziell durfte er uns natürlich nicht cheerleaden, aber so wahnsinnig eng darf man das bei einem so harten Rennen eben auch nicht sehen. Der Fahrer musste schließlich sowieso an uns vorbei und es hätte ja sein können, dass er derart von der Landschaft hingerissen war, dass er ein Stückchen des Weges schlichtweg nur dahinzuckeln wollte. Und da haben meine Hunde und ich die Gelegenheit genutzt, uns von ihm animieren zu lassen. Was sollte daran auszusetzen sein? Ich bin einfach nur froh, Sig hinter uns zu wissen. So kann es zu keiner Auseinandersetzung kommen – wenigstens vorläufig. Sollte mich Sig später wieder erreichen, möchte ich sehen, wie bereitwillig sein Team meine Hunde überholt ...

Doch die rechte Lauflust will bei meinen nordländischen Jungs nicht wieder aufkommen, auch wenn wir jetzt allein unterwegs sind. Bei jeder Steigung habe ich ein mulmiges Gefühl und rede unentwegt auf sie ein, um sie bei Laune zu halten. Vielfach schiebe ich am Schlitten mit, laufe zwischen den Kufen und rufe meinen Huskys so viele Ermunterungen zu, wie ich bei dieser Anstrengung Luft habe. Es sind etwa minus dreißig Grad; trotzdem läuft mir der Schweiß in Bächen über den Rücken und von der Stirn in die Augen. Dabei gerate ich von Natur aus nicht so schnell ins Schwitzen. Nicht einmal der eisige Fahrtwind kann dagegen etwas ausrichten.

Da das Leben immer ein paar Herausforderungen auf Lager hat, darf ich auch gleich die nächste Hürde in Angriff nehmen. In einer sehr ausgefahrenen Kurve passiert es: Mein Schlitten kippt und ich kann ihn mit all dem Gepäck nicht aus eigener Kraft wieder aufstellen. Verdammt aber auch! Die Hunde kapitulieren gleich mit und legen sich einfach in den Schnee. Wie soll mir das nur wieder gelingen, die Hunde zum Ziehen anzuspornen und den Schlitten fahrbereit zu bekommen? Na, halleluja!

Auch wenn ich vor Wut heulen könnte, bleibt mir keine Wahl: Stück für Stück lade ich den Schlitten aus und trage alles einzeln zehn Meter bis zur nächsten Biegung hinauf. Klitschnass, als wäre ich gerade ins Wasser gefallen, stapfe ich – ich weiß nicht, wie oft – hin und her durch den knirschenden Schnee. Eine elendigere Gestalt, als ich es augenblicklich bin, kann ich mir nicht vorstellen. Schön, dass es Selbstmitleid gibt. Auch darin kann man sich baden.

Meine Hunde sehen mir mehr oder weniger interessiert zu. Einige scheinen sich irritiert zu fragen, was das denn nun wieder soll. Caruso ist die ganze Sache offenbar peinlich, denn er leckt sich hingebungsvoll die Eiskristalle aus dem Pelz. Er denkt nicht daran, auch nur einmal zu mir hinzugucken.

Nach fast einer Stunde habe ich es geschafft: Der Schlitten ist leer und lässt sich nun ohne größere Schwierigkeiten wieder aufrichten. Eigentlich hätten es meine Rabauken mit ihm bis zur nächsten Kurve, wo sich mein Gepäck türmt, ja angenehm leicht, aber sie zeigen nicht die geringste Absicht, sich zu rühren. Nur unter großen Mühen und diversen Versprechungen treibe ich sie wieder auf ihre vier Pfoten. Für die kurze Strecke bis zu unserem »Hausstand« zieren sie sich wie eine Gruppe von Primaballerinen.

»Ihr seid richtig gemein«, flenne ich, »ein bisschen könnt ihr mir schon zur Seite stehen. Ich habe nun einmal nicht so ein dickes Fell wie ihr.«

»Mensch, Alte, nimm es nicht persönlich. Wir haben nun mal nicht so einen Ehrgeiz, wie du ihn vielleicht hast.« Sultan schubst seine Nase zur nachdrücklichen Bestätigung in meine Kniekehlen.

»Mag ja sein. Aber ich bin nicht der Typ, der auf Mallorca am Strand sitzt und sich die Sonne auf den Bauch brutzeln lässt. Mir scheint aber fast, als würdet ihr euch dabei sauwohl fühlen.«

»Spinnst du, da könnten wir ja gleich in die Sauna gehen. Aber ein wenig Langsamkeit im Leben könnte dir auch nicht schaden.« Mit einem ungemein intelligenten Ausdruck in den Augen schaut Sultan zu mir hoch.

Leicht beleidigt wehre ich den Hundeblick ab, einen haarigen Psychologen kann ich im Moment nicht gebrauchen. Außer er könnte beim Einpacken eine große Hilfe sein. Aber bei vier Pfoten ist das weit gefehlt.

Verbissen verstaue ich die gesamte Ladung auf dem Schlitten, ohne nach links oder rechts zu gucken. Als ich damit fertig bin, mir mit dem Handschuh den Schweiß von der Stirn wische, sehe ich einige Meter unterhalb von mir eine Stirnlampe blinken. Dadurch merke ich erst, dass in der Zwischenzeit der Abend eingekehrt ist.

»Nein, bitte nicht schon wieder!« Entsetzt rufe ich diese Worte aus.

»Ist etwas passiert? Kann ich was tun?« Die verschlafene Stimme des mir fremden Mushers klingt besorgt.

»Eigentlich ist alles okay. Das einzige Problem bist nur

du. Meine Hunde werden sich mit hundertprozentiger Sicherheit gleich zu den deinigen legen«, antworte ich.

»Du klingst verdammt ausgelaugt. Komm, setz dich zu mir und ruh dich ein wenig aus.« Sanft spricht der Musher auf mich ein – wenigstens so sanft, wie ein Mann aus dem Busch nur sein kann.

Bevor ich mich gegen dieses Angebot auflehnen kann, haben sich meine Huskys schon eigenpfötig zu dem anderen Team begeben. Mit einem satten Plumps lassen sie sich auf den gefrorenen Boden fallen. Keinen Zentimeter werde ich sie von diesem Platz wegbringen, wie eine Dunstglocke liegt der Eigensinn über meinen Jungs. Da bleibt mir nur, auf ein anderes Team zu hoffen, das uns mitziehen wird. Schweißgebadet wie ich bin, überlege ich kurz, die Ersatzwäsche anzuziehen, die man für den Fall dabeihat, dass man ins Wasser fällt. Wenn ich es genau betrachte, ist mein jetziger Zustand nicht weit davon entfernt. Würde ich wenigstens wie eine schaumgeborene Venus dem Nass entsteigen! Ich fühle mich aber eher wie ein Hamster, der samt Rad aus der Jauche gefischt wurde. Aber egal, die Hunde wie auch der Musher müssen das aushalten können. Ich bin einfach zu erschöpft, um mich komplett auszuziehen.

Schweigend setze ich mich auf meinen Schlittensack. Der Musher sieht aus wie eine Mischung aus Robert Redford und einer Bulldogge – vielleicht weil er nicht mit den Pferden, sondern mit seinen Hunden flüstert. Er richtet keine weiteren Fragen an mich, er merkt, dass ich mich sammeln muss. Wie immer in solchen Situationen hilft es mir, wenn ich an meinen Sohn Steven denke. Könnte ich jetzt doch nur einmal über seine weichen Locken streichen! Oder mit ihm telefonieren, was er leidenschaftlich gern tut. »Hallo Mama« – mehr müsste ich gar nicht hören. In Tanana hatten Stevie und ich eine Abmachung. Sie betraf die

Fütterung der Hunde. Während dieser Zeit, so machte ich ihm klar, könnte ich nur eingeschränkt auf ihn eingehen. Daher gab es für ihn nur zwei Möglichkeiten: Entweder er kommt mit mir raus und hilft mir oder er bleibt mit einem Spiel in der Hütte.

Wir hatten nun beschlossen, dass ich am Morgen den Huskys allein die Mahlzeit verabreiche, er aber bei der Fütterung nach dem Training einen Part übernehmen sollte: Stevie durfte den Fisch an den Hund bringen. Dies ist aber nicht so einfach, wie es sich vielleicht anhört, zumindest nicht für ein fünfjähriges Kind, das zudem Probleme mit dem Gleichgewicht hat.

Nach einer Woche war unsere gemeinsame Fütterung zu einem Ritual geworden. Sobald wir beide dick vermummt wie eine große Wichtelfrau und ein kleiner Wichtelmann bei den Hunden erschienen, wussten sie sofort, was als Nächstes passieren würde. Sie rannten wie wild um die Ketten herum, sprangen auf ihre Hütten und wieder runter und kläfften sich gegenseitig an. Als wenn jeder sagen wollte, heute bin ich zuerst dran und nicht mein Nachbar. Da die Huskys in einem einzigen Kennel untergebracht waren, also in einem großen Zwinger ohne weitere Innenumzäunungen, hatte ich Angst, Steven durch diesen zur »Werkstatt« zu schicken, wo die Fische aufbewahrt wurden. Nur allzu leicht hätten ihn die außer Rand und Band geratenen Hungrigen umstoßen können. Also musste er den kleinen, schmalen Weg nehmen, der um den Kennel herumführt. Im Schuppen angelangt, schaute Stevie zuerst nach, ob noch genügend Fisch in der Wanne war. Nach intensiver Begutachtung kam er wieder raus und teilte mir seine Einschätzung mit. Innerhalb kürzester Zeit hatte er tatsächlich raus, ob die Menge reichte oder nicht.

Fehlten noch Fische, dann gingen wir zusammen zu einem Bottich, wo sie aufbewahrt wurden, einzig überdeckt von einem Bretterverschlag. Die hart gefrorenen Lachse voneinander zu trennen, das war richtige Schwerstarbeit. Hatte ich mühsam einen Klumpen abgehackt, trug Stevie diesen zur Säge und legte ihn vor dieser auf den Boden. Anschließend holte er den nächsten. Bei seiner Größe und der extremen Kälte war das sicher keine leichte Arbeit, aber er wollte sie unbedingt tun; also ließ ich ihn auch. Wenn ausreichend Fische beisammen waren, sägte ich sie durch und er schmiss die Lachsstücke in die Plastikwanne.

Als wir fertig waren ging ich in die Werkstatt zurück, um das übrige Futter vorzubereiten, dass die Hunde nun gleich mit dem Fisch fressen sollten. Es bestand aus rohem Fleisch und Trockenfutter, das gemeinsam aufgeweicht wurde: vier volle Eimer für zwanzig Hunde. Ich stellte sie auf einen Schlitten und schob ihn zum Kennel. Steven zog seine Wanne hinter sich her, an der wir ein Seil befestigt hatten. Mit einem Eimer ging ich zu jedem Husky und schöpfte zwei große Kellen in die jeweiligen Näpfe. Sobald ich mit einem Hund fertig war, flog schon ein Stück Lachs im hohen Bogen zu dem entsprechenden Husky. Weil Stevie auch beim Füttern nicht zu nahe an die Hunde randurfte, hatte er eine Wurftechnik entwickelt, mit der er auch den hintersten Vierbeiner erreichte.

War er damit fertig, lief er zurück zum Schuppen und holte eine nächste Wanne heran, beladen mit vielen kleinen Fettstücken. Ähnlich zielsicher traf er alle hungrigen Mäuler und war hinterher stolz wie Oskar.

Es gab aber auch Zeiten, da wollte er während der Fütterungsaktion lieber draußen spielen.

»Mama, schaffst du das auch ohne mich?«, besorgt schaute mich Stevie dann an.

»Schwer, mein Schatz, aber ich kriege das schon hin«, gab ich ihm jedes Mal zur Antwort.

»Du wirst das schaffen, wenn du es nicht schaffst, kannst du mich ja rufen.« Er lächelte mich dabei immer lieb an.

Ich muss mich ungefähr eine Viertelstunde in Erinnerungen verloren haben, denn plötzlich höre ich ein bekanntes Brummen, das ich nicht mit meinen Sohn in Verbindung bringe. Beim Aufschauen sehe ich Jan. Er ist mit seinem Schlitten an derselben Stelle gestrauchelt, die auch mich aus dem Gleichgewicht gebracht hatte. Selbstverständlich biete ich ihm meine Hilfe an – meine Hunde liegen sowieso regungslos im Schnee. Während Jan versucht, seine Leader anzuspornen, kümmere ich mich mit dem leise sprechenden Musher um den gestrandeten Schlitten. Aber auch seine Vierbeiner sind unübersehbar lustlos und demotiviert. Immer wieder legen sie sich hin. Irgendwie schaffen wir es trotzdem, von dieser heiklen Passage wegzukommen.

»Wollt ihr nicht hier zusammen eine Rast einlegen?«, fragt uns der Hundeflüsterer.

»Mein Plan ist, noch ein paar Meilen weiter zu fahren«, erwidert Jan.

»Und ich würde mich am liebsten bei Jan dranhängen, falls du damit einverstanden bist«, sage ich. »Meine Hunde kennen dich am besten.«

Jan nickt und überholt mein Team; mir gelingt es, mitzuziehen, und gemeinsam bewältigen wir noch drei weitere Anhöhen mit haarnadelscharfen Kurven. In einer Talsenke ist aber auch bei Jans Huskys endgültig Feierabend. Sie sind nicht einmal mehr dazu zu bewegen, die nächste Steigung anzugehen, was so wichtig wäre, damit wir bergab wieder leichter anfahren könnten. Am nächsten Tag hätten die

Hunde und auch wir es schlichtweg viel einfacher. Aber sie scheinen davon nichts wissen zu wollen.

»Ich gebe auf«, keucht Jan.

»Okay, dann bleiben wir eben hier.« Ich finde mich mit der Situation ab. Im Moment haben wir keine andere Wahl. Also werden wir ein Feuer anzünden und es uns so weit wie möglich behaglich einrichten. In einem Interview vor dem Quest hat Jan auf die Frage, wie denn seine Hilfe für mich beim Rennen aussehen könnte, geantwortet, er werde mir, wenn es sich ergäbe, einen tollen Rastplatz vorbereiten. Jetzt wäre die ideale Gelegenheit dazu; ich würde mich nach diesen Strapazen gern mal ein bisschen verwöhnen lassen. Stattdessen muss ich aber mit der Säge durch den tiefen Schnee ziehen, um aus dem nahe gelegenen Wald Holz zu holen. Was solls! Als das Feuer zwischen unseren beiden Schlitten einladend knistert und wir eingekuschelt in unseren Schlafsäcken eine heiße Bouillon trinken, ist mein Ärger verflogen. Galantes Verhalten ist im Busch einfach nicht zu erwarten. Vielleicht ist das auch ein Grund, warum so wenige Frauen an dem Quest teilnehmen.

Bei einem Lagerfeuer muss ich immer an Old Shatterhand und Winnetou denken. Auch dieses Land war einmal im Besitz von Indianern gewesen, wovon nur noch sehr wenig zu spüren ist.

»Hast du in all den Zeiten, wo du hier warst, mit Indianern Kontakt gehabt?«, frage ich Jan.

»Überhaupt nicht. In einem Buch las ich mal, dass es im Landesinnern von Alaska sehr viele Stämme gab, die alle durch die Athabaskensprache vereint waren. Sie stellten Elchen und Bären nach und fischten wie die Eskimos Lachse und Forellen, die sie für die langen Winter trockneten und räucherten.«

»Sie sollen Pflanzen und Tiere als gleichwertige Partner

verehrt haben, niemals ihr eigenes Land ausgeraubt haben. Was ihnen aber kein Glück gebracht hat«, sage ich.

»Ich erinnere mich noch an eine Sache, die mich sehr beeindruckte. Wer bei den Indianern einem anderen Jäger imponieren wollte, veranstaltete ein so genanntes Potlach, bei dem er seinen gesamten Besitz verschenkte. Aber hast du, Silvia, mehr über diese Kultur in Erfahrung gebracht?«

»Ich habe es versucht. Am Ende meines Trainings traf mein Mann in Tanana ein. Jürgen war gekommen, um Steven abzuholen, damit ich mich die letzten Wochen konsequent auf mein Rennen vorbereiten konnte. Du weißt das ja, du warst dabei. Die letzten Tage wollte ich mit meinem Sohn noch etwas Besonderes machen. Auf einer abendlichen Stippvisite bei unserem Krämer – für Steven war der kruschelige Laden mit seinen zwei Tischen so aufregend wie McDonalds, weil man hier riesige Hamburger essen konnte – las ich eine angeschlagene Bürgerinformation. Kommenden Freitag, so hieß es da, würde es in der Schulturnhalle Indianertänze geben. Alle, die sie erlernen oder mitmachen wollen, wären herzlich dazu eingeladen. Beginn: 18 Uhr.

Ich dachte mir, das sei eine gute Gelegenheit, die Traditionen der Indianer ein klein wenig besser kennen zu lernen. Als der Tag gekommen war, machten Stevie und ich uns mit dem Snowmobil auf den Weg. Zehn Minuten vor dem eigentlichen Beginn hatten wir die Turnhalle erreicht. Unsere vor Kälte stehenden Jacken und Hosen zogen wir schnell aus, um sie über die Heizung zu legen. Viele Kinder waren schon dort, die Basketball spielten – ein Sport der sich in Alaska ja großer Beliebtheit erfreut. Steven wurde von mehreren Jungen, die zwei Köpfe größer waren als er, aufgefordert mitzumachen. Er fand das super. Keiner sagte zu ihm, du bist zu klein oder du kannst das nicht. Sie ließen ihn einfach gewähren, wie er es mit seiner Körpergröße und seiner Behinderung hinbekam. Seine strahlenden Augen zeigten mir, dass er sich klasse fühlte.

So verging mindestens eine halbe Stunde und von der Trainerin für indianischen Tanz (Nativdance) war immer noch nichts zu sehen. Dies schien aber auch niemanden zu stören. Nach einer weiteren Viertelstunde ging es dann los, als eine junge, kräftig gebaute Frau den Saal betrat. Ihre langen, schwarzen Haare trug sie offen, nur die unmittelbaren Strähnen links und rechts von ihrem Gesicht hatte sie zu Zöpfen geflochten, die mit einem Gummiband zusammengehalten wurden. Um den Kopf herum trug sie ein ledernes Stirnband, auf dem kleine angemalte Holzmasken angebracht waren. Ihr ebenfalls wildledernes Kleid war hellbraun und mit einem hellblauen Vogel bemalt, der einen feuerroten Schnabel hatte. Der Hals zierte eine Kette aus dunkelblauen Holzperlen, die von kleinen Elchknochen durchsetzt waren. Auffällig war an ihrem linken Armgelenk eine moderne Uhr, die golden glänzte.

Sie packte ihre grün bemalte Trommel aus, jetzt fehlte nur noch der Stock. Nach einigem Herumkramen in ihrer perlenbestickten Tasche kam er zum Vorschein – ein Kochlöffel. Anschließend stieß sie einen kurzen Schrei aus und alle Kinder kamen herbeigelaufen. Die Mädchen stellten sich in einem inneren Kreis auf, die Jungen außen herum. Und schon tanzten der Kochlöffel und ihre linke Hand freudig auf der Trommel herum und die Kinder begannen damit, sich im Takt hin- und herzuwiegen. Jetzt fing die Indianerin auch zu singen an, heitere und melancholische Melodien, die sie mit einer dunklen, fast rauchigen Stimme vortrug. Wir waren alle hingerissen. Wir konnten nicht verstehen, worüber ihre Lieder gingen, aber dennoch spürten wir die Inhalte: Mal ging es um Liebe und Freundschaft, dann aber auch über das erlittene Unrecht der Indianer. Es dauerte nicht lange, da wurden auch Steven und ich aufgefordert, in die Runde zu kommen – ich in den inneren Kreis, Stevie in den äußeren. Wir ließen uns nicht lange bitten und hatten ungemeinen Spaß dabei. Jürgen wollte nicht; er blieb draußen, aber so hatten wir wenigstens einen Zuschauer.

Ich dachte, jetzt würde es erst richtig losgehen. Puste Kuchen! Schlag 19 Uhr hörte die füllige Dame mit den warmen, braunen Augen auf, verstaute ihre Trommel samt Kochlöffel, zog sich ihre dicke Daunenjacke wieder an und sagte fröhlich:»Bis nächste Woche um 18 Uhr.« Weg war sie. Somit war unser Ausflug in die indianische Welt äußerst kurz, aber nicht minder charmant.«

»Die Indianer sollen über 900 Millionen Dollar Entschädigung für ihr Leid erhalten haben – aber kann man die bedrohte Existenz der Ureinwohner mit Geld aufwiegen?« Jan schaut nachdenklich ins Feuer.

»Ich denke nicht. Lass uns jetzt lieber schlafen«, versuche ich meinen Mushergefährten von weiteren trüben Gedanken abzulenken.

Das Einschlafen fällt mir schwer. Was mich daran hindert, ist mein Bein, das nach wie vor wehtut. Im Halbschlaf nehme ich noch das Hecheln der Hunde und Knirschen der Kufen eines vorbeifahrenden Teams wahr.

»Walk on by, doggies! What fucking trail!«, höre ich den Musher rufen. Es kann nur Connie sein, die so spricht. Zudem ist sie mit Vorliebe nachts unterwegs. Kurz darauf kommt ein weiteres Gespann vorbei. Offenbar ohne Schwierigkeiten und ohne Kommandos. Möglicherweise ist es der Hundeflüsterer. Grundsätzlich soll man ja sowieso nicht permanent auf seine Huskys einreden. Zum einen, weil sie dann ähnlich wie wir Menschen irgendwann genervt auf Durchzug schalten, zum anderen hindert diese Ablenkung sie daran, ihren eigenen Rhythmus zu finden. Ein gutes Team läuft fast von allein.

Ich meine, noch ein drittes Team zu hören; vielleicht habe ich das aber nur geträumt. Irgendwann muss ich dann doch eingeschlafen sein, denn ich wache von einem Geräusch auf. Ich lausche angestrengt, kann aber nicht erkennen, was sich dahinter verbirgt. Jetzt ist es auch verstummt. Sollte es der Wolf gewesen sein, dessen Anwesenheit ich immer noch spüre? Obwohl er sich so gut versteckt und ich bislang auch kein Geheul von ihm vernommen habe, weiß ich, dass er da ist. Auch egal, denke ich und schließe erneut die Augen. Da ist es wieder!

Jetzt weiß ich, woher das Geräusch kommt. Ich kann es kaum fassen: Meine eigenen Zähne schlagen bibbernd und laut aufeinander wie bei einer verängstigten Zeichentrickfigur. Panik erfasst mich und ich bin mit einem Schlag hellwach. Ohne mich großartig zu rühren, prüfe ich das Gefühl in meinen Extremitäten. Trotz der Kälte tritt mir vor Schreck der Angstschweiß auf die Stirn: Ich spüre meine Finger nicht mehr. Was ist, wenn jetzt meine Hände komplett abgefroren sind?

Wie in einem Film sehe ich augenblicklich die Szene vor mir, als ich mir beim Training alle zehn Finger erfror. Das geschah drei Wochen nach meiner Ankunft in Alaska bei einem gemeinsamen Training mit Jan. Steven übergab ich einem Kindermädchen, eine solche schwere Strecke sollte er nicht mitmachen. Jan und ich hatten in Tanana einen Treffpunkt am Yukon verabredet, um dort zusammen zu rasten. Ich war bei strahlendem Wetter mit blauem Himmel, dem schönsten Sonnenschein und minus vierzig Grad als Erste losgefahren. Als ich nach Stunden an den Yukon kam, begann es bereits zu dämmern. Schon von weitem sah ich Nebelschwaden aufsteigen. Das bedeutete offenes Wasser, das an dieser Stelle verdunstete. Und damals – wie auch heute immer noch – hatte ich einen Mordsrespekt vor diesen Tücken der Natur. Wegen der vielen warmen Zuflüsse des Yukon gerade in dieser Gegend war das hier keine Besonderheit.

»Ziemlich nah am Trail sind offene Wasserlöcher; aber es geht, man kommt durch!«, rief mir ein Musher zu, der mir in diesem Moment entgegenkam.

»Vielen Dank für den Hinweis«, erwiderte ich.

Weil ich mich damals noch unsicher mit den hiesigen Verhältnissen fühlte, entwickelte ich folgenden Plan: Bei dem Eintreffen von Jan sollten wir unsere Rast wie verabredet einhalten, aber anschließend schleunigst umkehren. Einen Großteil der vorgenommenen Trainingsstrecke hätten wir dann sowieso schon absolviert. Und auf ein paar Meilen mehr kam es mir nicht an, dafür wollte ich nicht riskieren, ins Eis einzubrechen.

Also ließ ich mich an Ort und Stelle nieder, zündete erst einmal meinen blechernen Ofen an und nahm von dem umliegenden Schnee, um ihn in dem mitgebrachten Henkeltopf zu schmelzen. Später weichte ich in dem warmen Wasser das Futter ein und wartete auf Jan.

»Was machst du denn hier?«, fragte er erstaunt, als er endlich angezuckelt kam. »Das hier ist doch nicht unser Treffpunkt?«

»Auf dich warten, denn da weiter hinten ist offenes Wasser und ich muss nicht die Heldin spielen. Lass uns lieber hier rasten und anschließend den Heimweg antreten«, bat ich Jan.

»Du bist aber auch ein Angsthase!« Mein Kompagnon war über meinen Vorschlag überhaupt nicht begeistert.

209

»Aber es geht doch nur um ein paar Meilen, die können nun so wichtig auch wieder nicht sein«, versuchte ich ihn umzustimmen.

»Ich will aber unbedingt weiter.«

»Okay, dann fahre ich hinter dir her«, ließ ich mich breitschlagen. Ich hätte besser auf mein Gefühl hören und die Richtung nach Tanana einschlagen sollen.

Ich blieb ziemlich dicht hinter Jans Schlitten, aber mit noch genügend Abstand, um ohne Probleme bremsen zu können. Etwa dreißig, vierzig Meter lagen zwischen uns. Ich hatte ein äußerst ominöses Gefühl in meinem Bauch, überall hörte ich es verdächtig knacken, hin und wieder auch mal plätschern. Zudem war es Nacht geworden, mit einer Schwärze, die nicht einmal dem Teufel gefallen hätte. Manchmal drehten sich Jans Huskys spontan um, deshalb dachte ich mir auch nichts dabei, als ich mit meiner Stirnlampe direkt in die Augen seiner Hunde leuchtete.

»Ich steh im Wasser!«, hörte ich in diesem Moment Jan verzweifelt schreien. »Wir müssen sofort zurück! Dreh deine Hunde!«

Mit Müh und Not brachte ich mein Team zum Stehen. Aber eine Kehrtwende war leichter gesagt als getan, weil meine Vierbeiner auf Jan fixiert waren, immer wieder zu ihm hinwollten. Und jetzt hatten sie auch noch seine Stimme vernommen. Einige unserer Hunde verhedderten sich nun mit den Leinen ineinander und bildeten ein undurchschaubares Riesenknäuel. Jan stand hilflos auf den Kufen seines Schlittens im Wasser und konnte nichts unternehmen. Ich musste also nach vorne laufen und die verschlungenen Pelze entwirren. Weil ich ein paar dicke Handschuhe anhatte, die bei dieser komplizierten Aktion störten, zog ich sie für vielleicht fünf, sechs Minuten aus.

»Bist du bald fertig damit? Ich kann hier untergehen wie

210

die Titanic!«, brüllte er mir zu, sich fast hysterisch überschlagend vor Angst.

»Reg dich nicht auf, ich habs gleich!«, rief ich ihm zu. Seltsamerweise blieb ich bei der Entknäuelungsaktion ganz ruhig.

Ich schaffte es tatsächlich, die Leinen zu ordnen und mein Team in die Richtung, aus der wir gekommen waren, zu stellen. Aber bevor ich wieder auf den Schlitten aufsteigen konnte, machte er einen Satz. Die Hunde hatten verstanden: »Achtung, jetzt gehts nach Hause!« Und sie düsten los, ohne sich um mich zu scheren. Ich konnte den an mir vorbeisausenden Schlitten nicht halten. Da half auch kein Kommando, die Huskys liefen wie in Trance. Jetzt fing ich an, verzweifelt zu schreien, damit Jan endlich mitbekam, was in der Zwischenzeit vor sich gegangen ist. Aus der Tatsache, dass er mir den Rücken zukehrte, konnte ich nämlich ablesen, dass er wegen seiner Schwerhörigkeit die ganze Dimension dieses Dilemmas noch nicht erfasst hatte.

Nachdem ich zu ihm gelaufen war und ihm das Ausmaß des Unglücks klar gemacht hatte, kletterte ich auf seinen Schlitten, um ihm bei dem Umkehrmanöver zu helfen. Sein Leader Lucky hatte aber einen anderen Willen; er wollte nicht zurück, sondern steuerte ohne Überlegung auf die Mitte des Flusses zu, wo es überall offenes Wasser gab. So schnell wie möglich kämpfte sich Jan durchs eisige Nass zu seinem Leithund, um ihn wieder auf den richtigen Pfad zu bringen. Ich bewegte mich inzwischen keinen Zentimeter vom Schlitten weg. Wenn wir einbrechen sollten, so würde der Schlitten noch eine Weile auf der Wasseroberfläche schwimmen – hoffte ich zumindest. Aber mein nahezu katatonischer Zustand rührte auch daher, dass ich fürchterliche Angst um meine Hunde ausstand. Ich betete inständig, dass sie nach den rund vierzig Meilen am und auf dem

Yukon vor dem beginnenden Wald zum Stehen kommen würden. Die Strecke, die dann kam, war für mich eine Horrorvorstellung: So kurvig und eng, wie sie war, konnte es schon passieren, dass sich ein Hund verletzte oder gar zu Tode geschleift wurde, weil er irgendwo hängen geblieben war.

Endlich hatte Jan seinen Leader Lucky im Griff und wir machten uns auf den Heimweg. In gewohnter Manier wollte Jan sein Trödeltempo beibehalten, das aber kam für mich nicht in Frage.

»Wir müssen uns beeilen. Wer weiß, was die Rabauken alles angestellt haben«, flehte ich Jan an.

»Erzähl bloß nicht Henry von diesem Desaster, sonst kriege ich noch Ärger mit ihm.« Jan schien langsam zu begreifen, was auf dem Spiel stand. Ein Huskyteam wegen Unvorsichtigkeit zu verlieren ist eine Sache; einen Hund in Gefahr zu bringen eine andere. Noch dazu, wo die meisten Tiere Henry gehörten.

Die Stelle, wo es hinauf in den Wald ging, nahte. Unglaublich, aber da stand tatsächlich mein Team, völlig relaxt, als hätten sie gerade eine Kneippkur hinter sich. Mir fiel ein Stein vom Herzen, ja geradezu ein Felsbrocken. Und noch einer, nachdem ich festgestellt hatte, dass meine Jungs alle unverletzt waren. Vor lauter Freude umarmte ich jeden Husky einzeln. Zuletzt kam noch Jan an die Reihe, den ich wangenmäßig abknutschte. Vor lauter Verlegenheit wischte er sich die nassen Abdrücke mit seinem Jackenärmel ab.

Um wieder einen sachgemäßen Ton einzuschlagen, konzentrierte ich mich auf unsere Weiterfahrt.

»Jan, am besten ist es, wenn du vorausfährst. Ich halte mich direkt hinter dir, denn meine Stirnlampe gibt langsam den Geist auf«, schlug ich ihm vor.

Ich kam nicht sehr weit, dann war die Batterie meiner Lampe leer. Da der Himmel in unbeschreiblicher Schönheit von den tanzenden Polarlichter erhellt war, hatte ich nicht das Gefühl einer völligen Blindheit. Während der Weiterfahrt fand ich es nur verdammt kalt und schlug, die Leinen zwischen den Beinen eingeklemmt, mit den Händen an meine Oberschenkel. Das war der Moment, als ich bewusst meine Hände zum ersten Mal nicht spürte.

»Du musst mir die Batterie wechseln, ich kann meine Finger nicht mehr zuordnen!«, rief ich Jan zu.

»Es ist ja auch lausig kalt hier draußen«, erwiderte Jan.

»Halt an, ich tausche sie aus.«

Auf meine Fingerprobleme ging er nicht weiter ein. Würde mir heute jemand etwas Ähnliches über seine Gliedmaßen erzählen, meine Ohren wären sofort in einem Warnzustand, in größter Hellhörigkeit. Aber zu diesem Zeitpunkt dachte ich mir noch nichts dabei. Schließlich hatte ich noch keinerlei Erfahrungen mit Erfrierungen gemacht.

Nach zweistündiger Fahrt durch den Schwarzfichtenwald erreichten wir Tanana. Ich holte die Hunde aus ihrem Geschirr, warf ihnen ihre Snacks zu und merkte erst beim Ausziehen der Handschuhe, dass alle meine Fingerkuppen weiß waren.

»Hättest du doch nur einen Ton gesagt!« Jan war unheimlich aufgebracht, als er meine Finger sah. »Die sind ja erfroren.«

»Hab ich doch«, rechtfertigte ich mich. »Und ich kann ja schlecht sagen, du, ich hab mir die Finger erfroren, wo ich nicht einmal weiß, wie sich das anfühlt.«

»Ach, du Scheiße!«, entfuhr es Jan. Kein besonders tröstlicher Zuspruch.

»Das Beste ist, du legst deine Hände auf die Heizung.«

»Das wird schon«, wehrte ich ab und verzog mich in meine Hütte.

Dort begannen die Schmerzen. Meine Finger waren wie taub und taten zugleich höllisch weh. Alle zehn. Nach ein paar Stunden hatten sich gewaltige Blasen gebildet, so dass meine Kuppen wie überdimensional große Gummidrops aussahen. Sollte ich sie aufstechen? Lieber nicht, dachte ich angesichts meiner Qualen. Das war auch eine richtige Entscheidung, denn die Blasen sind nämlich eine Art Schutzhaube, wie ich später erfuhr: Wenn sie hart werden, dann stirbt die Haut unmittelbar darunter ab; fällt sie schließlich ab, kommt die neue, noch sehr empfindliche Haut zum Vorschein.

Dummerweise war der rechte Mittelfinger richtig schwarz geworden. Jan und meine Nachbarn sahen sich das an und kamen darin überein, dass wohl das erste Glied amputiert werden müsste. Ein exzellent ausgebildete Krankenschwester – sie kann auch Huskys in Hinterzimmern von Gemischtwarenläden operieren – kam herbeigeeilt, um meine Finger genauestens anzuschauen. Anschließend telefonierte sie mit einem Arzt in Fairbanks und schilderte ihm mein Leiden. Er war der Meinung, dass eine Amputation vermeidbar sei, man müsse die Finger nur ständig in lauwarmes Wasser halten und vorsichtig massieren, aber nicht drücken. Eine andere Behandlungsmethode gäbe es in diesen Fällen leider nicht. Meine Finger fühlten sich an wie eine Wurst in einer zu engen Pelle. Ich konnte mit ihnen praktisch nichts machen. Die Reißverschlüsse meines kleinen Sohnes Steven musste ich mit den Zähnen zumachen.

Ganz anders wurde mir bei dem Gedanken, dass ich in zehn Tagen das Qualfikationsrennen für den Quest fahren sollte. Wegen Schneemangel war unklar, ob es ein zweites geben würde. Demnach war das Henry-Hahn-Rennen vermutlich meine einzige Chance, an die Startberechtigung für Whitehorse zu kommen.

»Du kannst da nicht mitfahren«, meinten alle. Keiner zeigte sich optimistisch.

»Ich wette mit dir eins zu einer Million, dass du nicht antreten kannst«, eiferte sich Jan.

Letztlich habe ich es allen – auch mir selbst – gezeigt und bin das Rennen erfolgreich gelaufen. Aber meine Hände sind nach wie vor empfindlich und in der Spitze des Mittelfingers habe ich nur wenig Gefühl.

Und jetzt das! Ich reiße den Schlafsack weg und schlage mir mit den Händen auf meinen Körper. Das darf doch nicht wahr sein! Wenn mir jetzt noch mal die Finger erfroren sind, kann ich überhaupt froh sein, bis zum nächsten Checkpoint zu kommen. Mit dem Rest des Quests ist es dann vorbei. Aber hey, was ist das? Nachdem ich eine Weile mit meinen Händen herumgewedelt habe, spüre ich etwas, ein Kribbeln. Gott sei Dank – meine Hände waren wegen der beengten Lage auf dem Schlitten nur eingeschlafen. Was für ein Gefühl der Erleichterung! Da ich jetzt hellwach bin, heize ich den Ofen ein. Das Lagerfeuer ist schon längst erloschen. Anschließend wecke ich Jan, der erstaunt darüber ist, dass ich ihn mit einem vor mich hin gesummten brasilianischen Schlager wecke.

»Bist du im Karneval? Ist dir etwa zu heiß?«, wundert sich Jan.

»Nee, einfach nur zu kalt«, strahle ich ihn an und schwinge meine Hüften vor dem Ofen. Jan schüttelt nur noch den Kopf. Wie sollte er mich auch verstehen, wo er doch nichts von meinen geheimen Ängsten mitbekommen hat.

Wir absolvieren jeder unser übliches Programm. Diskutieren kurz, wie viele Teams an uns vorbeigefahren sind – es waren doch nur zwei –, was bedeutet, dass noch mindestens zwei weitere Gespanne hinter uns sein müssten. Anschließend kommen wir entgegen unseren Erwartungen ohne größere Schwierigkeiten von diesem Rastplatz weg.

Oben auf der Anhöhe schauen wir in die unendliche Weite der Black Hills. Ein heimatliches Gefühl befällt mich, fast könnte ich mich in einer Voralpenlandschaft befinden. Über eine Strecke von fünf Meilen klappt alles gut. Für mein Empfinden fast zu gut. Caruso ist heute im Lead, er weiß aus Erfahrung, wenn es auf der einen Seite bergauf geht, gehts danach mit Sicherheit auch wieder bergab. Die vielen kleinen Steigungen dieser extrem hügeligen Gegend missfallen den Hunden sichtlich. Wir schaffen noch eine Anhöhe, bei der nächsten ist dann so weit: Jans Huskys legen sich hin, alle dreizehn. Lucky, sein wichtigster Leithund, hätte ihn vielleicht aus dieser Situation retten können, aber ihn musste Jan in Stewart River droppen, weil er sich an einer Pfote eine schwere Verletzung zugezogen hatte. Auch Jans Lieblingshündin unternimmt keine Anstalten weiterzulaufen. Was vielleicht auch daran liegt, dass Laila hin und wieder auf dem Trail humpelte, Probleme mit den Gelenken in den hinteren Beinen hat.

Ratlos steht Jan neben seinem Gespann und fragt sich, wen er – auch nur für kurze Zeit – vorne einspannen könnte, um das Team wieder auf die Pfoten zu bringen. Aber die Hunde sind alle erschöpft, mental und körperlich. Sie starren desinteressiert vor sich hin, manche zittern am ganzen Körper.

»Ich weiß nicht, was ich tun soll.« Jans Stimme verrät, dass all sein Mut entschwunden ist. »Zwei meiner Hunde leiden jetzt auch noch an Durchfall. Sie werden von Stunde zu Stunde schwächer.«

»Hast du dir schon das Zahnfleisch der Hunde angeschaut?«

»Bin gerade dabei«, erwidert Jan.

»Und wie sieht es aus?«

»Nicht gut. Es ist überhaupt nicht richtig durchblutet.«

Ich komme gerade noch an Jans Gespann vorbei, dann ist
aber auch bei meinen Huskys die Luft raus. Sie lassen sich
wie Mehlsäcke in den Schnee plumpsen. Damit habe ich,
ehrlich gesagt, schon gerechnet. Einmal mit Jan verbandelt,
gibt es kein Loskommen von ihm. Ich hätte eine geringe
Chance, wenn wir an einer abschüssigen Stelle stehen würden, aber hier mitten in einem Anstieg? Aussichtslos. Jetzt
liegen alle unsere Hunde teilnahmslos auf dem Trail, als ginge sie das alles nichts an. Jan ist sichtlich frustriert. Er kann
sich einfach nicht erklären, wie ihm so was passieren kann,
wo er doch immer auf ein gemächliches Tempo geachtet
hat. Er ist richtig enttäuscht von seinen Vierbeinern.

»Ich würde alles für sie tun, aber sie wollen nicht für
mich laufen«, lamentiert er.

»Schau mal, die Hunde sehen das ganz anders.« Ich habe
das Gefühl, ihm widersprechen zu müssen. »Es ist doch
ganz klar, dass sie nie so viel für uns tun wie wir für sie. Die
Huskys haben da glücklicherweise keine derartige Macke
wie wir Menschen. Wenn sie laufen, dann machen sie das
freiwillig. Und das ist doch auch gut so, oder?« Das sage ich
nicht einfach nur, um Jan zu beschwichtigen. Ich habe für
mich gelernt, an Hunde keine übermäßigen Erwartungen
zu stellen. Gesunder Ehrgeiz ist beim Schlittenhunderennen wichtig. Was bedeutet, dass ich versuche, immer alles zu
geben, nicht aber auf Kosten der Hunde. Ich muss auf meine Huskys Rücksicht nehmen und will es auch. Wichtig ist
doch nur, dass jeder im Team sein Bestes gibt. Und wenn
nicht mehr drin war, dann ist es auch okay. Mich spornt dies

nur wiederum an, von meiner Seite aus noch mehr dafür zu tun, dass sich diese Situation ändert.

»Warum sollte ich zufrieden mit diesem verdammten Zustand hier sein?«

Jan ist nun völlig aufgebracht.

»Das hast du falsch verstanden, es geht nicht darum, dass du jetzt weise wie ein Zen-Buddhist alles akzeptierst; aber deine Hunde kannst du nicht dafür verantwortlich machen, dass wir hier festsitzen.«

»Ich will nicht immer der Letzte sein! Einmal möchte ich auch auf dem Podest stehen. Wozu denke ich mir so kluge Taktiken aus, dass ich meine Hunde nicht überanstrenge, indem ich sie möglichst im gleichen Rhythmus laufen lasse?« Jan kriegt sich kaum ein.

»Siegen interessiert deine Hunde wenig; sie haben nichts davon, wenn du ein Kränzchen und einen Pokal überreicht bekommst. Hast du daran schon mal gedacht?«

»Aber dann brauche ich mich hier auch nicht abzurackern!«

»Ein Rennen wird nicht allein durch die ersten drei Plätze interessant. Die Masse der Musher, die an den Start geht, repräsentiert einen Sport. Durch alle ihre Geschichten, ihre Probleme, ihre Motivationen, auch ihr Aufgeben wird es erst spannend.«

»Bist du etwa nie enttäuscht von deinen Hunden, Silvia?«

»Als Musherin kann ich nur hoffen, eine so geschlossene Einheit zu bilden, dass die Hunde und ich letztlich dasselbe wollen – also laufen. Wenn das nicht funktioniert, muss ich etwas besser machen. Mit dieser Einstellung fahre ich einfach insgesamt ganz gut.«

»Und was denkst du jetzt in meinem Fall?« Jan lässt nicht locker.

218

»Wenn die Hunde derart erschöpft sind, hilft auch ihr guter Wille nicht. Dann ist es sogar ein wünschenswerter Selbstschutz, wenn sie sich hinlegen und nicht bis zum Umfallen weiterrennen.«

Wir müssen jetzt einfach warten. Mehr können wir nicht tun. Still setzen wir uns auf unsere jeweiligen Schlittensäcke. In unseren beiden Köpfen rumort die Frage, was wir machen können, wenn unsere Huskys überhaupt nicht weiterwollen.

»Stell dir vor, die Hunde wollen erst in drei, vier Tagen wieder aufstehen!« Jan hält das Schweigen nicht mehr aus.

»Ehrlich gesagt, da bin ich auch ratlos«, antworte ich.

»In Dawson höre ich auf, ich kann einfach nicht mehr«, stößt Jan verzweifelt aus.

»Du wirst doch nicht einfach so aufgeben! Ich will jetzt über so was gar nicht nachdenken, sondern erst mal bis Dawson kommen.« Über Jans Reaktion bin ich perplex.

»Sag, und warum soll ich mir das weiter antun? Ich bin schließlich schon einmal durchgekommen«, meint Jan in einem resignierten Ton, der ihn plötzlich in Besitz genommen hat.

Ich mag das gar nicht hören. Natürlich bin ich auch ein wenig desillusioniert, aber noch nicht am Ende. Meine Hunde könnten eigentlich noch weiter, da bin ich mir ziemlich sicher. Sie wollen aber partout nicht, weil Jans Team sich hier hingelegt hat. Meine Güte, das kann doch nicht wahr sein, dass ich jetzt wegen der Abhängigkeit meiner Hunde von Jan an dieser dämlichen Stelle festsitze!

Zehn Minuten erlaube ich mir, richtig deprimiert zu sein. Ich stiere in den Schnee zu meinen Füßen und bohre mit meiner Stiefelspitze kleine Kuhlen hinein. Dann erinnere ich mich an meine eigenen Worte von vorhin und reiße mich zusammen. Ich will die Zeit wenigstens sinnvoll nutzen und lege mich für eine kurze Schlafpause in den Schlitten. Ich hoffe inständig auf ein anderes Gespann, das vorbeikommt und meine Hunde mitziehen könnte.

Genau das passiert dann auch. Etwa zwei Stunden später höre ich in der Ferne Huskys jaulen. Kirsten Bey und Kelley Mahoney haben uns eingeholt. Sie rasten nur wenige Meter hinter uns. Mutig, dass sie nicht bis zur Anhöhe wollen, wovon sie mit Sicherheit einen leichteren Start haben würden. Ich laufe zu ihnen und frage, ob ich mich an sie anhängen darf, wenn sie weiterfahren.

»Dumme Situation für euch«, stellt Kelley sofort fest, als sie von unseren Problemen hört.

»Natürlich könnt ihr mit uns starten«, sagt Kirsten ausgesprochen freundlich.

»Vielleicht können wir eine Zeit lang zwischen euren beiden Gespannen fahren?«, schlage ich vorsichtig vor.

»Gute Idee«, meint Kelley. »Habt ihr aber auch ausreichend Futter für eure Hunde, falls ihr nicht mit unserer Hilfe wegkommt?«

Kelley denkt an alles. Sie und Kirsten geben uns von ihren Vorräten ab, denn immerhin müssen wir bis Dawson mindestens noch zweimal rasten. Erleichtert stapfe ich damit zu meinem Schlitten zurück. Da Kelley und Kirsten sechs Stunden pausieren wollen, kuschle ich mich wieder in meinen Schlafsack bis zur Nasenspitze ein. Jan versucht immer mal wieder, seine Vierbeiner hochzubringen, aber die Hunde rühren sich keinen Millimeter vom Fleck.

Wie verabredet rüsten sich Kelley und Kirsten nach ihrer Rast zum Aufbruch. Mit Jan habe ich ausgemacht, dass wir beide nicht aufeinander warten werden. Wer wegkommt, kommt weg und hat eben Glück. Der andere muss sich dann notgedrungen allein durchschlagen.

Wir beide stehen startbereit hinter unseren Schlitten, als

zunächst die blonde Kirsten mit ihrer schlanken Gestalt an uns vorbeizieht. Obwohl es hier, wie gesagt, bergauf geht, schaffe ich es, meine Hunde mit viel »Come on! Come on!« so zu motivieren, dass sie aufstehen und sich an Kirstens Schlitten anhängen. Vielleicht denken sie im ersten Moment auch, das sei Jan mit seinem Team. Das Wie und Warum ist mir egal. Hauptsache, ich bin von diesem unglückseligen Ort fort.

Als ich nach einem kräftigem Anschieben auf die Kufen springe, schaue ich kurz zurück und sehe, dass Jan offensichtlich keine Chance hat. Seine Huskys sind nicht einmal aufgestanden und würdigen die anderen Hunde keines Blickes. Das heißt nicht, dass sie krank sein müssen. Möglicherweise sind sie immer noch vollkommen fertig, einfach groggy.

Für mich läuft es so, wie ich es mir gewünscht hatte: Kirsten fährt vor, Kelley hinter mir. Sie sieht ein wenig aus wie die Rocksängerin Suzi Quattro – die Haare sind fransig geschnitten, oben kurz, hinten lang. Zügig nehmen wir den Rest der Steigung, danach gehts bergab und zwar für eine längere Zeit – was mir natürlich sehr gelegen kommt. Wenn es so weiterläuft, müssten wir bald in Scroogie sein, rechne ich mir aus. Meinen Hunden ist keine Spur von Erschöpfung anzusehen. Sie rennen geradezu fantastisch. Aber mir ist klar, dass ich das vor allem dem Cheerleaderteam vor mir zu verdanken habe. Nicht einmal das enorm hohe Tempo von Kirstens Vierbeinern macht ihnen etwas aus.

Abends um zehn gelangen wir ohne irgendwelche Zwischenfälle nach Scroogie. Kelley überholt uns und spricht mit Kirsten ab, dass sie ohne Halt weiterfahren wolle. Kirsten und ich rasten nur kurz, obwohl der Hüttenbetreiber uns zu einer längeren Pause animieren möchte.

»Danke, aber wir wollen noch da hinauf«, winkt Kirsten

ab und zeigt auf die nächste Anhöhe. »Kelley wartet dort oben auf uns«, sagt sie nun zu mir gewandt. Eigentlich wäre es gut für meine ausgelaugten Hunde, hier einen längeren Stopp einzulegen. Doch fürchte ich, alleine von dieser Hütte nicht wieder wegzukommen. Deshalb lasse ich mich dazu verleiten, mit Kirsten mitzuhalten. Ich kann sie auch verstehen, dass sie wieder zu Kelley möchte, schließlich sind die beiden Frauen vom Start weg fast immer gemeinsam gefahren – obwohl sie sich erst bei dem Startbankett kennen gelernt hatten.

»Wir machen höchstens noch eine halbe Stunde, dann rasten wir auf alle Fälle, denn danach kommt der King Solomon Dome«, ermuntert sie mich.

Dieser Berg mit dem eindrucksvollen Namen ist einer der höchsten Punkte des Quests und nur mit ausgeruhten Hunden zu schaffen, das habe ich schon von mehreren Leuten gehört. Der Trail soll sich in vielen Serpentinen hochschlängeln, was bei Sturm und Schneefall die Hölle sein kann.

»Und warum fährt eigentlich Kelley den Quest?«, frage ich Kirsten.

»Du wirst lachen, aber sie ist Pilotin. Sie weiß, wieso Flugzeuge fliegen, aber sie hat keine Ahnung, warum Hunde laufen. Und das will sie hier herausfinden«, antwortet Kirsten.

»Und hat sie es schon herausgefunden?«

»Noch nicht.«

Kurze Zeit später verlassen wir Scroogie und müssen über einen zugefrorenen Seitenarm des Yukon, der von Overflows nur so wimmelt. Während wie uns mühsam durchs Wasser quälen, höre ich von hinten ein Snowmobil näher kommen. Der Mann darauf warnt uns davor, dieses Gewässer direkt zu überqueren. So wie er die Verhältnisse ein Stück weiter vor uns schildert, hätte das wohl keiner unserer Hunde unverletzt überlebt. Dieser Schutzengel alarmiert uns aber nicht nur, sondern weist uns auch den Weg um die offenen Stellen herum. Overflows bleiben uns hier ebenfalls nicht erspart und meine Hunde zeigen erste Reaktionen, die ihre Genervtheit kundtun. Sie werden von Minute zu Minute langsamer und scheinen sich über jedes Wegrutschen erkennbar zu ärgern. Immer zögerlicher setzen sie eine Pfote vor die andere auf dem spiegelglatten Untergrund. Weit vor mir sehe ich Kirstens Hunde, die nun wieder festen Boden unter sich haben. Zügig beginnen sie damit, die vor ihnen liegende Steigung hochzulaufen. Sie scheinen die eisige und unangenehme Wasserpassage gleichmütig weggesteckt zu haben. Meinen Hunden ist der Spaß am Laufen aber offenbar gründlich vergangen; auch als sie wieder festgefrorenen Schnee unter den Pfoten spüren. Kirstens Huskys, die inzwischen leider aus unserem Blickfeld verschwunden sind, scheinen sie mit einem Schlag vergessen zu haben.

Der Motorschlittenfahrer tut sein Bestes, um mir zu helfen. Unter normalen Umständen wäre der nur eine Meile lange Anstieg, der jetzt vor uns liegt, ein Klacks. Mein Team scheint das jedoch anders zu sehen. Ich schiebe den Schlitten von hinten, der Fahrer versucht sie mit seinem Gefährt in Bewegung zu setzen. Aber auch diese sonst immer funktionierende Verlockung führt zu nichts. Erst als der Mann direkt vor den Hunden herläuft und dazu Anfeuerungsrufe in Mengen ausstößt, zotteln sie los. Sobald er aber keuchend anhält, bleiben auch meine lieben Tiere wie angewurzelt stehen. Ich kann natürlich von diesem Mann nicht erwarten, dass er jetzt wer weiß wie lange vor meinem Schlitten herrennt und sich die Lunge heiser schreit. Damit die Hunde nicht merken, dass er umkehren möchte – was

223

wirklich fatal wäre –, springt er an einer unübersichtlichen Stelle über einen Schneehaufen und ist so für die Huskys einfach plötzlich verschwunden. Ich will schon jubeln, weil es tatsächlich funktioniert und die Hunde verdutzt um sich blicken, während sie trotzdem weiterlaufen – aber meine Freude währt nur kurz.

Mag es auch nicht mehr weit bis zu Kirsten und Kelley sein, meine Vierbeiner bleiben hier und jetzt stehen. Ohne Cheerleader vor ihnen habe ich keine Perspektive, ich brauche mich erst gar weiter abzumühen. Fieberhaft überlege ich, was ich für Optionen ich habe.

Connie müsste nach meiner Einschätzung noch hinter mir sein. Ganz sicher bin ich mir da nicht, weil sie uns in der vergangenen Nacht eigentlich überholt hat. Sollte sie tatsächlich noch kommen, wird sie mit großer Wahrscheinlichkeit in Scroogie Creek rasten und noch in der Nacht wieder aufbrechen. Dann müsste sie an mir vorbeifahren – das ist im Moment meine einzige Chance.

Ich snacke meine Lahmen, die sichtlich zufrieden mit der von ihnen erzwungenen Pause sind. Mich zu ärgern bringt nichts, ich muss einfach abwarten. Nach einigen Stunden höre ich von weitem unverkennbar Connie ihren Hunden Kommandos zurufen. Keiner liebt das Wort »fucking« so sehr wie sie. Mein Körper zittert vor Zuversicht.

Die korpulente Amerikanerin bleibt neben meinem Schlitten stehen und schaut mich verwundert an.

»Connie, ich hänge hier fest. Kann ich mich vielleicht an dich dranhängen?«

»Klar«, meint sie, »nichts wie los.«

Verbissen versuche ich, mein Team hochzubringen, aber weder Caruso noch Sultan machen Anstalten dazu. Die anderen Hunde rühren sich ebenso wenig; warum sollten sie auch, wenn nicht einmal ihre Leader eine Kralle ausstrecken? Die Vierbeiner streiken einfach geschlossen weiter. Jeder Gewerkschaftsboss wäre mit diesem einmütigen Verhalten zufrieden, nicht aber ich.

»Das tut mir furchtbar Leid!«, ruft mir Connie noch mitleidig zu. »Ich wünsche dir trotzdem noch viel Glück!« Schon ist sie in der Dunkelheit verschwunden.

Vermutlich hat es nicht geklappt, weil es an dieser Stelle bergauf geht. Deshalb musste ich ja auch den Schlitten anschieben, wenn auch letzten Endes ohne Erfolg.

Und jetzt? Ich bin traurig und müde. Dabei können es höchstens noch zwanzig Meilen bis Dawson sein. Das ist jetzt eine der Situationen im Laufe so eines Rennens, wo man sich denkt, es geht nicht weiter. Jeder Musher erlebt bei dem Quest etwas Vergleichbares.

Ich zwinge mich dazu, konstruktiv zu denken: die Hütte von Scroogie Creek ist nicht allzu weit entfernt, ungefähr achthundert Meter; vielleicht sollte ich mein Team am Rand des Trails einfach parken und dorthin zurückgehen. Und dann Bescheid geben, dass ich aufgebe? Oder sollte ich doch besser bei meinen Huskys bleiben?

Um den Trail zu suchen, falls man ihn einmal verloren hat, oder einen Hund an den letzten Dogdrop zurückzubringen, ist es unter Langstreckenmushern durchaus üblich, das Gespann für eine gewisse Zeit allein zu lassen. Völlig ausgeschlossen ist die Variante, mit allen Hunden umzukehren. Für die Hunde ist die Wiederholung einer gefahrenen Strecke ein eindeutiges Signal für das Ende des Rennens – bei der Motivation meiner Hunde bin ich mir aber nicht mal sicher, ob sie selbst einen Rückweg antreten würden.

»Hundis, was macht ihr mit mir?« Nicht einmal den Kopf heben sie bei meiner Frage. Caruso grummelt nur schwach und verbirgt seine Schnauze sofort wieder tief in seinem buschigen Schwanz.

»Aber ich kann doch nicht tatenlos bei euch rumsitzen!«

»Mach es doch wie wir, einfach einrollen und schlafen«, scheint Sultan nun in meine Richtung zu brummeln, wobei er nicht einmal ein Auge öffnet.

»So einfach ist das nicht«, murmle ich vor mich hin und sichere den Schlitten mit einem Anker im Schnee sowie an einem Baum.

»Bin gleich wieder da!« Während ich das sage, streichle ich allen Hunden über den Kopf und laufe los in Richtung Hütte.

Auf dem Weg gehe ich in Gedanken noch einmal alle meine Möglichkeiten durch. Für mich steht klipp und klar fest, ich möchte auf alle Fälle noch bis Dawson kommen. Wenns geht, von dort aus noch weiter. So schnell will ich nicht aufgeben; aber ich zweifle, ob ich diesen Trip noch meinen Hunden antun kann. Sie zu etwas schinden, nur weil ich mein Ziel um jeden Preis erreichen möchte, das kommt nicht in Frage. Inzwischen bin ich klitschnass von den Overflows und fix und fertig. Was ich jetzt brauche, sind gute Ratschläge und eine ordentliche Portion Ansporn.

Schlecht war die Idee, zum Blockhaus zurückzulaufen, schon deshalb nicht, weil ich dort auf Dario Daniels treffe. Der hat zwar offiziell in Pelly Crossing gescratcht, will aber nach wie vor mit seinen Hunden bis nach Anchorage. Dafür benutzt er der Einfachheit halber weiterhin den Trail, was auch erlaubt ist – wenigstens bis Dawson, wovon er dann weiter südlich zu der am Pazifischen Ozean gelegenen Stadt aufbrechen will. Über die Hälfte aller Bewohner des größten amerikanischen Bundesstaates leben hier. Auch Dario. Es gibt Hochhäuser, große Highways und bestens

226

illuminierte Einkaufscenter, sogar eine Rushhour, wie er mir später erzählte. Die mit knapp 250 000 Einwohner größte Stadt Alaskas ist die einzige wirkliche Großstadt im hohen Norden. Gescheiterte Wildnisbewohner, so wird jedenfalls gesagt, haben sich an diesem Ort am Meer die Kopie einer zivilisierten Metropole aufgebaut.

»Silvia, was ist denn mit dir los?« Dario sieht sofort bei meiner Ankunft, in welchem Zustand ich mich befinde. »Raus aus den nassen Klamotten«, befiehlt er mit väterlicher Fürsorge, »anschließend kriegst du einen heißen Kaffee von mir.«

»Aber meine Hunde!«, jammere ich. »Ich muss wieder zu ihnen, ich habe sie da oben ganz allein gelassen.«

»Das geht jetzt nicht«, bestimmt Dario. »Erst einmal müssen deine Sachen trocknen, sonst holst du dir den Tod.«

»Dario hat Recht«, mischt sich Edward Peebles, der Hüttenbesitzer, ein. »Du bleibst hier und ich springe auf mein Snowmobil, schaue schnell mal nach, ob mit den Hunden alles okay ist.«

Ich lasse mich überreden.

»Aber du weißt, dass du das Gespann nicht anfassen darfst?«, rufe ich ihm noch im Rausgehen hinterher.

»Geht klar, ich kenne doch die Regeln des Quests«, antwortet er. »Bis gleich.«

Langsam werde ich etwas ruhiger, auch weil ein neuer Plan in meinem Kopf Gestalt annimmt. Ich werde jetzt eine richtige Pause machen und dann morgen früh gemeinsam mit Dario weiterfahren, der zum Glück nicht das Geringste dagegen einzuwenden hat.

»Bist du jetzt traurig, dass du nicht bis zum Ende für deinen Freund gefahren bist?«, frage ich Dario.

»Nein, das ist Schicksal. Aber was ich wollte, habe ich erreicht. Ganz viele Menschen haben sich bei meinem

Freund gemeldet, die ihre Hilfe angeboten haben. Es könnte nicht besser sein.«

»Das ist wenigstens eine gute Nachricht«, sage ich nun schon fast entspannt.

Kurz darauf kommt Edward Peebles wieder.

»Deine Hunde sehen aus wie schlafende Bojen im Schnee«, teilt er mit.

»Die scheinen die Ruhe so richtig zu genießen.«

Ich bin über diese Auskunft erleichtert. Der Hunger meldet sich, einen Teller Suppe mit Hühnerfleisch und Wurzelgemüse lehne ich nicht ab.

»Wie sieht eigentlich bei dir ein normales Training in Deutschland aus?«, fragt mich Dario. »Jeder Musher hat ja so seine eigenen Rituale, das habe ich wenigstens festgestellt. Und weil ich selber keiner bin, will ich mir das wenigstens vorstellen können.«

»Stell dir vor, es ist fünf Uhr morgens, Herbst und der Frühnebel liegt über den Wiesen. Genau das richtige Wetter zum Trainieren. Ich mache unseren grünen Kachelofen an, der die anschleichende Feuchtigkeit aus unserem Bauernhof vertreiben soll. Den Kindern wird es beim Aufwachen gut tun, wenn durchs Haus schon eine wohlige Wärme zieht.

Der Kaffee ist auch fertig, selbst gebrühter, was für ein Genuss! Nie wieder benutze ich eine Kaffeemaschine.

Jetzt ist es sechs Uhr. Das Futter ist fertig gemischt. Ich setzte ein wenig Fleisch bei, für den Geschmack. Leise gehe ich damit hinaus, um meine beiden Nachbarn auf den umliegenden Höfen nicht zu stören. Aber keine Chance, die Meute hat bereits gemerkt, dass heute was in der Luft liegt. Sie jault mit größter Freude. ›He, doggies, Ruhe da, jeder bekommt etwas!‹, rufe ich ihnen zu. Zwar sind sie jetzt nicht still, aber das Geheule ist deutlich geringer geworden.

Schnell gehe ich mit Schüsseln und Eimer beladen in jeden Zwinger und wässere die Hunde mit ihrer Suppe. Noch ist Zeit, draußen meinen Kaffee in Ruhe zu trinken. Mein kleiner Sohn Steven wird gleich wach sein, dann ist es damit vorbei. Da! Ich höre es schon, Stevie kommt die beiden Stufen vor unserem Eingang herunter.

›Guten Morgen, Mama‹, sagt er.

›Guten Morgen, mein Spatz, hast du gut geschlafen?‹

›Ja, und du?‹

›Wunderbar.‹

Gemeinsam decken wir den Tisch und frühstücken ohne Stress. Mittlerweile ist es acht Uhr – Zeit für den Kindergarten. Nachdem ich meinen Sonnenschein dorthin gebracht habe, bereite ich mich fürs Training vor.«

»Und wie trainierst du ohne Schnee?«, will Dario wissen.

»Ich vergleiche das immer mit den Gladiatoren aus dem römischen Reich: Ich stehe auf einem Vierrad; an diesem Trainingswagen, zu dem auch noch ein Sitz gehört, sind meine Hunde genauso eingespannt wie bei einem Schlitten. Nur ist die Fahrt mit einem solchen Wagen einfacher als bei diesem. Mit dem Gefährt auf Rädern habe ich die Möglichkeit, durch optimale Lenkung den Wagen in Kurven weit auszuholen.«

»Nach dem Kindergarten geht es dann los?« Dario ist ganz neugierig. Mit seinen ungemein wachen Augen und den querfeldein sprießenden Bartstoppeln animiert er mich zum Weitererzählen. Unglaublich, wie grün seine Augen sind, das ist mir bislang noch nicht aufgefallen.

»Auf irgendeine Art und Weise wissen die Hunde immer, wann es losgeht. Ich brauche nur den Trainingswagen anzufassen, schon laufen sie wie wild durch die Zwingeranlage. Sie schreien, bellen, es gibt keine Möglichkeit, sie zu beruhigen. Sie wollen laufen, und zwar jetzt. Im Tumult muss ich aufpassen, dass sie nicht aus lauter Begeisterung den Wagen umreißen, weshalb ich ihn mit einer speziellen Sicherung, einem Paniksnap befestige. An diesem Tag, ich sage das jetzt mal als Beispiel, beschließe ich, erst einmal mit acht Hunden zu üben. Minni und Caruso sind im Lead, Krümel und Zeus im Swing, Odin und Speckie in der Teamposition und im Wheel Rick und Zora. Bevor sie an den Trainingswagen kommen, dürfen sie ihre Lust am Sprinten ohne Leine im großen Auslauf ausleben. Sie springen an mir hoch, stupsen mich an, als ob sie sagen wollten: ›Hey, Chefin, gute Idee. Laufen ist heute super.‹

Damit es einigermaßen diszipliniert zugeht, habe ich im Auslauf eine lange Stake-out-Kette. Jeder Hund kennt schon den Ablauf. Sie springen auf, rennen zur Kette, stampfen mit den Pfoten ungeduldig hin und her und warten darauf, von mir festgemacht zu werden. Streicheleinheiten sind jetzt zwecklos, sie wollen einfach nur lospreschen. Nach und nach hole ich jeden Hund einzeln aus dem Auslauf und zurre ihn an die Zentralleine. Haben vorher noch meine frei herumlaufenden Kätzchen an der Leine herumgespielt, sind sie schon verschwunden. Sie haben sehr schnell verstanden, dass es besser für ihr Dasein ist, diesen Hunden aus dem Weg zu gehen.

Minni und Caruso stehen schon. Sie sollen die Zentralleine straff halten. Gute Hunde bleiben in Position, drehen sich nicht um oder tänzeln auf einen zu, wenn man mit den anderen Teamkameraden kommt. Caruso springt aber in Juming-Jack-Manier über Minni hinweg. Ich kenne das schon von meinem Klassenclown. Zügig und schnell spanne ich die anderen Hunde ein. Ich habe dabei einen Tick: Normalerweise folgen nach den Leithunden die Swinger, die Team-Dogs und zum Schluss die Wheeler. Ich mache das ein klein wenig anders. Nach den Leadern nehme ich mir die Wheeler vor, dann kommen die Swing-Dogs, als Letztes die Teamhunde.«

»Und warum machst du das? Geht das zügiger oder schneller?« Darios Interesse an meinen ausschweifenden Erklärungen lässt nicht nach. Ich bin froh darüber, so kann ich mir wenigstens die Seele erleichtern – einfach durchs Reden.

»Keine Ahnung, warum ich diese Reihenfolge wähle. Seit Jahren ist das schon so bei mir und es wird sich wohl auch nie ändern.«

»Erzähl einfach weiter«, ermuntert mich Dario.

»Für Fremde sieht das so aus, als ob die Erde beben würde. Lauthals schreiende Hunde im Gespann, weil sie loswollen, brüllende und jaulende Hunde im Zwinger, weil sie dableiben müssen. Ich springe auf den Trainingswagen, löse den Paniksnap und schon preschen sie los. Mit einer Startgeschwindigkeit von ungefähr vierzig Stundenkilometern laufen die Huskys los. Wohlgemerkt, das ist die Startgeschwindigkeit. Nach ungefähr zweihundert Metern verlangsamt sich das Team und ich fahre nur noch um die zwanzig Stundenkilometer. Auf einer längeren Distanz kann man dieses hohe Tempo nicht halten und ich will ja, dass meine Hunde heute ausgiebig laufen. Ein Mensch ist als Sprinter ja auch sehr schnell, als Marathonläufer könnte er diese Spitzengeschwindigkeit nicht halten.

Ich bin jetzt draußen, wunderbar. Alles hat geklappt. Es geht über Wald- und Wiesenwege, der Nebel lichtet sich, überall schimmern an den Gräsern und Blättern bunte Tautropfen. Schlagartig ist es leise geworden, ich höre nur noch den Atem der Hunde. Die Vierbeiner wollen nur noch rennen. Könnte man sie jetzt von vorne anschauen, man würde in ihrem Gesicht ein Lächeln erkennen. Ich liebe das. Auch die zurückgebliebenen Huskys sind ruhig geworden. Sie wissen, dass sie in der nächsten Runde dabei sind.

›So, Hundis, das letzte Mal seid ihr hinter dem Baum gelaufen, es wäre schön, wenn wir heute vor dem Baum laufen könnten!‹, rufe ich meinen Hunden zu. Ich gebe das Kommando, aber irgendwie scheint Minni heute ihren damenhaften Sturkopf durchsetzen zu wollen. Caruso will als Gentleman nicht zurückstehen und überlässt ihr die Oberhand. Prompt will sie uns um den Baum lotsen.

Acht tobende Hunde ziehen mich in Richtung Kastanie.

›Na gut, wenn ihr wollt, dann fahrt da entlang. Aber glaubt nicht, dass ihr daran Freude haben werdet‹, teile ich ihnen mit. Als wenn ich es heraufbeschwört hätte: Klatsch, und ich hänge an dem Baum fest.

Was machen? Der Wagen klemmt nur ein wenig, also stelle ich Minni und Caruso in die von mir angepeilte Richtung, ziehe mit aller Kraft an dem vierrädrigen Gespann, bis ich es losgeeist habe. Jetzt muss ich nur noch schnell auf den Wagen, denn die Huskys rasen schon wieder davon. Von da läuft alles wie geschmiert. Die Oktobersonne bricht durch. Eichhörnchen huschen im Unterlaub eines Eichenwaldes umher, um Nahrung für den kommenden Winter zu bunkern. Immer wieder höre ich einen kleinen Knall – es sind die Eicheln, die auf dem Boden aufprallen. Auf den Holzpfählen der umzäunten Wiesen lauern wie kleine Totemfiguren die Falken. Erst bei unserem Näherkommen, setzen sie leise ihre Schwingen in Bewegung – unwillig, wie mir scheint. Da ich erst am Anfang der Trainingsphase bin, kehre ich nach sechs Meilen um. Zwischendurch wird gesnackt, auch das will gelernt sein. Aus der Ferne sehe ich unseren flachen Hof mit seinen grün bemalten Sprossenfenstern. Die Hunde im Zwinger haben uns entdeckt, eine jaulende Meute begrüßt uns und teilt mir mit: ›Hey, Silvia, komm in die Puschen, jetzt sind wir dran.‹

Schön war es. Mal sehen, ob die nächste Crew es besser packt. Muss ich wieder um den Baum? Nein, Hektor und Speckie haben ihre Sache prima gemacht. Bei der nächsten Fahrt, wird es Minni auch hinkriegen, denke ich mir.«

»Man spürt richtig, wie du mit diesen Hunden aufgehst«, bemerkt Dario. »Und was sagen deine Nachbarn dazu? Im Allgäu ist ja alles ein bisschen enger als in Alaska oder Kanada.«

»Die Menschen in meiner Umgebung reden nicht viel darüber. Am Anfang waren sie sicherlich irritiert. Man hat hier Schweine und Kühe in Massen, aber einen Haufen Hunde? Das war für sie schon merkwürdig. Ein Hund ist in ihren Augen ein Wachhund, kein Renntier. Aber mittlerweile bin ich für sie nur die ›Husky-Frau‹. Sie sind sogar stolz auf mich.«

»Ich glaube, wir sollten jetzt noch eine Mütze Schlaf kriegen«, meint Dario. Ich stimme ihm zu. Während er es sich in der Blockhütte bequem macht, ziehe ich es vor, zurück zu meinen Hunden zu gehen.

Die Kleidung ist trocken, hoffentlich trete ich auf dem Fluss in nicht allzu tiefe Pfützen.

Zusammengekuschelt liegen meine Hunde da. Nur der eine oder andere hebt kurz den Kopf und streckt schnuppernd die Schnauze aus. Bevor ich in meinem Schlafsack hineinkrabble, ist eine Fütterung meiner kleinen Pelztiere angesagt.

In der Morgendämmerung höre ich Dario und sein Team kommen. Ich bin startklar und drücke mir insgeheim die Daumen. Es klappt! Noch dazu hat Dario kein Problem damit, dass ich reichlich dicht auf ihn auffahre. Auch sein Tempo ist für meine Huskys ideal. Beruhigt lasse ich nach einiger Zeit so viel Abstand zu Darios Schlitten, dass meine Hunde und ich ihn gerade noch sehen können. Von Kirsten und Kelley habe ich gelernt, dass sie diese Strategie bislang während des gesamten Rennens gefahren sind. Die Vierbeiner werden dabei optimal motiviert, weil sie sich immer anstrengen müssen, um die vorderen Kameraden nicht aus den Hundeaugen zu verlieren.

So schaffen wir auch den angeblich schwierigen King Salomon Dome ganz gut. Für fitte Hunde wäre dieser Berg ein Kinderspiel, für psychisch und physisch angeschlagene Tiere ist es tatsächlich eine anstrengende Sache und keineswegs einfach. Immerhin müssen wir fünf Meilen ziemlich steil bergauf. Links und rechts sind riesige, mit Schnee und Eis überzogene Felsbrocken zu sehen, viele der merkwürdig verformten Tannen sind entwurzelt. Ich werde das Gefühl nicht los, dass zwei meiner Huskys nicht ganz gesund sind. Immer wieder entdecke ich einen leichten Durchfall bei ihnen.

Danach gehts zwanzig Meilen bergab. Dario ist jetzt weit vor mir, irgendwann verliere ich ihn völlig aus den Augen. Aber die Hunde laufen auch ohne ihn tadellos. Ich habe nicht einmal Angst davor, dass sie mir wieder eine Pause abringen könnten, da in diesem leicht abschüssigen Gelände das Wiederanfahren relativ leicht ist.

Plötzlich tauchen mitten in dieser Wildnis wieder Goldgräberruinen und abgesteckte Claims auf. Wir sind auf einer Route, die ein Großteil der Goldschürfer wählte, ein klassischer Weg nach Dawson. Unter unsagbaren Mühen und Leiden mussten die Menschen den Berggipfel erklommen haben. Stufe für Stufe wurde in das Eis gehauen, auf dem Rücken die Waschpfannen und Lebensmittel für viele

Monate. Ich höre noch jetzt ihr schweres Keuchen, das Rasseln ihres Atems. Wie viele Banditen und andere dubiose Gesellen müssen zur Zeit des großen Booms unterwegs gewesen seien, um hinter den schroffen Felsen zu lauern und die Goldsucher auszurauben oder gar zu töten? Die glitzernden Nuggets locken schon lange nicht mehr, aber das Land erscheint immer noch so wild wie damals. Nur diese nahezu malerisch anmutenden Reste einer einstigen Zivilisation wirken wie eine vergessene Filmkulisse oder als hätte man tatsächlich einen Sprung in eine andere Zeit gemacht. Diese abwechslungsreiche Szenerie ist geradezu eine Entschädigung für die in der vergangenen Nacht ausgestandenen Ängste.

Hinter mir höre ich das bekannte Brummen eines Snowmobils. Es ist ein Kamerateam.

»Na, wie läufts?«, werde ich gefragt.

»Jetzt wieder super. Aber ich bin heilfroh, wenn ich in Dawson bin.« Mit gutem Gewissen kann ich diese Antwort geben. Ein Blick auf die Hunde beruhigt mich, sie sehen ein wenig angegriffen aus, nicht aber, als hätte ich sie durch die Schneewüsten gepeitscht.

Meine Huskys zeigen sich dieses Mal begeistert über das Gefährt mit dem elektrischen Motor. Schon beim vertrauten Geräusch des Snowmobils gehen nacheinander alle Ohren nach oben und sie laufen gleich noch einen Schritt schneller – zur Freude wiederum des filmenden Kameramannes. Aber auch nachdem die motorisierte Schneekutsche wieder abdüst, ist das kein Problem für meine Crew. Die Hunde laufen konstant weiter.

Mein Bauch sagt mir: Jetzt läuft es und wir werden bis nach Dawson kommen.

Der Trail führt in einem großen Bogen über den Yukon und danach auf einem Uferdamm um Dawson herum. Von hier aus hat man einen tollen Blick auf die Stadt. Die Häuser sehen für hiesige Verhältnisse uralt aus, aber wie ich später aus der Nähe bemerken sollte, sind sie Nachbauten aus der Zeit der Goldgräber und damit ein großer Anziehungspunkt für Touristen. Die legendäre Stadt entstand um 1896, als in unmittelbarer Nähe, am Bonanza Creek, Gold gefunden wurde. Der Ruf des Reichtums lockte so viele Menschen an, dass schon zwei Jahre nach ihrer Gründung Dawson City mit 25 000 Einwohnern die größte Stadt westlich von Winnipeg und nördlich von San Francisco war. So schnell, wie der Aufstieg kam, so rapide ging es auch wieder abwärts. Als von den großen Handelsgesellschaften fast alle Goldclaims aufgekauft und ausgebeutet waren, sank die Einwohnerzahl der Stadt dramatisch. Heute leben in dieser kanadischen Stadt nur noch zweitausend Menschen. Wer sein Glück heute in Dawson City sucht, geht in ein Casino, beispielsweise das Diamond Tooth Gertie's.

Nach den Strapazen der letzten Tage wieder so nah an die normale Zivilisation heranzukommen ist irgendwie befremdlich. Aber noch eine andere Bedeutung hat meine Ankunft in Dawson: Ich bin kein Rookie mehr, sondern nun ein Veteran – egal, ob ich von Dawson aus auch nur eine einzige weitere Meile fahre. Die Hälfte des Quests ist geschafft, wenn auch mit Mühe und mit Hilfe von einigen anderen Teams.

Endlich bin ich im Checkpoint von Dawson City. Die Menschen, die mich in Empfang nehmen, staunen darüber, dass ich schon da bin – und noch dazu allein. Jans Frau kommt sofort auf mich zugelaufen und fragt nach ihrem Mann. Ich bin irritiert, dass er noch nicht da ist. Sollte er noch größere Schwierigkeiten als ich bekommen haben? Ich schlage vor, ihm ein Snowmobil entgegenzuschicken, auch um sicherzugehen, dass er noch genügend Futter für seine Hunde hat. Sein Freund Henry macht sich mit dem Einverständnis des Racemarshals auf den Weg, ihn zu finden. Nach ein paar Stunden gibt es eine Entwarnung: Mit Jan ist alles okay, er ist nicht verschollen, er musste einfach nur eineinhalb Tage auf dem Trail kampieren. Mittlerweile hat er aber schon Scroogie Creek erreicht und die Hunde sind ausreichend versorgt.

Bevor ich mich um meine Huskys kümmern kann, wird mir eine weitere Schreckensnachricht mitgeteilt: Sig Stormo schwebe in Lebensgefahr. Er sei in der Nacht vor mir in Dawson City angekommen. Weil er nicht ausreichend zu trinken hatte, war er ziemlich dehydriert in den Checkpoint gefahren. Er sah im Schnee eine Mineralwasserflasche stehen und da er einen unbändigen Durst hatte, sprang er von den Kufen, schnappte sich diese und trank sie in einem Zug leer. Schrecklicherweise befand sich in der angeblich nicht weiter ausgezeichneten Flasche – was bei seiner Kopflosigkeit wohl auch kaum geholfen hätte – nicht Quellwasser, sondern Firestarter, also eine Art Spiritus.

Sig brach im nächsten Moment zusammen und wurde – nachdem klar war, was vorgefallen war – sofort in die Klinik nach Whitehorse geflogen, anschließend weiter nach Fairbanks. Dort liegt er nun auf der Intensivstation. Die Auslöser dieser tragischen Geschichte sind Müdigkeit auf seiner Seite und Achtlosigkeit auf der Seite desjenigen, der diese verdammte Pulle dort einfach abgestellt hatte. Eigentlich war Sig schon von der Questleitung disqualifiziert worden, weil er seine Hunde bis zum Umfallen gefordert hat. Wie sich selbst – sein Fokus war einzig auf die Tochter ausgerichtet. Sig, dieser Eigenbrötler, der mir so viel geholfen hat und den ich bei unseren gemeinsamen Fahrten ins Herz geschlossen habe, tut mir furchtbar Leid.

Wochen später erfahre ich, dass dieser Mann, der so viel

Unglück in seinem Dasein hat erleiden müssen, überleben wird – doch nur für eine bestimmte Zeit. Er ist durch den Spiritus blind geworden, seine Leber ist kaputt und auch die anderen inneren Organe werden nach und nach zerfressen. Man sagt, dass er das kommende Jahr nicht erreichen wird.

Ich bringe jetzt meine müden Gesellen zu den Tierärzten. Die Vets bestätigen mir, was ich schon vermutet habe: Die meisten meiner Hunde sind in keinem besonders tollen Zustand. Richtig zufrieden stellend ist nur Carusos Konstitution, auch die von Stanley und Midnight ist einigermaßen in Ordnung. Eine schlechte Verfassung bescheinigen die Tierärzte Sultan, der auch extrem abgenommen hat. Little Buddy hatte unterwegs blutigen Durchfall, jetzt geht es ihm besser, dennoch bin ich davon überzeugt, dass er mental der schwierigen Strecke, die noch vor uns liegt, mit Sicherheit nicht gewachsen ist. Ich werde ihn definitiv nicht mitnehmen. Friendly schwächelt ein wenig, hustet leicht. Vielleicht ist er nach den sechsunddreißig Stunden Pflichtpause in Dawson wieder okay. Bebop wirkt zwar körperlich und geistig fit, aber er hat sich bei seinen Nickerchen auf den Eiskissen Frostbeulen an den Hoden zugezogen. Das erklärt seine Unwilligkeit beim Laufen. Männer brauchen sich nur vorzustellen, dass da unten was gegeneinander schabt, schon verzerren sich ihre Gesichter zu einem einzigen Schmerz. Bebop ist damit auch ein Fall fürs Droppen. Bleiben mir also nur noch sechs Hunde. Die meisten davon sind schon recht alt, Salt und Sultan etwa. Solche Huskys brauchen länger zum Regenerieren und sind schneller dehydriert. Ich würde also auch dann länger für den nächsten Trailabschnitt brauchen, wenn sie mental überhaupt stark genug und bei steilen Hängen oder starkem Wind unerschütterlich wären. Vor uns liegen nämlich noch richtig heftige Berge: der Eagle's Summit, der American Summit und Rosebud – sie alle sind unter den Mushern gefürchtet.

Die verordnete Pause kommt mir wirklich gelegen. Jetzt dürfen auch die Doghandler erstmals richtig mit anpacken. Meine Huskys bekommen ein warmes Lager, dass heißt, sie werden in einer Scheune untergebracht, auf reichlich Stroh gebettet. Fressen gibt es jede Stunde – eine schöne Aussicht. Selbst wenn mir die Ärzte nach der letzten Untersuchung kurz vor Ende der Rast ihr Okay für eine Weiterfahrt geben sollten, werde ich mir genau überlegen müssen, ob diese mit dieser geschrumpften Mannschaft Sinn macht. Doch daran will ich jetzt nicht denken, ich möchte die freie Zeit erst einmal genießen. Nach neun Tagen in der Wildnis sehne ich mich nach einem heißen Bad oder wenigstens nach einer Dusche. Die Bewohner von Dawson City stellen in alter Tradition den Mushern Zimmer zur Verfügung, man weiß vorher nur nicht, wie ein solches aussehen wird.

Ich werde bei einem älteren und freundlichen Ehepaar untergebracht. Schon von außen wirkt ihr Heim nicht gerade einladend. Nach dem ersten Blick in mein Quartier steht für mich fest: Gastfreundschaft hin oder her, ich nehme mir lieber ein Hotelzimmer! Der kleine Raum ist total verdreckt. Überall in den Ecken breiten sich gigantische Wollmäuse aus – selbst die Bettwäsche sieht so aus, als hätten schon drei Generationen darin genächtigt, ohne dass das Laken jemals gereinigt wurde. Dagegen war der Quest bislang eine superhygienische Veranstaltung. Ich bin aber so todmüde, dass ich dort trotzdem zwei Stunden schlafe; erst danach will ich mich auf die Suche nach einer Ausweichunterkunft machen.

Zum Abendessen bin ich mit Xaver Wiedenstritt und

Alfred Berger verabredet. Die beiden Freunde aus Deutschland, die gerade eine Alaskareise hinter sich haben, sind extra zu dem Ereignis nach Dawson gekommen. Als sie mich abholen und meine versiffte Herberge sehen, nehmen sie mich kurz entschlossen gleich mit zu sich ins Hotel. Ich kann in ihrem Zimmer übernachten und auch die Badewanne benutzen – sonst hätte ich immer noch lieber im Freien geschlafen.

Die beiden Männer müssen ihren Hunger noch ein wenig bändigen, denn die Wanne mit der hellgelben Verkachelung geht mir nicht aus dem Sinn.

»Ich muss jetzt baden«, verkünde ich ohne Umschweife. Schon lasse ich das warme Wasser einlaufen, gebe einen Badezusatz hinein, den Xaver oder Alfred mitgebracht haben müssen – so wunderbar duftet kein Hotelprodukt. Ist das herrlich, eingehüllt im weißen Schaum jeden Millimeter des eignen Körpers wieder zu spüren!

»Ist deine Haut nun so eingeweicht, dass wir sie dir abziehen können?«, ruft Xaver mit seiner tiefen Stimme aus dem Nebenzimmer.

Erschrocken schaue ich auf meine Uhr, die ich auf den Toilettendeckel deponiert habe. Fast eine Stunde habe ich in meinem Wannenglück gelegen. Schnell greife ich nach einem Handtuch und ziehe mir frische Sachen an.

Wir gehen in eine Kneipe mit blau karierten Decken und Hängeleuchten aus Kupfer. Die langen Tische sind fast alle besetzt, aber wir finden noch eine Ecke für drei Personen. Ein Questhelfer stoppt mich auf dem Weg dahin und teilt mir mit, dass Jan immer noch nicht in Dawson eingetroffen sei. Jeder von uns bestellt ein Steak mit den obligatorischen Bohnen; der Kartoffelbrei gehört selbstverständlich auch dazu. Die Männer trinken ein helles Bier, ich brauche erst einmal ein großes Glas Mineralwasser.

240

»Und wer ist jetzt bei deinen Hunden?«, fragt mich Xaver, der im Sauerland lebt und Leiter einer Jugendberatungsstelle ist.

»Mein Doghandler Curt ist bei ihnen. Er und seine Frau Peggy haben mir hoch und heilig versprochen, die Hunde jede Stunde zu snacken«, antworte ich. »Ich bin froh, dass die beiden sich um die Tiere kümmern.«

»Du schaust etwas traurig drein! Gibt es Probleme?«, will Xaver wissen, während er sich ein großes Stück Fleisch in den Mund schiebt.

»Wenn die Hunde morgen nicht besser aussehen, scratche ich.« Ein Blick in die Gesichter der Männer zeigt mir, dass sie sehr erstaunt sind.

»Ach was, Silvia! Komm, die werden schon wieder«, meint Alfred und unterstützt seine Zuversicht, indem er mit mir anstoßen will. Als Rentner hat er einfach eine gelassenere Lebenshaltung.

»Davon kann mich keiner abbringen, denn es geht in erster Linie um die Hunde.« Hartnäckig bleibe ich bei meiner Überzeugung. »Außerdem ist für die nächsten Tage schlechtes Wetter angekündigt und was mache ich dann, wenn ich da draußen mit ihnen festsitze? Da hat doch keiner was davon.«

»Schlaf erst einmal eine Nacht darüber«, raten mir meine Freunde.

Das werde ich auch tun, obwohl ich mir tief in meinem Innern schon ziemlich sicher bin, dass hier in Dawson Schluss sein wird. Nach dem Essen werde ich unruhig. Die laute Kneipe mit den vielen Menschen kommt mir wie eine fremde Welt vor. Ich genieße zwar die Gesellschaft und die Ablenkung vom Quest-Alltag, habe aber das Gefühl, noch nicht wieder so richtig dazuzugehören. Bevor ich zurück ins Hotel gehe, statte ich meinen Hunden noch einen

241

letzten Besuch an diesem Tag ab. Sie sollen doch noch ihre Streicheleinheiten bekommen.

Am nächsten Morgen eile ich als Erstes erneut zu meinen Huskys. Die Vets sind gerade dabei, die Hunde ein weiteres Mal zu untersuchen. Ihr Ergebnis: Caruso sei der einzige hochmotivierte und nicht abgemagerte Hund aus meinem Team. Little Buddy und Bebop – da geht kein Weg dran vorbei, müssen gedroppt werden. Auch Sultan ist nach wie vor ein Bild des Jammers. Auf ihn kann ich aber überhaupt nicht verzichten, weil ich ihn für die nächste Strecke im Lead bräuchte. Ohne ihn kann ich die Weiterfahrt gleich vergessen! Caruso ist an seiner Aufgabe im bisherigen Verlauf des Rennens zwar gewachsen, aber ihm fehlt einfach die nötige Erfahrung, um diesen Job alleine zu bewältigen – gerade bei einem als besonders schwierig ausgewiesenen Trail. Außerdem sind laut Reglement sechs Hunde bei der Zieleinfahrt in Fairbanks Minimum. Ich könnte gar keinen weiteren Vierbeiner hier lassen.

»Silvia, überleg dir gut, was du machst«, wirft Mel seine Bedenken ein. Unser aller »Quest-Psychologe« ist wieder zu rechten Zeit an Ort und Stelle. »Wenn du fährst, dann solltest du dies nur in Begleitung eines anderen Teams, nicht allein. Das sage ich aus Sorge um dich und um deine Hunde. Da draußen kann es wirklich lebensgefährlich sein.«

Nachdenklich gehe ich auf diesem Stake-out-Gelände zu den anderen Mushern. Kelley, Kirsten, Connie sind da. Auch Jan ist vor kurzem eingetroffen. Er ist in einer erstaunlich guten Verfassung, ich hatte mir das Schlimmste ausgemalt. Weder Frostbeulen noch Erfrierungen hat er davongetragen, entsprechen zufrieden sieht er aus. In Scroogie Creek hat er übernachtet und ist danach gut über den

King Solomon Dome gekommen. Ich erzähle auch ihm von meinen Bedenken wegen der Hunde. Er will sich dazu nicht gleich äußern, sondern sich erst einmal waschen gehen. Das kann ich verstehen, bleibe aber ratlos bei meinen Huskys zurück.

Ich kauere mich vor sie hin und schaue sie mir der Reihe nach an, ganz genau. Da sagt eine Stimme in mir:»Silvia, das wars.« Sofort gehe ich zu Mel und teile es ihm mit. Eine Menge Tränen fließen dabei, Tränen der im Moment maßlosen Enttäuschung. Kein Wunder, denn bei dem Quest geht es ja nicht darum, eine bestimmte Strecke in drei oder vier Wochen zurückzulegen, mit Zelt oder anderen bequemen Übernachtungsmöglichkeiten, gemütlichen Lagerfeuern, Ausschlafen und all diesen angenehmen Dingen. Der Spirit des Quests ist ein anderer. Alle Teilnehmer unterwerfen sich bestimmen Regeln und Vorgaben. Sie versuchen, unter manchmal ziemlich widrigen Umständen, mit der Natur zurechtzukommen und eine möglichst geschlossene Einheit mit den Huskys zu bilden – sonst kommt man auch gar nicht an. Dazu ist auch eine gute Portion Ambitioniertheit erforderlich. Aber trotz allem sportlichen Ehrgeiz sind mir die Hunde das Allerwichtigste.

Dass ich jetzt aufgeben muss, kann meinen Stolz darauf, überhaupt so weit gekommen zu sein, nichts anhaben. Ich bin sogar auch stolz auf diese Entscheidung. Zwar bin ich deshalb am Boden zerstört, aber es ist der einzige vernünftige Weg.

Jetzt muss ich ins Questbüro, ein Formular ausfüllen, die Gründe fürs Aufgeben nennen und unterschreiben. Die Angaben werden aufbewahrt und sind wichtig für eine Teilnahme im nächsten Jahr. Nachdem ich meinen Namen unter das Blatt gesetzt habe, muss ich noch mehr heulen. Alle versuchen mich zu trösten und in meinem Schritt zu bestärken. Das hilft im Augenblick natürlich nicht viel. Ich will erst einmal allein sein.

Als ich ins Hotel zurückkehre, treffe ich Xaver.

»Ich habe aufgegeben«, berichte ich ihm weinend.

»Deine Hunde sehen tatsächlich nicht sehr fit aus; ich habe sie mir angeschaut. Die Entscheidung ist richtig«, bestärkt mich der Freund aus dem Sauerland.

Das tut mir ganz gut. Langsam versiegt der Tränenfluss.

»Ich habe von dir in einer solchen Situation auch nichts anderes erwartet«, fügt er noch hinzu, während er mir ein Papiertaschentuch in die Hände drückt. »Du bleibst hier nicht allein auf dem Zimmer, das ist verboten. Du kommst jetzt mit mir, wir gehen was trinken. Du musst nicht reden, mach, wonach dir zumute ist.«

Ein Kamillentee beruhigt Magen und Nerven. Xaver erzählt mir von Kotzebue. Zusammen mit Alfred hat er diese Stadt vor seiner Ankunft in Dawson City bereist, die zu den ältesten und größten Eskimosiedlungen im hohen Norden Alaskas gehört. Sie liegt knapp fünfzig Kilometer nördlich des Polarkreises.

»Hier ist noch etwas von der ursprünglichen Kultur der Eskimos zu spüren. Sie selbst mögen das Wort nicht, was ›Rohfleischesser‹ bedeutet, sie sprechen von sich selbst als die Inuits. Die Inuits sind ja einst von Sibirien nach Alaska gekommen, damals waren die beiden Kontinente noch durch eine Landbrücke verbunden. Manche ihrer Häuser liegen teilweise immer noch unter der Erde und werden aus Treibholz gebaut. Beim Jagen stehen sie auf Eisschollen am Rand des offenen Meeres, gehen hinter Eisbrocken in Deckung. Da verharren sie dann Stunden und visieren ein unsichtbares Ziel an. Die Augen suchen jeden Meter der grauen Wellen ab. Einmal muss doch ein Robbenkopf aus dem Wasser auftauchen. Ein hartes Leben ist das.«

»Ja, es verlangt eiserne Disziplin«, stimme ich Xaver zu, dankbar für die Ablenkung. »Nur wer sich mit der Natur arrangiert, kann in einer solchen eisigen Region überleben.

Damit habe ich auch gleich das Stichwort für mich gegeben: Ich muss ebenfalls die Tatsachen akzeptieren. Da gibt es nichts zu rütteln.

»Ich glaube, ich muss jetzt zu Jan«, sage ich, er soll auch von meiner Entscheidung wissen. Immerhin haben wir einige Pisten zusammen durchgestanden.«

»Das verstehe ich«, erwidert Jan. »Bis später.«

Jan hat sich auch ein Hotel gesucht, aber ein anderes. Er hatte wohl die Zimmerverhältnisse von der letzten Unterbringung nicht vergessen. Ausgestreckt ruht er auf dem Doppelbett mit der groß geblümten Tagesdecke. Ein Meer von rosafarbenen und roten Rosen umgibt ihn – ein herrlicher Kontrast zu seinen Tätowierungen, die nun bei den hochgekrempelten Hemdsärmeln sichtbar werden.

»Ich habe gehört, dass du gescratcht hast«, empfängt er mich.

Ich erkläre ihm meine Gründe und erzähle, dass auch alle anderen mir in meiner Entscheidung Recht geben.

»Soll ich jetzt überhaupt noch allein weiterfahren?«, fragt er mich.

»Die Antwort kannst du nur dir selber geben. Aber ehrlich gesagt, überlege es dir gut, denn deine Hunde sehen noch geschaffter aus als meine. Aber ich werde mich in deine Überlegungen einmischen, sonst denkst du noch, ich gönne dir das Weiterfahren nicht. Und das wäre dumm.«

»Na ja, ich werds mir noch mal überlegen«, sagt Jan.

»Weißt du, ich hatte nur Follow-Leader, die einzig einem anderen Team oder einem Snowmobil folgen.« Ich will noch einmal aufs Grundsätzliche zu sprechen kommen, vielleicht auch, weil seine momentane Ichbezogenheit mir nicht passt.

»Das sind doch aber auch Leader. Sei doch froh, dass du es erreicht hast, sie überhaupt bis hierher zu motivieren«, verteidigt er sich.

Ich will davon nichts wissen. Ich habe kein Lust mehr auf diese jetzt sowieso sinnlose Diskussion.

»Komm, vergessen wir dieses Thema. Ich bin bis nach Dawson gekommen und nun will ich einfach nur noch nach Hause«, lenke ich ein.

»Okay. Aber denke daran, heute Abend ist noch ein Treffen mit Peggy, Curt und Henry geplant«, bemerkt Jan etwas versöhnlicher. »Ich hoffe, du lässt uns nicht im Stich!«

»Nimm es nicht persönlich«, erwidere ich, »aber ich muss unbedingt allein sein.« Schon wieder wollen die Tränen fließen, aber mit eisernem Willen kann ich das gerade noch verhindern. Vor Jan will ich nicht zu flennen anfangen.

Im Hinausgehen schaue ich mich noch einmal um. Jan liegt immer noch auf seiner Blütenwiese. Nicht einmal bei diesem ernsten Gespräch ist er aufgestanden, hat mir einen Stuhl angeboten und sich zu mir gesetzt. Manche Männer gehören einfach zu einer anderen Spezies.

Da gehe ich lieber zu meinen pelzigen Freunden. Im Kennel sagt man mir, dass mein Doghandler sie nach Bekanntgabe meiner Aufgabe nicht mehr richtig füttert. Und das, obwohl die Tierärzte das ausdrücklich empfohlen haben. Da platzt mir endgültig der Kragen.

»Jetzt reichts aber«, beschimpfe ich Curt. »Die ganze Zeit warst du mit Jan zusammen, obwohl ich dich als Doghandler angemeldet habe. Von Whitehorse bis Dawson haben wir keine fünf Sätze miteinander gesprochen. Du bist der schlechteste Doghandler, den ich nur haben konnte.«

»Ich weiß gar nicht, was du hast«, verteidigt sich Curt mit
Unschuldsmiene. Sein Blick sagt, dass er mich für ein hyste-
risches Weib hält. Soll er nur. »Und richte auch Henry aus, er könnte sich auch ein
bisschen mehr um die Hunde kümmern. Schließlich gehö-
ren sie ihm doch. Selbst wenn er über sie enttäuscht ist,
nach seiner Besorgnis in Braeburn hätte er sich jetzt eigentlich mehr dafür einsetzen müssen, die Hunde zusammen
mit mir wieder aufzupeppeln«, schleudere ich Curt meine
Wut entgegen. »Oder ist das etwa die alaskanische Art, so
mit Tieren und Menschen umzugehen?«

»Ich hole schon das Futter«. Nach meiner Standpauke
bietet sich Curt an, die Hundemahlzeit zuzubereiten.

Zum Glück fährt gerade Alfred in einem gemieteten
Ford vor. In seinem graublauen Anorak und den orange-
farbenen Skihosen wirkt er wie eine tröstliche Erscheinung. Er ist sogleich dabei, als ich ihn bitte, mit mir die
Hundepfoten zu kontrollieren. Anschließend bekommen
meine Kämpfer Aufbauspritzen, überhaupt alles, was jetzt
wieder erlaubt ist. Caruso schaut mich mit treuen Augen
an.

»Es tut uns Leid, aber mehr war nicht zu machen«, will er
mir sagen.

»Ein anderes Mal klappt es besser.« Sultan stupst mich
mit seiner kalten Schnauze zweimal in die Kniekehlen.
»Lass die Ohren nicht hängen, lohnt sich nicht«, höre ich
ihn leise jaulen.

Die Nacht bricht ein. Ich habe eine Höllenangst davor.
Irgendwie wird sie auch rumgehen, tröste ich mich in Gedanken. Alfred legt einen Arm um meine Schultern, wahrscheinlich kann er Gedanken lesen.

»Wir gehen ins Hotel zurück und du rufst deine Familie
an«, sagt er. Eine gute Idee.

Es läutet dreimal, dann nimmt mein kleiner Sohn den Hörer ab.

»Hallo Stevie, hier ist Mami«, rufe ich, überrascht über die gute Verbindung.

»Kommst du bald nach Hause?«, fragt Steven mich.

»Ja, es dauert nicht mehr lange.«

»Ich vermisse dich.«

»Ich vermisse dich auch.«

Hinterher fühle ich mich besser.

Carusos neue Aufgabe

Jan ist auch am nächsten Morgen noch unentschlossen, ob er aufgeben soll. Für mich gäbe es da nichts zu überlegen. Einige seiner Hunde haben stark geschwollene Pfoten, da Jan ihnen kein einziges Mal Booties übergezogen hat. Darüber staune ich nur. Vielleicht wollte er damit Zeit sparen oder er glaubte, so hart gesottene Hunde zu haben, die diesen Pfotenschutz nicht brauchen. Die fatalen Folgen sind jetzt zu sehen. Ich hoffe auf Jans Einsicht, seinen Verstand und seine Tierliebe. In dieser Hinsicht enttäuscht er mich nicht.

Die anderen haben am gestrigen Abend – für mich gleich mit – ausgemacht, dass ich um acht Uhr mit Peggy, der Frau von Curt, die tausend Meilen nach Fairbanks im nagelneuen Dogtruck zurücklegen soll. Pünktlich verladen wir die Hunde in das Auto, einigen binde ich eine Fleecedecke auf den Rücken – auf der langen Fahrt ohne viel Bewegung könnten sie sich verkühlen. Von Fairbanks aus müssen sie noch achtzig Meilen eingespannt im Schlitten laufen, dann sind sie wieder bei sich in Tanana zu Hause. Nur Caruso wird noch da sein, wenn ich mir die Ankunft der Musher in Fairbanks anschaue.

Peggy und ich steigen in den Truck. Wehmütig winke ich den Zurückgebliebenen zu. Die Straßen sind glatt und gefährlich. Eigentlich könnte ich Peggy beim Fahren ablösen, aber ich will bei der ohnehin schon angespannten Lage nicht noch riskieren, das neue Gefährt zu beschädigen.

249

Außerdem ist ein solcher Transfer auch Job eines Doghandlers. Die Strapazen und die Übermüdung nach fünfhundert Meilen durch die Wildnis treten dazu erst jetzt zutage.

Immer wieder machen wir eine Rast, um die Hunde rauszulassen und zu snacken – sie brauchen nach wie vor viele Kalorien. Während der endlosen Strecke schaue ich unentwegt über die eisige Landschaft. Unwillkürlich muss ich an eine Geschichte aus meiner Anfangszeit mit Huskys denken. Ich habe sie in meinem Gehirn als »Ein großer Fehler« abgespeichert. Die bekannte Liebesnacht zwischen meiner Hündin Raika und Chan hatte gefruchtet. Raika bekam ihre ersten – und auch einzigen – Welpen. Vier Stück an der Zahl waren es, wunderschöne Siberian Huskies, immer darauf aus, etwas Neues zu entdecken. Als sie ungefähr zehn Wochen alt waren, beschloss ich, mit den quirligen Welpen einen Waldausflug zu machen, Mutter Raika und mein Sohn Maurice, der damals sechs Jahre alt war, sollten mit. Von Maurice erhoffte ich mir, dass er mir ein klein wenig beim Aufpassen der Welpenbande helfen könnte.

Ein abgelegener Waldweg schien mir genau der richtige Ort zu sein, um die Kleinen frei herumlaufen zu lassen. Hier können sie nicht abhauen, dachte ich mir. Wir hatten auch einen Riesenspaß. Maurice spielte verstecken mit den Hundebabys. Er lief hinter einen Baum und sobald ein Welpe sich vorbeitrollte, sprang er aus seinem Versteck hervor, nahm es in den Arm und kugelte mit ihm auf dem weichen Moosboden herum. Die Augen von Maurice leuchteten so hell wie der Abendstern.

Nach zwei Stunden wurde es Zeit, wieder aufzubrechen. Raffaella würde bald von ihrer Freundin nach Hause kommen und ich wollte dann da sein. Ich bat Maurice, schon zu unserem Kombi vorzugehen, die Heckklappe zu öffnen und darauf zu achten, dass die Welpen nicht im Übermut an ihm vorbeilaufen würden. Was ich zu diesem Zeitpunkt nicht wusste, war, dass ich meinem Sohn einfach zu viel Verantwortung auferlegt hatte. Ich war selber noch sehr jung und in vielen Dingen einfach zu unerfahren. Die Welpen sausten also mit Tempo auf unser Auto zu. Maurice hatte gar keine Chance, auf die vier Racker aufzupassen – schon waren sie im gegenüberliegenden Wald verschwunden. Raika dachte nun, ein neues Spiel würde beginnen, und lief hinterher. In Sekunden war nichts mehr von ihnen zu sehen.

»Maurice, Vorsicht! Die Babys dürfen nicht über die Straße laufen«, rief ich verspätet hinterher.

»Wie soll ich das machen? Die sind so wild«, antwortete er mir hilflos.

»Raika, Raika«, pfiff ich nach meiner Hündin. Raika kam auch brav zurück, nicht aber ihre Jungen, wie ich es gehofft hatte.

Nun bekam ich Angst, dass die Welpen verloren gehen könnten.

»Warum hast du nicht besser auf sie Acht gegeben? Wenn den Babys etwas passiert, was dann?«, maulte ich meinen Sohn an.

Was sollte er antworten? Er konnte nichts sagen.

Eine Weile suchten wir im Unterholz nach ihnen – mir kam es wie eine Ewigkeit vor –, bis wie sie endlich fanden. Vergnügt zogen sie an den Wurzeln eines umgefallenen Baumes. Voller Freude lief Raika zu ihren Winzlingen, schnüffelte jedes ab, als ob sie auch sichergehen wollte, dass alle da sind. Aus dem Auto hatte ich in weiser Voraussicht Leinen mitgenommen. Ohne Probleme konnte ich jetzt die Jungen in den Wagen hieven. Warum hatte ich dies nicht gleich von Anfang an getan? Ich hätte Maurice viel Kummer ersparen können. Es hat lange Jahre gedauert, bis ich ihn wieder dazu bewegen konnte, mit mir und den Huskys etwas zu unternehmen. Es war meine Schuld, dass die Rabauken ausgebüchst sind. Maurice und ich erzählen uns immer noch die Geschichte. Heute weiß ich, dass ich mich falsch verhalten habe.

Die Hunde sind mein Hobby, nicht das von meinem Partner, nicht das meiner Kinder. Für all die damit verbundenen Fehler bin ich verantwortlich. Dieser Lernprozess gilt für viele Dinge in meinem Leben. Die Arbeit mit den Huskys hat mich reifer gemacht und bewusster werden lassen. Auch jetzt wieder bei dem Quest. Dafür bin ich ihnen dankbar. Viele der hier gemachten Erfahrungen werden mich noch nachhaltig verändern. Da bin ich mir sicher.

Fairbanks. Das erste Hinweisschild taucht im Scheinwerferlicht des Trucks auf. Durch die vereiste Schneehaube sind die Buchstaben kaum zu erkennen. Tausend Meilen sind wir in einem Rutsch durchgefahren – abgesehen von den kleinen Snackpausen –, manchmal bretterte der Truck mit hundertzwanzig Stundenkilometern die Stunde über die vereiste Piste, eine riesige Schneewolke hinter sich lassend. Ich bin ziemlich erledigt. Diese Reise über spiegelglatte Eisflächen in einem Affentempo hat mich mehr geschafft als der gesamte Quest – so kommt es mir jedenfalls vor.

Wir kommen an der Pipeline vorbei. Die Ölfunde in der Prouday Bay am Arktischen Ozean haben aus Fairbanks ein bedeutendes Zentrum werden lassen. Die kleine Stadt ist der letzte Außenposten der Zivilisation am Rand einer grenzenlosen Tundra. Hell erleuchtet ist der Eingang zum »Alaskaland«. In dem Vergnügungspark gibt es die Nachbildung eines Indianerdorfes, erzählt mir Peggy. Kurz darauf halten wir vor dem Holzhaus von Peggy und Curt. Ein dunkelbraunes Bärenfell spannt sich an der Wand neben

252

dem Eingang. Sämtliche Hunde können bis zum Ende des Quests in dem Dogyard von Curt und Peggy bleiben. Mich fährt sie zu einem kleinen Hotel in der Nähe, was mir ganz recht ist. Ich brauche somit auf niemanden Rücksicht zu nehmen. Für nächtliche Grübeleien habe ich keine Kraft, sofort falle ich in einen tiefen und traumlosen Schlaf.

Am nächsten Morgen schaue ich als Erstes nach meinen Hunden. Den geschlagenen Athleten geht es besser. Fast blicken sie schon wieder frech in die Gegend. Caruso springt an mir hoch, unser Verhältnis ist durch den Quest noch viel inniger geworden.

»Bin ich dein Liebling?«, heult er mich an.

»Klar doch«, antworte ich ihm.

»Obwohl du aufgeben musstest?«

»Was nicht heißt, dass du hier das letzte Mal gelaufen bist.« Mit dieser Versicherung scheint sich Caruso zufrieden zu geben und frisst zum ersten Mal einen Snack, nicht gierig, aber immerhin kriegt er ihn runter. Jedes Mutterherz geht da auf.

Der Sieger der Quest wird morgen früh gegen drei oder vier Uhr erwartet. In den Nachrichten habe ich gehört, dass Tim Osmar führt. Der vierunddreißigjährige Alaskaner ist von Beruf Fischer, fährt aber schon seit seinem elften Lebensjahr Hundeschlittenrennen. Bis zu seiner Ankunft habe ich noch Zeit. Eigentlich wollte ich einen Ausflug in die Umgebung von Fairbanks machen, wo angeblich der Weihnachtsmann wohnen soll, aber ich entscheide mich für einen Bummel durch die Stadt. Der März scheint mir dann doch zu früh zu sein, um dem Mann mit dem weißen langen Bart meine Wünsche zu übermitteln.

Die Auslagen in den Schaufenstern eines überdachten Einkaufscenters kommen mir nicht minder absurd vor: luftige Blusen im Bolerostil, weiße Bikinis in Tangaform und knapp geschnittene Jeansshorts mit Goldstaub – die modischen Hits der nächsten Saison. Bei diesen eisigen Temperaturen vergisst man ganz, dass es im Sommer hier vierzig Grad plus werden kann. Viele der Bewohner von Fairbanks verdienen ihr Geld damit, Waldbrände zu löschen.

Wo ist nun das nächste Café? Ich verspüre einen unheimliche Lust auf einen Eisbecher. Kokosnuss – das wäre jetzt die richtige Sorte.

Im Hotel finde ich eine Nachricht vor, dass Henry eingetroffen ist. Nachts um zwei Uhr will er mich abholen, damit wir gemeinsam zum Zielraum am Rande der Stadt am Chena River hinausfahren. Bis dahin will ich schlafen und ein wenig im Fernsehen herumzappen. Bei dem Film *Manche mögen's heiß* von Billy Wilder mit Marilyn Monroe, Jack Lemmon und Tony Curtis bleibe ich hängen. Nicht etwa, weil ich die Monroe so toll finde oder Curtis so sexy. Nein, da gibt es ein Püdelchen, das von einem älteren Millionär geherzt wird – was die geldsüchtige Marilyn trotzdem nicht so richtig anmacht. Der Hund erinnert mich an Blacky, an meinen Pudel aus Kindertagen. Ob ich mit Silberfäden im Haar auch wieder einen haben werde? Oder stehe ich dann noch als älteste Oma der Welt auf einem Schlitten?

Ich weiß nur, dass ich im nächsten Jahr wieder nach Alaska will. Ich muss es einfach, weil ich das Gefühl habe, etwas Angefangenes zu Ende bringen zu müssen. Und weil ich von einer tiefen Sehnsucht nach diesem Abenteuer getrieben werde. Beim nächsten Mal komme ich aber mit meinen eigenen Hunden. Vielleicht schaffe ich es dann bis nach Fairbanks. Eine Garantie ist das auch nicht, aber zwischen mir und meinen Allgäuer Huskys ist Vertrauen da; mit Leasing-Hunden ist diese oftmals entscheidende Ebene nicht möglich. Außerdem werde ich mich mit einem eigenen Team viel sicherer fühlen.

Es klopft an der Tür. Aufgeschreckt fahre ich hoch. Ich muss eingeschlafen sein. Das sagt mir auch ein Blick auf die Flimmerkiste. Marilyn und Tony müssen sich schon längst gekriegt haben, denn ein Karawanenzug kämpft sich gerade durch den Wüstensturm.

»Ich bin gleich so weit!«, rufe ich Henry zu.

»Oder willst du lieber hier bleiben?«, fragt er. »Wäre ja auch verständlich.«

»Das will ich mir doch nicht entgehen lassen«. Meine klare Antwort überdeckt mein Inneres, das eher einem Gemischtwarenladen gleicht. Schnell ziehe ich mehrere Pullover und meinen roten Anorak an, damit Henry nicht so lange auf mich warten muss.

Die halbe Stadt scheint um diese frühe Stunde auf den Beinen zu sein. Am Ziel herrscht mit Glühwein, Schlagermusik aus Lautsprechern und vielen begeisterten Menschen Volksfeststimmung. Am Fluss wiegen sich bunte Lichterketten im sanften Morgenwind, immer wieder werden Fackeln angezündet.

Um kurz vor vier ist in weiter Ferne Tims Stirnlampe als kleiner leuchtender Punkt zu erkennen. In diesem Moment spüre ich meine Wehmut wieder ganz deutlich. Wie gern hätte ich das auch erlebt! Wo ich doch hierher gehöre! Natürlich nicht unbedingt als Siegerin. Auch Tage später noch und ohne einen einzigen Zuschauer wäre das für mich die Erfüllung eines Riesentraums gewesen.

Während ich etwas abseits stehe und das näher kommende Licht verfolge, verschwimmt mein Blick wieder in Tränen. Ich heule zwar nicht mehr hemmungslos, weil ich einen Teil der Enttäuschung schon weggesteckt habe, aber es tut immer noch ganz schön weh. Mein einziger Trost ist mein fester Wille, es noch einmal zu probieren.

Zwei Tage später findet am Abend das Abschlussbankett in dem größten Hotel von Fairbanks statt. Überall hängen Fahnen, die Tische sind mit kunstvollen Blumengestecken geschmückt. Zu diesem Zeitpunkt sind allerdings noch nicht alle Musher angekommen. Connie, Kirsten und Kelley fehlen noch. Mit dem Bankett wird das Rennen offiziell beendet. Wer es bis dahin schafft, erhält noch ein Preisgeld. Die Siegerehrung findet mit allem feierlichen Drum und Dran statt. Tims Augen strahlen wie Leuchtkugeln aus seinem Vollbartgesicht heraus, als er den Scheck über 500 US-Dollar in Empfang nimmt, die restlichen 60 500 bekommt er nach der Dopingprobe. Dazu gibt es noch einen Truck für die Hunde. Er bedankt sich bei den Sponsoren, die ihm geholfen haben, und bei den Menschen, die ihm vor und während des Rennens zur Seite gestanden haben. Aber auch der Zweite, Andrew Lesh aus Fairbanks, erhält immerhin noch 30 000 Dollar. Viele Musher leben von diesen Preisgeldern.

Jeder der anwesenden Musher hat anschließend Gelegenheit – in der Reihenfolge der damals beim Bankett in Whitehorse gezogenen Startnummern –, einige persönliche Worte zu sagen.

»Ich kann euch gar nicht sagen, wie stolz ich bin, dass ich hier überhaupt mitmachen durfte. Und ich bin fest entschlossen, wiederzukommen«, sage ich ins Mikrofon. Immerhin bin ich nicht die Einzige, die aufgeben musste – insgesamt waren es von den einunddreißig Mushern fünfzehn, die nicht rechtzeitig Angekommenen mitgezählt.

Der Racemarshal Ray Olson lobt mich für meine Entscheidung zu scratchen. Ich hätte damit einen guten Eindruck hinterlassen, sagt mir anschließend mein »Psychologe« Mel Kramer, der bei der Feier nicht fehlen darf. Diese Worte von ihm stimmen mich sehr froh. Schließlich bin ich nicht als

Kanadierin oder Alaskanerin, sondern als mit den hiesigen Verhältnissen relativ unerfahrene Musherin an den Start gegangen. Und es ist mir als Vertreterin des europäischen oder deutschen Schlittenhundesports auch ein Anliegen, zu zeigen, dass auch bei uns die Hunde an erster Stelle stehen. Der normale Festablauf wird durch eine Ankündigung unterbrochen: Bill Pinkham ist ins Ziel gekommen, will nur noch schnell duschen und wird gleich hier sein. Als er eine halbe Stunde später den Festsaal betritt, zieht Bill alle Blick auf sich. Er sieht extrem fertig aus, da helfen auch die frisch gewaschenen Haar nichts. Irgendwann im Verlauf des Abends habe ich die Chance, mich mit ihm zu unterhalten. Das ist nach unserem Treffen in Braeburn das erste Wiedersehen. Aber unser Gespräch von damals hat dafür ausgereicht, dass ich diesen Menschen nie mehr vergessen werde.

»Silvia, ich habe gehört, dass du aufgeben musstest«, begrüßt mich Bill.

»Leider, aber beim nächsten Mal schaffe ich es bestimmt.« Mit der Zeit, das merke ich, werde ich selbst optimistischer. »Aber deinem Gesicht nach zu urteilen, musst du einiges erlebt haben.«

»Das kannst du wohl sagen. Ein Glück, dass du die Strecke nicht miterlebt hast.«

»Was ist denn passiert?«

»Ich verließ mit meinem Gespann gegen neun Uhr abends den Checkpoint Central, eine Trapperhütte, um mich zu dem nächsten aufzumachen. Mile 101 ist, wie du ja weißt, nur über den Eagle Summit zu erreichen, aber wenn deine Hunde gut drauf sind, packst du das in fünf bis sechs Stunden. Zuerst kämpfe ich mich durch ein Tal zum Berg durch. Es gab viele Wasserstellen auf dieser Strecke, so dass meine Hunde und ich ziemlich nass wurden. Aber egal, wir waren solche Situationen gewöhnt. Als wir den Berg anstiegen, nahm der

Wind zu und der Schnee trieb in Schwaden an uns vorbei.
Da die Sicht durch Neumond zusätzlich vermindert wurde,
bekamen wir Probleme. Je höher wir stiegen, umso verweh-
ter war die Piste, bis wir nur noch eine einzige weiße Ebene
vor uns hatten, gelegentlich unterbrochen von den Trailmar-
kierungen. Der Weg zum Gipfel hat mehrere scharfe Biegun-
gen und bei einer solchen müssen wir die Piste verpasst haben. Auf jeden Fall fuhr ich Stunden durch den treibenden
Schnee, ohne eine Markierung zu entdecken. Jetzt wusste
ich, dass ich vom Pfad abgekommen war.«

»Und was hast du dann gemacht?«, frage ich.

»Bei peitschendem Wind gab ich meinen Hunden einen
Happen zu fressen und ließ sie sich in den Schnee eingraben,
damit sie einen wärmenden Iglu um sich hatten. Ich ver-
kroch mich in meinen Schlafsack. Fast war ich eingeschlafen,
als ich merkte, dass meine durch das Wasser der Overflows
vereisten Hosen aufzutauen begannen. Nach kurzer Zeit waren mein Overall und sämtliche anderen Klamotten klitschnass. Kurzerhand stieg ich aus dem Schlafsack und begann
Kreise um mein Team zu laufen. Ich musste ja warm bleiben.
Der Blizzard tobte immer heftiger, die herumfliegenden Eiskristalle im Gesicht schmerzten. Mir blieb keine andere Wahl,
ich musste den Trail finden. In Querlinien arbeitete ich mich
nun den Berg hinauf. Manchmal glaubte ich schon Halluzi-
nationen zu sehen. Hochragende Felsen sahen wie der Gipfel
aus, frei gewehtes Geröll wurde zu Booties und damit zu
Spuren, die von anderen Mushern zeugten.

»Das ist ja furchtbar«, werfe ich ein.

»Es kommt noch schlimmer. Nach einer Weile gab ich
entmutigt auf. Ich wollte zu meinem Team zurück, aber
nach zweihundert Metern konnte ich meine eigene Spur
nicht mehr finden. Nun stand ich irgendwo auf einem
Berghang, der Wind warf mich fast um, die Stirnlampe

reicht im treibenden Schnee nicht weiter als zwanzig Meter und langsam, aber unaufhaltsam drang die Kälte in meinen Körper. Ein recht miserables Gefühl ...

Ich grub eine Kuhle in den Schnee und legte mich da hinein. An diesem Punkt war mir klar, dass mir nichts anderes übrig blieb, als auf das Tageslicht zu warten. Ich schlief sogar ein und hatte einen Traum. Ich träumte, ich würde mich von oben betrachten, wie ich da erfroren im Schneeloch lag. Ganz still, mit Schnee auf den Wimpern. In diesem Moment wachte ich auf, ich fuhr mit einem Ruck aus der schneeverwehten Kuhle hoch. Wahrscheinlich hat mir der Traum das Leben gerettet. Ich begann wieder meine Runden zu laufen, bis der Morgen im Osten erwachte. Glücklicherweise hatte der Schneesturm nachgelassen. Ich konnte nun kaum glauben, was ich sah. In der Nacht hatte ich mich fast bis zum Gipfel hochgearbeitet und weiter unten standen meine Hunde und stimmten ein Klagegeheul an, weil sie Hunger hatten. Nun konnte ich die Trailmarker sehen, die weiter links aus dem Schnee herausragten. Halb tot, aber mit verbissenem Stoizismus stapften ich und die Hunde durch den tiefen Neuschnee und erreichten nach vier Stunden den Checkpoint Mile 101. Die Questhelfer waren äußerst besorgt um mich. Sie hatten mich auch schon mit ihrem Motorschlitten suchen wollen, doch sie konnten ihn nicht starten, weil der Vergaser eingefroren war. Vergeblich hatten sie versucht, die Maschine wieder in Gang zu bringen – dabei sollen sie alle unständigen Wörter der englischen Sprache, die nicht im Lexikon stehen, mindestens dreimal benutzt haben.

Als meine Hunde tief im Heu lagen und gefressen hatten, wollte ich mich aus meinen Klamotten befreien. Was aber nicht ging. Ich musste erst eine Weile am Ofen sitzen, bis meine vereisten Reißverschlüsse auftauten, und ich das nasse Zeug ausziehen konnte.«

»Du hast doch keine Erfrierungen davongetragen?«, frage ich angstvoll.

»Nein. Ich hatte auch da Glück. Mein Körper war nur akut ausgekühlt.«

»Ich bin froh, dass ich dich hier sehe«, sage ich zu Bill in sein immer noch bleiches Gesicht und drücke dabei seine Hand.

Jetzt werden wir im Gespräch unterbrochen, denn nun wird das Büfett eröffnet. In zwei Tagen wird der Letzte des Rennens ankommen – Bruce Miles. Ich wusste von Anfang an, dass er es schaffen würde. Er wird die rote Laterne überreicht bekommen, die Kerze auspusten und damit das Licht des Quests offiziell erlöschen. Schon der Gedanke daran, lässt meinen ganzen Körper mit einer Gänsehaut überziehen.

Beim Startbankett in Whitehorse hatte ich mich wie auf Wolke sieben gefühlt. Um mich herum waren lauter Menschen, die mir Glück wünschten. Viele Reporter von verschiedenen Fernsehsendungen und Zeitungen interviewten mich. Nun ist alles ruhiger. Dennoch ist der stimmungsvolle Abschluss für mich ein Erlebnis, das ich keinesfalls missen möchte.

Am nächsten Tag steht unsere Rückfahrt nach Tanana an. Curt nimmt Jan, Henry, seinen Freund Manfred Buhrmann und mich in dem Dogtruck mit. Zuerst geht es nach Mainly zu Joe Reddingtons Anwesen. Von dem Blockhaus des Mushers, dessen Vater das Iditarod-Rennen gegründet hatte, wollen wir mit dem Schlitten die achtzig Meilen noch bei Tageslicht zurücklegen. Caruso bleibt bis zu meiner Rückkehr im Dogyard von Curt. Die Verhältnisse sind nicht gerade günstig: glatte Straßen, ein Schneesturm – und das bei einer ohnehin nicht ungefährlichen Strecke. Als wir uns bei Joe Reddington startklar machen, schlägt Jan vor,

260

ich solle vorfahren, da meine Hunde wegen ihrer besseren Kondition wohl schneller sein würden.

»Jan, lass uns eine Wette abschließen!«, sage ich. »Wenn meine Leader Little Buddy und Sultan nur einmal falsch abbiegen, dann werde ich sie zwar wieder auf den richtigen Trail zurren können, aber danach gehen sie bestimmt keinen Schritt weiter – erst wenn du wieder da bist.«

»Ich weiß nicht, Silvia, was du immer mit dieser Fixierung der Hunde auf mich hast«, antwortet Jan. »Aber wie du willst, ich schlage in die Wette ein. Überhaupt: Um was wollen wir denn wetten?«

»Sollten wir im nächsten Jahr wieder beide am Quest teilnehmen, dann wünsche ich mir, dass du mir nicht mehr reinredest, wie ich meine Hunde zu behandeln habe.«

»Eine Kiste Whiskey wäre mir lieber gewesen; aber was solls – ich bin dabei.«

Auf meinem Schlitten nehme ich noch Manfred mit. Der Freund von Henry sitzt vorne auf dem Schlittensack, während ich mich an der Handlebar festhalte. Henry will mit dem Motorschlitten nachkommen. Wir sind erst ein paar Meilen gefahren, als die Hunde prompt auf einen anderen Weg abbiegen. Ich kenne das, da wir diese Strecke schon öfter gefahren sind. Ich schaffe es, die Huskys wieder auf die richtige Piste zurückzulenken, aber kaum sind sie auf dieser, lassen sie sich blitzschnell in den Schnee fallen. So liegen sie da wie Schuhe, die vor der Hoteltür darauf warten abgeholt zu werden – ganz offensichtlich aber nicht von einem Schuhputzer, sondern von Jan.

Kaum ist dieser mit seinem Gespann auf unserer Höhe, springen die Huskys wie von der Tarantel gestochen auf und laufen ihm freudig hinterher. Jan dreht sich zu mir um, wir sehen uns nur an und brechen in ein schallendes Gelächter aus.

261

»Endlich habe ich einmal den Beweis, dass es nicht an meinen Führungsqualitäten liegt, sondern an den Hunden!«, rufe ich ihm zu.

»Ich stimme dir zu, ungern zwar, aber du hast Recht«, brüllt Jan nach hinten. »Ich werde nie wieder die Art und Weise, wie du mit den Tieren umgehst, ankreiden. Ganz bestimmt!«

»Ich erinnere dich daran, falls notwendig. Sonst bekomme ich die Kiste Whiskey, irischen aber bitte.«

»Okay, okay.« Jans Worte verhallen im Tannenwald. Bezeugt von Abermillionen von Eiskristallen – und von Manfred. Ich empfinde Jans Reaktion als gewisse Genugtuung, weil ich das Gefühl hatte, dass er meine Probleme nie so richtig ernst nahm, mir nicht glaubte. Aber ob er wirklich Wort halten wird, da bin ich mir nicht so sicher.

Nach einer Stunde überholt uns Henry mit dem Snowmobil. Ich bin derart im Wettfieber, dass ich gleich eine nächste eingehe, dieses Mal mit Manfred: »Wenn Henry vorausfährt und wir uns an ihn dranhängen, werden die Hunde Jan anstandslos überholen und dem knatterndem Gefährt folgen.« Ungläubiges Kopfschütteln. »Und so sind wir garantiert ein paar Stunden vor Jan in Tanana.«

Auch wenn Manfred seine Zweifel hat, ist er mit der Wette einverstanden. Der Einsatz ist verschmerzbar: eine Flasche Bushmills Single Malt, mein irischer Lieblingswhiskey. Henry ist mit meinem Beweisdrang einverstanden, Jan hat davon genug, doch willigt er letztlich ein. Wir sollen nur warten, bis eine Passage kommt, wo das Überholmanöver keine Komplikationen bereitet. Jan ahnt schon, was ihm blühen wird.

Als die Spur breiter wird, zieht Henry an uns vorbei. Ich rufe nur: »Come on, Sultan! Go ahead, Buddy!«, und schon stürmen die beiden hinter dem Snowmobil her, als hätten sie nie was anderes gemacht. Zügig überqueren wir einen See, obwohl er eine einzige Spiegelfläche ist. Starker Wind hat allen Schnee weggeht und es ist wirklich schwierig, hier den Schlitten zu halten. Dass mir das ganz gut gelingt, muss sogar Henry anerkennen. Ich bin nicht umsonst den Quest gefahren.

Bei einbrechender Dunkelheit verfahren wir uns. Obwohl Henry, der große und stämmige Alaskaner, in dieser Gegend aufgewachsen ist und die Strecke nahezu schlafwandlerisch fahren müsste. Sicherheitshalber lasse ich meinen Fahrgast aufs Snowmobil umsteigen. Der Irrtum kostet uns aber nicht mehr als eine Viertelstunde, dann befinden wir uns wieder auf dem richtigen Trail.

Gegen acht Uhr abends treffen wir wohlbehalten in Tanana ein. Da das Holzhaus für die Zeit des Quests unbeheizt war, sind sämtliche Fenster mit Eisblumen überzogen, selbst das Spülmittel ist eingefroren. Als Jan drei Stunden später eintrifft, ist es schon mollig warm, der Tee steht bereit und auf dem Herd brodelt das Wasser für die Spaghetti, zu denen es eine Bolognese aus Elchfleisch und Dosentomaten gibt. Anschließend kommt ein Lachsragout auf den Tisch.

Mein Entschluss steht inzwischen fest: Ich will so schnell wie möglich von hier weg, heim zu meiner Familie und meinen eigenen Hunden. Noch am Abend packe ich alle meine Sachen zusammen und nehme am nächsten Tag den Buschflieger zurück nach Fairbanks. Für eine Nacht quartiere ich mich in einem Hotel ein und organisiere für mich und Caruso den Rückflug.

Am nächsten Abend ist es dann so weit. Ich hole Caruso von Curt ab; gemeinsam bringt uns mein Doghandler zum Flughafen. Der Abschied ist kurz, wir haben uns nicht viel zu sagen – schon auf dem Quest war es nicht anders.

»Na, Caruso, jetzt sitzen wir hier allein mit unserem Talent. Wie hat dir denn die ganze Sache gefallen?«

»Ehrlich, Chefin?«

»Natürlich.«

»Also, ich fand es super. Es war so, wir mir die alte Raika mal erzählt hat, warum wir geboren wurden, nicht um in Häusern oder Wohnungen zu leben oder weil wir sooo schöne blaue Augen haben, sondern weil wir gern mit einem tollen Boss arbeiten wollen. Und du bist so ein Superboss. Du liebst uns Huskys mit all unseren Macken. Manchmal sind wir ein wenig rebellisch, doch letzten Endes sind wir dir treu ergeben. Du lässt uns nämlich die Freiheit, die wir brauchen. Aus diesem Grund laufe ich für dich.«

Mir kullern die Tränen über die Wangen. Liebevoll leckt Caruso sie ab.

Ich muss ihn einfach umarmen. Aus meinem wilden Hampelmann ist ein richtiger Freund geworden.

»Caruso, ich kann dir gar nicht sagen, wie sehr ich dich liebe.«

»Dann zeig es mir. Spiel in Argenbühl einfach nicht mehr so oft mit deinem Husky Rick Fußball. Da kann man ja eifersüchtig werden.«

»Hey, meinst du, wir sollten es nochmals versuchen? Würdest du mich wieder unterstützen?«, frage ich ihn.

Mit seinem Schlafzimmerblick schaut mich Caruso an. Es sieht so aus, als wolle er ein wenig überlegen. Anschließend legt er seine Pfote auf meine Schulter.

»Klar, Chefin, ich bin wieder dabei. Das nächste Mal werden wir das Ding schon schaukeln.«

Ich gebe ihm einen dicken Knutscher auf die Schnauze. Nun bin ich mir sicher, dass wir in dieses wunderbare Land zurückkehren werden – mit einem eigenen Team.

Glossar

Booties

Kleine Schuhe aus Nylon oder Fleece. Sie werden den Hunden übergezogen, um sie bei schlechten Trailbedingungen vor Verletzungen zu schützen.

Checkpoint

Bei den offiziellen Checkpoints müssen sich die Musher mit ihren Teams »einchecken«. Ihre Ausrüstung wird überprüft und die Hunde werden von Tierärzten untersucht.

Dogdrop

Kein offizieller Checkpoint; jedoch können hier kranke Hunde zurückgelassen werden.

Doghandler

Eine Person, die den Musher während der Vorbereitung und besonders während des Rennens unterstützt. Der Doghandler darf jedoch dem Musher während des Rennens nicht zur Hand gehen, sondern nur verbale Unterstützung zukommen lassen (Ausnahme: Aufenthalt in Dawson).

Dogtruck	Transportauto für die Hundegespanne
Handlebar	Schlittenstange, an der sich der Schlittenführer festhält
Leader	Der Hund, der an der Spitze des Teams läuft, das Tempo bestimmt und die Kommandos des Mushers aufnimmt
Musher	Der Führer des Schlittenhundegespanns
Neckleine	Die Neckleine koppelt die Hunde mit dem Halsband an die Zugleine.
Overflow	Aufgrund des hohen Wasserdrucks des Yukon kann das Eis aufbrechen. Dadruch entstehen offene Wasserstellen, die schnell wieder überfrieren. Das Einbrechen an solchen Einstellen stellt für ein Team eine tödliche Gefahr dar.
Rookie	Ein Quest-Teilnehmer, der den Checkpoint von Dawson noch nie erreicht hat
Schneeanker	Wird fest in den Schnee getreten und verankert dadurch den Schlitten, bleibt jedoch auf blankem Eis wirkungslos.
Schlittensack	Ein Sack aus strapazierfähigem Nylon, der auf dem Schlitten befestigt wird. Er dient zur Aufnahme von Ausrüstung, Futter, müden oder verletzten Hunden

und manchmal auch als Schlafstätte für den Musher.

Scratch Aufgabe des Rennens

Swing-Dogs Hunde, die direkt hinter dem Leader laufen; entweder Leader, die geschont werden, oder Hunde, die nach und nach Führungsaufgaben übernehmen sollen.

Team-Dogs Die Arbeitshunde im Team. Sie laufen hinter den Swing-Dogs.

Trailmarshals Freiwillige Helfer. Sie stecken den Trail durch die Wildnis ab. Manchmal müssen sie sich sogar mit Äxten und Kettensägen durch die aufgetürmten Eismassen des Yukon arbeiten.

Trailmarker Reflektierende Schilder, die den Verlauf des Trails kennzeichnen. Sie werden jedoch leicht vom Wind und Schnee um- oder zugeweht. In diesem Fall kann dem Musher oft nur ein guter Leader weiterhelfen.

Tugleine Die Tugleine koppelt die Hunde mit dem Geschirr an die Zugleine.

Veteran Ein Musher, der den Yukon Quest mindestens bis Dawson City durchgestanden hat

Veterinarian(Vet) Tierarzt. Während des gesamten Rennens unterliegen die Hunde einer strengen tierärztlichen Kontrolle. Bei Verletzungen oder Erschöpfung müssen die Musher auf Anweisung der Tierärzte einen Hund aus dem Rennen nehmen.

Wheel-Dogs Hunde, die direkt vor dem Schlitten laufen. Sie müssen recht kräftig und robust sein, da ein plötzlicher Stopp des Teams mitunter zum Umkippen des Schlittens führen kann.

Danksagung

Danke ist ein Wort, das schnell mal gesagt wird. Für mich ist es jedoch ein wichtiges Wort, und wenn ich es sage, kommt es von ganzem Herzen.

Den größten Dank möchte ich den Hunden aussprechen, die mich viele hundert Meilen begleitet haben:

Sultan, Stanly, Bepop, Midnight, Friendly, Salt, Lonesome, Sister, Goofy, Harkim, Little Buddy und Caruso. Danke, dass ihr mich geduldet habt. Ihr seid die wahren Helden.

Mit viel Respekt möchte ich natürlich besonders meiner Familie danken:

Jürgen, auch wenn du mich nicht immer verstehst, tolerierst du meine Leidenschaft.

Maurice, Raffaella und Steven, ihr drei seid mein Motor. Oft war ich bei den Hunden und und ihr musstet auf euer Essen warten, ihr habt es mir immer verziehen. Ihr lasst mir den nötigen Freiraum, den ich brauche. Ich liebe euch.

Ohne Sponsoren hätte ich an dieser Herausforderung nicht teilnehmen können:

Auch unter extremen Bedingungen hat sich die GORE-TEX®-Bekleidung als zuverlässiger Wetterschutz bewährt. Bei vielen Expeditionen – sei es im Eis oder bis auf die höchsten Gipfel der Welt – gehört die GORE-TEX®-Ausstattung zur Standardausrüstung.

1st Premium-Dog-Drink – die schmackhafte und gebrauchsfertige flüssige Ergänzungsnahrung für jeden Hund und jeden Tag; Vitalität und Wohlbefinden – auch bei extremen Bedingungen wie dem Yukon Quest.

Purina ProPlan
Le Nourrir et le Protéger   Außergewöhnliche Leistungen erfordern eine optimale Ernährung. ProPlan bietet auch für meine Hunde, die extremen Temperaturen ausgesetzt sind, eine Komplett-Nahrung von höchster Qualität.

Rolex, Deutschland
Explorer II – eine Uhr, auf die ich mich immer verlassen kann.

Außerdem möchte ich danken:

Regina Carstensen, durch dich ist das Buch erst zu dem geworden, was es ist. Ohne dein Salz würde es wie eine lahme Suppe schmecken.

Barbara Laugwitz, immer wenn ich dich anrief, hattest du

»Stress«. Trotzdem hast du dir für mich Zeit genommen und meine Bedenken vertrieben. Deiner Zuversicht und Geduld verdanke ich, dass ich dieses Buch schreiben konnte.

Peter Kamper, für deine unermüdliche Motivation. Du bist mir ein wahrer Freund geworden.

Alison Hargreaves war eine begnadete und mutige Bergsteigerin. Als erste Frau der Welt erklomm sie in nur einer Saison die sechs klassischen Nordwände der Alpen. Außerdem war sie die erste Frau, die im Alleingang und ohne Sauerstoff den Mount Everest bezwang. Drei Monate nach diesem Triumph folgte die Tragödie: Am 13. August 1995, im Alter von nur 33 Jahren, geriet sie beim Abstieg vom K2 in einen mörderischen Sturm und stürzte mehrere hundert Meter hinab in den Tod. Ihre couragierte Suche nach Unabhängigkeit und Freiheit fand ein jähes Ende. Dies ist ihre wahre Geschichte.

David Rose/Ed Douglas

Die Gipfelstürmerin
Triumph und Tragödie der Alison Hargreaves

Econ | ULLSTEIN | List